SCHMARGENDORF

ansichten

edition Berlin
IM METROPOL VERLAG

Kurfürstenstraße 135
D-10785 Berlin

Telefon +49–30–695 04 845
Fax +49–30–695 04 846
e-mail zerling-hessling@t-online.de
Internet www.metropol-verlag.de

IMPRESSUM Herausgeber
Arbeitskreis Geschichte Wilmersdorf
Leitung Wolfgang Homfeld

Schmargendorf
Berlin: Metropol, 2000
ISBN 3-932482-96-4

Layout: Rotation Verlags-Service
Sybille Zerling, Berlin

Druck: Kästner Druck, Berlin
Gedruckt auf umweltfreundlichem Papier

Erste Auflage

BRUCHSTÜCKE
SCHMARGENDORF

ARBEITSKREIS
GESCHICHTE
WILMERSDORF
(HRSG.)

edition **Berlin**
IM METROPOL VERLAG

1772

1908

1915

INHALTSVERZEICHNIS

1943 1955 1998

GRUSSWORT
DES BEZIRKSBÜRGERMEISTERS

Michael Wrasmann
Bezirksbürgermeister

Schmargendorf, der einstige Familienbesitz derer von Willmersdorff hat sich über die Jahrhunderte hinweg vom Dorfe in der Nordmark zu einem historisch interessanten Ortsteil im Bezirk Wilmersdorf entwickelt. Trotz der 1920 vollzogenen Eingemeindung zum 9. Verwaltungsbezirk von Berlin, zusammen mit der Großstadt Deutsch-Wilmersdorf und der Kolonie Grunewald, haben sich urbane Strukturen mit der Dorfkirche, dem Dorfanger und der Breiten Straße bis in die heutige Zeit erhalten und prägen auf unverwechselbare Art das städtische Gesamtbild dieses attraktiven Wohnbezirks im Berliner Westen.

In diesem Buch werden nun Personen und Ereignisse vorgestellt, die das Leben in Schmargendorf bestimmt haben, überliefert von Chronisten aus den Amtsstuben und der Kirchengemeinden. Das trifft weitgehend auf den historischen Teil zu.

Besonders lebendige „ansichten" von Schmargendorf liefern dem Leser aber die persönlichen Berichte der Autorinnen und Autoren aus dem ‚Arbeitskreis Geschichte': Kindheitserinnerungen oder das Ende des Krieges, anschaulich erzählt von zwei Schmargendorfer Bürgerinnen. In diesen und den anderen Beiträgen wird Geschichte durch die direkte Überlieferung von Zeitzeugen erlebbar und dokumentiert.

Die Stadt Berlin wird im Jahr 2001 ihre Verwaltungsstrukturen mit der Bezirksfusion wiederum erneuern. Die kulturelle Identität und Vielfalt der Bezirke wird damit nicht verloren gehen. Dazu wird auch das Buch mit seiner vielfältigen Darstellung von Stadtteil- und Alltags-Geschichten beitragen.

Den Leserinnen und Lesern, den Neuankömmlingen in dieser Stadt, aber auch den Bürgerinnen und Bürgern im Bezirk sei dieses Buch empfohlen, als unterhaltsame Lektüre und als ein Führer durch die Stadtteilgeschichte von Schmargendorf.

Michael Wrasmann
Bezirksbürgermeister

VORWORT

Wie von unsichtbaren Geistern gepeitscht gehen die Sonnenpferde der Zeit mit unsers Schicksals leichtem Wagen durch.

Johann Wolfgang von Goethe/ Egmont

Als im Jahre 1999 des Dichters Johann Wolfgang von Goethe anlässlich seines 250. Geburtstages in Deutschland und in der Welt gedacht wurde, hatte der „Arbeitskreis Geschichte Wilmersdorf" die Vorarbeiten für einen Teilaspekt seiner Forschungen über die Geschichte Schmargendorfs fast abgeschlossen. Jetzt ist er in die Lage versetzt worden, diese Beschreibungen persönlicher Erinnerungen in Buchform der Öffentlichkeit zu übergeben. Damit finden frühere Dokumentationen des Heimatvereins für den Bezirk Wilmersdorf oder auch des Bezirksamtes eine besondere Ergänzung.

In der Heimatwoche Schmargendorfs im Jahre 1955 wurde die Anregung gegeben, sich mit der Geschichte und damit den Wurzeln unseres Heimatbezirks zu befassen. Die damalige Gründung des Heimatvereins gehört zu der Verwirklichung dieser Idee, die bis in die Gegenwart lebendig geblieben ist. Die an dem Arbeitskreis beteiligten Wilmersdorfer haben sich ein dreifaches Ziel gesetzt:

1. sie wollen die Ortsgeschichte durch die Jahrhunderte erforschen und dokumentieren,
2. sie lassen die Zeitzeugen zu Worte kommen, die in Wilmersdorf leben oder gelebt haben und in der Lage sind, einen Abschnitt der Ortsgeschichte lebendig zu erhalten,
3. sie sammeln mündliche Überlieferungen, die das Erleben und Geschehen von früheren Generationen wiedergeben.

Dass Forschungen, Erzählungen und Erinnerungen bruchstückhaft bleiben, folgt biologischen Gesetzen. Verluste von Urkunden, Dokumenten und Archiven durch Kriege, Brände, durch Flucht oder Vertreibung haben Lücken hinterlassen, die kaum geschlossen werden können. Wie häufig sucht man nach den Namen von Menschen, die in der eigenen Erinnerung lebendig geblieben sind. Menschen, die sich verdient gemacht haben und ganz plötzlich aus dem Gesichtskreis verschwunden sind. Schulfreunde, Vereinsmitglieder, Gemeindeangehörige, Berufskollegen, Sportkameraden u. a. Manche solcher Bruchstücke können in Gesprächen im Arbeitskreis durch Wissensaustausch ergänzt werden. Selbst Lücken wurden häufig auf diese Weise geschlossen.

Diese jetzt vorgelegte Veröffentlichung mag dem Erinnern, dem Nachdenken, aber vielleicht auch dem Schmunzeln dienen. Dem Schreiber dieses Vorwortes kam es beim Lesen so vor, als stünde er auf einem hohen Berg, den er mühsam erklommen hat, und blickte hinunter. Hinunter in eine Vergangenheit, die so weit und daher fern zurückliegt. Personen erscheinen wie Ameisen so klein. Viele der schwierigsten Probleme der Zeitläufe werden relativiert. Manche Wirklichkeit erscheint wie eine Dichtung – jenseits jeder Wahrheit – so wie ein Märchen oder auch ein Gruselroman. Das dürfte auch diejenigen ansprechen, die als Neubürger erst später nach Schmargendorf zugezogen sind, oder die der sogenannten Gnade der späten Geburt unterliegen. Es ist keineswegs etwa Nostalgie, die in den Darstellungen beschworen wird. Manche unserer Gegenwartsfragen erfahren eine Beantwortung, sodass eine geneigte Leserschaft sich dieser Lektüre erfreuen möge. Vielleicht erwächst daraus aber auch die Anregung, sich selbst mit Beiträgen an dem Arbeitskreis der Geschichte Wilmersdorfs zu beteiligen und dadurch Gegenwart für die Nachwelt zu erhalten.

Werner Goldberg mit Buckeltaunus in der Franzensbader Straße, um 1950 (Privatbesitz)

Werner Goldberg

Horst Hoppe

DATEN ZUR GESCHICHTE VON SCHMARGENDORF *

SCHMARGENDORF VOM 13. BIS 19. JAHRHUNDERT

* Zusammengestellt aus den auf Seite 44 genannten Quellen

Im Jahre 1134 belehnt Kaiser Lothar III. Albrecht von Ballenstedt, genannt Albrecht der Bär, aus dem Fürstengeschlecht der Askanier, mit der weitgehend an die Slawen verloren gegangenen Nordmark. 1157 gelingt Albrecht die Eroberung der Stadt Brandenburg, er nennt sich von nun an Markgraf von Brandenburg. Die planmäßige Kolonisierung der Mark beginnt. Im Rahmen dieser Kolonisierung wird auch Schmargendorf gegründet. Wann diese Gründung genau erfolgt ist, lässt sich nicht mehr feststellen. Es könnte bald nach 1200 gewesen sein, etwa unter der Herrschaft Ottos II. (1184-1205) oder Albrechts II. (1205-1220) oder erst unter den Brüdern Johann I. und Otto III. (1220-1258), den „Städtegründern".

1275

In einer Urkunde aus dem Jahre 1275 wird die Kirche von „Marggrevendorp" (Markgrafendorf) dem Patronat des Stiftes Coswig unterstellt. Dieses Jahr gilt bisher als das Jahr der ersten Erwähnung Schmargendorfs. Seit einiger Zeit wird jedoch von einigen Historikern angenommen, dass es sich bei diesem „Marggrevendorp" nicht um das Berliner Schmargendorf handelt.

13.–14. Jh.

Ebenfalls nicht gesichert ist das Alter des ältesten Schmargendorfer Bauwerkes, der Dorfkirche in der Breiten Straße, der kleinsten Berliner Dorfkirche. Wie in Dahlem steht sie neben der Dorfaue, während die märkischen Kirchen in der Regel mitten auf dem Anger platziert wurden. Die Feldstein-Umfassungsmauern im typischen Stil der frühen Kirchen im Berliner Umland stammen aus dem 13. Jahrhundert. Die

Kirche wird mehrfach umgebaut und 1937-1938 durch Gustav Wolf soweit wie möglich rekonstruiert. Der hölzerne Dachturm wird 1831 errichtet. Von der mittelalterlichen Ausstattung sind lediglich zwei Glocken erhalten; eine davon zählt zu den „Cum Pace-Glocken", weil sie den vom 13. bis 16. Jahrhundert oft in Glocken gegossenen Spruch trägt: O REX GLORIAE CHRISTE VENI CUM PACE. Das Altarkruzifix aus der Zeit um 1700 kommt im Tausch für Grabbeigaben aus freigelegten Gräbern der Patronatsfamilie von Willmersdorff aus den Beständen des Märkischen Museums.

Eine Gedenktafel in der Kirche erinnert an die Gräber zweier wichtiger Schmargendorfer, Hans von Willmersdorff (gest. 1635) und seine Gattin Eva von Willmersdorff, geb. von Below (gest. 1644).

Mit dem Tode Markgraf Woldemars und seines unmündigen Vetters Heinrich erlischt in den Jahren 1319/20 das Haus der Askanier in Brandenburg.

Im April des Jahres 1323 belehnt Kaiser Ludwig der Bayer auf dem Reichstag zu Nürnberg seinen ältesten Sohn Ludwig (der Ältere) mit der Mark Brandenburg. Dieser bleibt bis zum 24. Dezember 1351 Markgraf, gibt das Lehen zurück und vermacht die Mark Brandenburg seinen Brüdern Otto und Ludwig, nach seinem Geburtsort „der Römer" genannt.

1354 Markgraf Ludwig der Römer läßt die erste Schmargendorf betreffende Urkunde ausfertigen. Er überträgt darin Merkelynus Pletner aus Berlin das oberste Gericht, Wagendienst und Bede in Schmargendorf.

Am 7. Januar 1356 beschließen die Kurfürsten auf dem Nürnberger Reichstag, dass mit dem Besitz der Mark Brandenburg Erzkämmereramt und Kurrecht verbunden sind. Ludwig der Römer wird Kurfürst von Brandenburg, er stirbt aber schon 1365. Sein jüngerer Bruder Otto wird neuer Landesherr.

1370 Markgraf Otto entzieht 1370 dem Merkelynus Pletner die Schmargendorfer Rechte und überträgt diese dem Johannisaltar der Berliner Marienkirche. Es handelt sich um Einnahmen im Gesamtwert von zwölf Frustra, wobei ein Frustrum dem Wert eines Wispels = 24 Scheffel Gerste oder Roggen entspricht.

Besonders wichtig für Schmargendorf ist diese Urkunde auch deswegen, weil zum ersten Mal Namen Schmargendorfer Bürger genannt werden: die Bauern Hans und Heine Scheper, Peter und Klaus Queker, die Kossäten Merten und Klaus Awendorf und die Witwen Myzelen und Wolf.

Mit dem nicht ganz freiwilligen Rücktritt von Kurfürst Otto **1375**
geht die Herrschaft der Wittelsbacher in Brandenburg zu Ende, die des Hauses Luxemburg beginnt.

Der Rücktritt erfolgt zu Gunsten Kaiser Karls IV., der das Land an seine Söhne Wenzel – er wird Markgraf – und Sigismund vergibt. Karl IV. führt anstelle des minderjährigen Wenzel die Regentschaft. In seinem Auftrag entsteht das „Landbuch der Mark Brandenburg".

Dieses Landbuch aus dem Jahre 1375 ist eine sehr wichtige Quelle Brandenburger Geschichte im Mittelalter. Sie liefert für fast alle Dörfer Brandenburgs erstmals wichtige Informationen zur Wirtschafts- und Sozialverfassung. So wird erstmals die Familie von Willmersdorff mit Besitz u. a. in Schmargendorf genannt: Henning von Willmersdorff besitzt 11 Hufen zu seinem ritterlichen Hof. Rudolf von Willmersdorff hat zwölf Scheffel Hafer von vier Hufen vom Markgrafen zu Lehen.

Ein Teil des Ortes gehört immer noch dem Johannisaltar der Berliner Marienkirche. Dieser nimmt Pacht und Zins von 20 Hufen, sowie die Bede von 28 Hufen. Lampke Falkener bezieht von 6 Hufen die Pacht und von vier Hufen Zins und Bede. Die Berliner Patrizierfamilie Reiche ist mit 12 Scheffel Roggen belehnt, der Frau des Mittenwalder Bürgers Bartholomäus stehen auf Lebenszeit 24 Scheffel Hafer zu. Dic Bauern, die 29 Hufen beackern, müssen von der Hufe zwei Schilling Zins sowie drei Scheffel Roggen und drei Scheffel Hafer Pacht sowie zur Bede 2 1/2 Schillinge, ein Viertel Roggen, ein Viertel Gerste und ein weiteres Viertel

Hafer geben. Die elf Kossäten im Dorf liefern jeweils ein Huhn und einen Schilling ab, der Krug 14 Schillinge. Der Pfarrer nutzt zwei Hufen.

Anfang 15. Jahrhundert Am 19. November 1378 stirbt Kaiser Karl IV., ihm folgt als deutscher König sein Sohn Wenzel. Noch am 6. August hatte Karl IV. seinen zweiten Sohn Sigismund zum Regenten der Mark bestimmt. Während zur Zeit Karls IV. in Brandenburg eine gewisse Beruhigung eintrat und das Finanzwesen konsolidiert wurde, ändert sich das unter seinen Nachfolgern. Diese lassen sich in Brandenburg noch weniger sehen als die Wittelsbacher Regenten und überlassen die Verwaltung ebenfalls landesfremden Statthaltern und Landeshauptleuten, die in erster Linie als Eintreiber von Steuergeldern wirken.

Nach der Krönung Sigismunds zum König von Ungarn im Mai 1388 verpfändet dieser die Mark Brandenburg gegen die Zahlung von 565 263 Goldgulden an seinen Vetter, den Markgrafen Jobst von Mähren. Im April 1388 wird Jobst in Prag von König Wenzel mit der Mark Brandenburg belehnt. Seine Regierungszeit bildet den Tiefpunkt in der Entwicklung des Landes. Nach dem Tode Jobsts, der keine eigenen Nachkommen hinterläßt, fällt die Markgrafschaft im Jahre 1411 an König Sigismund zurück. Dieser ernennt am 8. Juli des Jahres seinen engsten Ratgeber, den Burggrafen Friedrich VI. von Nürnberg aus dem Geschlecht der Hohenzollern zum „rechten Obristen und gemeinen Verweser und Hauptmann der Mark".

1412 erscheint Friedrich in Brandenburg und unterwirft in langen schweren Kämpfen den rebellischen Adel. Die langjährige Unsicherheit hat ihre Auswirkungen auch auf Schmargendorf. Das Dorf umfasst 46 Hufen und figuriert nun als Altargut, das vom Markgrafen zu Lehen geht. Wie bereits 1375 sind zwei Hufen Pfarrbesitz, die von Willmersdorff und Sterneberg haben zusammen acht freie Hufen. Von den 36 Bauernhufen sind jedoch 14 wüst und nur noch 22 besetzt, von denen je drei Scheffel Roggen und Hafer sowie 7 1/2 Groschen Abgaben geleistet werden. Die Kossätenstellen in Schmargendorf stehen ausnahmslos leer.

15. Jahrhundert

1415 räumt König Sigismund Friedrich I. (VI.) die markgräfliche und kurfürstliche Würde ein, ehe er ihn 1417 förmlich mit der Mark Brandenburg und der Würde des Reichserzkämmerers belehnt. Politisch wenig glücklich resigniert Friedrich 1426, verläßt die Mark und wendet sich seinen fränkischen Erblanden und wieder der Reichspolitik zu. Die Regentschaft legt er am 13. Januar 1426 in die Hände seines Sohnes Johann I. Dieser urkundet im Januar 1437 zum letzten Mal in der Mark und kehrt ebenfalls nach Franken zurück. Daraufhin überträgt Kurfürst Friedrich I. am 7. Juni 1437 die Mark mit der Kurwürde seinem zweiten Sohn Friedrich. Nach dem Tode seines Vaters lenkt dieser als Friedrich II. der Eiserne (auch „Eisenzahn") die Geschicke der Mark und setzt die landesherrliche Gewalt gegenüber Adel und den Städten durch. Auf ihn geht auch der Baubeginn des Schlosses in Berlin zurück. Nach dem Tode seines letzten Sohnes übergibt Friedrich II. 1470 die Regierung an seinen Bruder Albrecht (Achilles) und zieht sich auch nach Franken zurück. Kaiser Friedrich III. belehnt nun Albrecht (Achilles) am 12. Dezember 1470 mit der Mark Brandenburg und bestätigt ihn als Kurfürsten und Erzkämmerer des Reiches. Im Jahre 1473 bestimmt Albrecht seinen ältesten Sohn zum Erben der ungeteilten Mark, die beiden jüngeren sollen mit den fränkischen Fürstentümern ausgestattet werden. Beim Tode Albrechts 1486 tritt die Erbfolgeregelung in Kraft. Sein Sohn Johann Cicero wird sein Nachfolger (1486–1499). Auch in Schmargendorf hat sich in diesem Zeitraum einiges getan. Aus einem Amtsverzeichnis des Amtes Mühlenhof von 1450 geht hervor, dass der Johannisaltar der Marienkirche und die Familie von Willmersdorff sich in die Herrschaft über „Smargendorff" teilen. Rudolf von Willmersdorff verkauft 1490 neun Hufen seines Schmargendorfer Besitzes an Cristoff Slegell (Christoph Schlegel).

16. Jahrhundert Christoph Schlegel und seine Familie sind für fast 75 Jahre die Herrschaft in Schmargendorf. Ende des 15. Jahrhunderts erwirbt er die Schmargendorfer Anteile des Rudolf von Willmersdorff, 1511 gehören Christoph Schlegel 14 Hufen, 1515 kauft er die 20 Hufen des Domstiftes Cölln für 207 Schock Groschen. Das Cöllner Domstift hatte offensichtlich die Nachfolge des Johannisaltar der Berliner Marienkirche angetreten. Die Familie Schlegel besizt also seit 1515 das ganze Dorf Schmargendorf mit Ober- und Untergericht, Zinsen, Pachten und Diensten.

1541 erfolgte die Ablösung der Einkünfte der Marienkirche durch Joachim II. Um 1566 verkauft Andreas Schlegel die erste Hälfte seines Besitzes in Schmargendorf an die Familie von Britzke aus Britz, die den Besitz 1587 an den *Hauptmann ufm Mollenhofe und Muellenbecke* Heinrich von Vorhauer weitergibt.

1567 wird die andere Hälfte an Joachim von Willmersdorff zu Steglitz für 2 800 Gulden verkauft. Durch den Verkauf fällt also das halbe Dorf Schmargendorf mit dem Rittersitz wieder an die Familie von Willmersdorff zurück. Zu dem Besitz gehören: der freie Ritterhof mit 10 Hufen Land, eine Wiese an der Spree, der halbe Rotsee, der halbe Halensee und die Fischerei am Grunewaldsee, schließlich die halbe Heide und der halbe Finkenherd auf der Schmargendorfer Feldmark.

1570 Der Übergang vom katholischen zum evangelisch- lutherischen Bekenntnis erfolgt in Brandenburg in einer längeren Übergangszeit. Wann in Schmargendorf der Wechsel vollzogen wird, lässt sich nicht mehr nachvollziehen. Das Dorf ist eine selbstständige Pfarre, der erste namentlich bekannte Geistliche ist um 1541 Martin Jacobi.

Um 1570 ist Georg Faber Pfarrer in Schmargendorf. Er erhält in diesem Jahr vom Berliner Probst Joachim die Aufforderung, einen Andreas Krüger als Pfarrer im benachbarten Wilmersdorf einzuführen.

Nach dem Tode des Amthauptmanns von Vorhauer vor 1600 **1610**
fällt dessen Schmargendorfer Besitz an den Kurfürsten Joachim-Friedrich zurück. Von ihm erhält Hypolitus de Mondino den Besitz. Dieser behält ihn jedoch nicht lange, sondern verkauft ihn 1610 an die Brüder Hans und Henning von Willmersdorff. Damit ist ganz „Schmarckendorff" im Besitz der Familie von Willmersdorff.

Hans von Willmersdorff, der Sohn Joachims von Willmersdorff aus dessen zweiter Ehe, ist wohl die überragende Persönlichkeit in der Geschichte dieser Familie. 1616 beruft ihn Kurfürst Johann Sigismund auf eine adlige Ratsstelle als Hof- und Kammergerichtsrat an das Kammergericht Berlin, 1623 wird Hans von Willmersdorff Amtkammerrat und 1624 zum Hauptmann über die Ämter Mühlenhof und Mühlenbeck bestellt. 1628 heiratet er im kurfürstlichen Schloss zu Cölln an der Spree Eva von Below, die Tochter eines mecklenburgischen Amthauptmannes und Marschalls. Bekannt geworden ist Hans von Willmersdorff vor allem durch seine diplomatische Tätigkeit für Kurfürst Georg Wilhelm im Dreißigjährigen Krieg.

Am 5. November 1635 stirbt Hans von Willmersdorff. Nach **1635**
einer Trauerfeier in der Berliner Nikolaikirche wird er am 10. Dezember in der Schmargendorfer Dorfkirche beigesetzt. Drei Jahre später stirbt sein einziger Sohn Georg Friedrich im Alter von sieben Jahren und am 23. September 1644 seine Frau Eva in Cölln. Auch sie wird in der Schmargendorfer Dorfkirche beigesetzt.

Im Dreißigjährigen Krieg wird die Mark Aufmarschgebiet: **1618–1648**
für die kaiserlichen Truppen unter Tilly und Wallenstein, für Dänen und Schweden unter dem König Gustav Adolf von Schweden.

Die Kurfürsten Johann-Sigismund (1608–1619), Georg-Wilhelm (1619–1640) und Friedrich-Wilhelm, der Große Kurfürst, (1640–1688) können nicht verhindern, dass Brandenburg hohe Verluste an Menschen und Gut erleidet. Dabei

Trauringe von Eva und Hans von Willmersdorff

spielt es keine Rolle, ob Freund oder Feind im Lande sind. Zudem wechselt Brandenburg im Verlaufe des langen Krieges mehrfach die Seiten.

1644 stirbt Eva von Willmersdorff, in ihrem Testament vermacht sie den beiden Söhnen des Schmargendorfer Pfarrers 100 Taler, und bestimmt: *Darüber sollen 100 Thl. Capitaal bey der Landschaft perpetuirlich stehen bleiben und davon der jährliche Zinß einem Pauerß-Sohne zu Schmargendorff, welche zur Schule gehalten wird, jährlich zu hülff gegeben und gefolget werden.*

Das Dorf erbt ihr Großneffe, Cuno Hans von Willmersdorff. 1663 wird er mit Schmargendorf, Teltow, Markee und dem alten Familienbesitz Buschow belehnt. Er baut in Dahlem, das 1661 in seinen Besitz gekommen ist, ein repräsentatives Gutshaus – noch heute auf der Domäne Dahlem zu besichtigen – und verlegt den Familiensitz von Schmargendorf nach Dahlem. Ab 1701 ist er Landrat des Kreises Teltow.

1652 … läßt der Kurfürst Friedrich-Wilhelm Erhebungen im Lande anstellen, der Landreiter kann in Schmargendorf nur noch 4 Bauern registrieren: *Liborius Pahne Schultze von 49 Jahren, Leonhardt Drechseler auß der Steyermark bürtig, ist ein Reuter Unter Kayßerl. Armee gewesen von 38 Jahren, Georg Richenow ist von der Weiße bürtig im ober Barnim von 36 Jahren. Bartel Richenow deßen Sohn von 18 Jahren. Hanß Schröder ist von Wilmerßdorff bürtig bei Berlin 38 Jahre.*

1707 … besteht in Schmargendorf ein freier Rittersitz derer von Willmersdorff mit 22 freien Hufen und zwölf Stücken Landes. Zu ihm gehören auch Seen, Holzungen, die Schäfereigerechtigkeit und ein Finkenherd. Der Schulzenhof hat fünf Hufen; neben ihm bestehen noch weitere drei Fünfhüfnerstellen und ein Hirtenhof. Von den vier Kossätenstellen liegen zwei wüst, die beiden anderen nutzen je eine Bauernhufe. Der Landreiterbericht aus diesem Jahr nennt auch wieder Namen: die Bauern Martin Titzke, Michel Heere, Jacob Schmidt und Peter Tübbecke, sowie als Kossäten Erich Hake und Peter Herrmann. Zum ersten Mal tauchen zwei noch heute bekannte Schmargendorfer Familiennamen auf: Schmidt und Tübbecke.

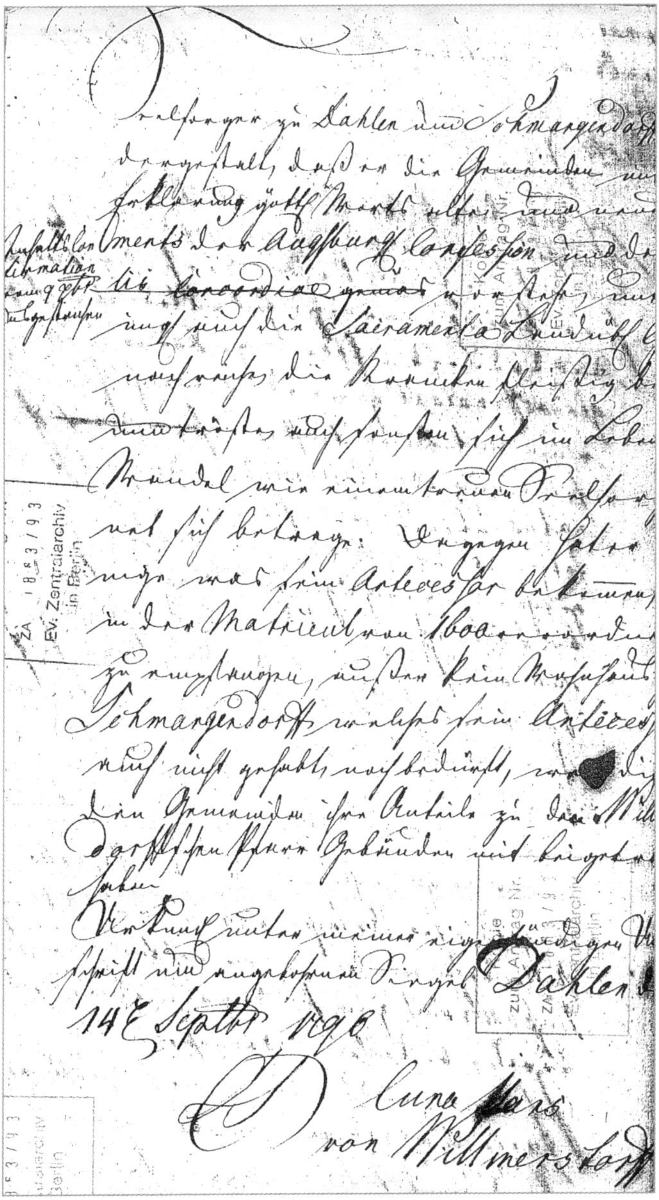

Die Vocation (Bestellung) des Herrn Kutzbach als Pfarrer von Schmargendorf und Dahlem, 1890 (Evangelisches Zentralarchiv)

24. September 1708 Der 24. September 1708 ist ein für die Wilmersdorfer und Schmargendorfer Kirchengeschichte wichtiges Datum. Bis zu diesem Zeitpunkt sind Schmargendorf und Wilmersdorf – mit Filiale Lützow –selbstständige Pfarrdörfer. Durch den Bau eines Schlosses für die Kurfürstin und Königin Sophie-Charlotte nahe dem Dorfe Lützow und dem daraus folgenden Aufstieg des späteren Charlottenburg ist aber eine kirchliche Verbindung Lützow-Wilmersdorf nicht mehr zeitgemäß. Charlottenburg erhält eine eigene Pfarre, und Lützow wird dort „eingepfarrt".

Der Wilmersdorfer Pfarrer Gerlach erhält als Ersatz die Dörfer Schmargendorf und Dahlem zugewiesen. Der nachstehenden Kopie ist der genaue Text dieser Übertragung zu entnehmen:

Von dem Prediger zu Willmersdorff, Gottlieb Gerlach bei Unß allerunterthänigst eingereichtes Supplicatum in gnaden gewilliget, dass wann der Patronus in Dalin und Schmargendorff nichts darwieder einzuwenden hat, ihm sothann beyde Gemeinde anstat des Ihm abgenommenen Filial, Lützo hinwieder zugelagert werden sollen; wonach Ihr Euch gehorsamst zurichten, und auf erhaltene Vocation Ihm die Confirmation zu ertheilen habt.

Gegeben zu Cölln an der Spree den 24. September 1708 an das hiesige Consistorium.

Friedrich

Viel ist es nicht, was wir von den alten Schmargendorfer Geistlichen wissen, nur eine Handvoll Namen liegen vor:

um 1541	**Martin Jacobi**
um 1570	**Georg Faber**
um 1574	**Martin Jacobi**
um 1620	**Johann Schmars**
1660–1684	**Johann Pilarus**
1684–1695	**Christian Schumann** geb. Brandenburg gest. 1695 Berlin-Schmargendorf Ord. 26.9.1684

1696–1698 **Kasper Michael M. Ouvrier**
geb. 28.2.1670 in Elster bei Wittenberg
gest. 1.12.1720 Hohenlandin.
Sohn des Pfarrers Peter Ouvrier
1698–1720 Pfarrer in Hohenlandin
Kreis Schwedt
verheiratet mit Katharina Schulz,
Tochter des Pfarrers Christoph Schulz
in Biesenthal.

Das 18. Jahrhundert bringt der Mark neben einer Reihe von blutigen Kriegen und Besetzungen auch eine durch die Könige Friedrich Wilhelm I. und Friedrich II. geschaffene bürokratische Verwaltung. Immer öfter kann von nun an auch für Schmargendorf auf schriftliche Unterlagen zurückgegriffen werden: als Beispiele hier Briefe von Cuno Hans von Willmersdorff und seinem ältesten Sohn Cuno bezüglich der Vocation des Wilmersdorfer Pfarrers für Schmargendorf und Dahlem. **18. Jahrhundert**

(...) So bin ich (...) gantz woll damitt zufrieden; habe (...) so fortt dem Herrn Pfarrer Gerlach die Vocation außgehändigett (...) **18. Oktober 1708**

Cuno Hanß von Willmersdorff
An den Allerdurchlauchtigsten König

Cuno Hans von Willmersdorff stirbt im Alter von 82 Jahren. Es herrscht tiefe Trauer in seinen Dörfern, da sie ihm einen großen wirtschaftlichen Aufschwung zu verdanken hatten. Nachfolger wird sein ältester Sohn Cuno. **1720**

Euer HochEdel geb. bin ich höchstens verbunden vor die gütige Invitation zu der beyden Herrn Candidaten Herren Peters und Herr Fuhrmann Probe Predigt zu Wilmersdorff. Ich sehe es aber sehr gern wann es bey dem alten bliebe wie es **4. September 1740**

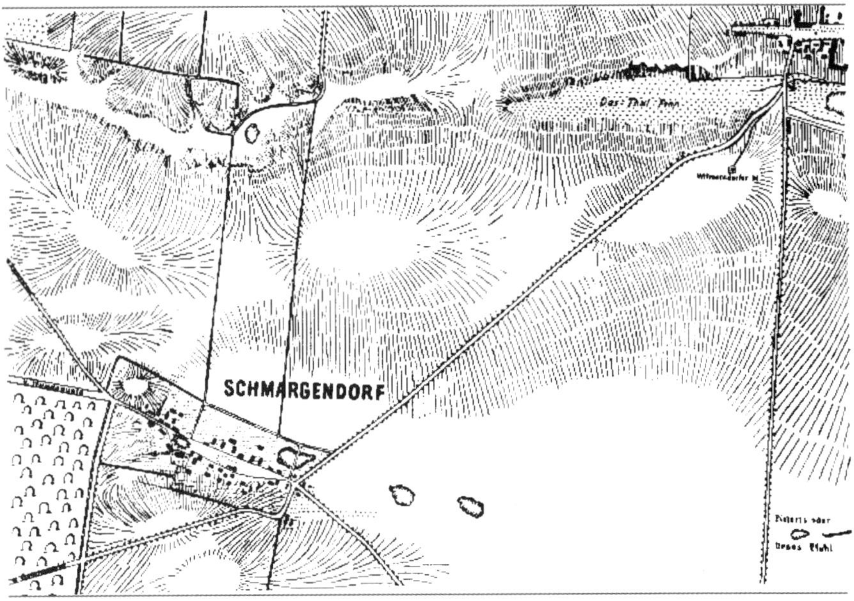

Karte von Schmargendorf und Umgebung um 1730, aus: Rimbach (1955), S. 31

auch bey Herr Balden gewesen, dass Sie sich auch auf meine beyden Dörffern Dalem und Schmargendorff hören ließen. Und wäre mir wohl gefällig wann es den 18. September als mit heute über 14 Tage geschehen könnte.

Cv Willmerstorff

Die Besetzung der vakanten Pfarrstelle in Wilmersdorf geht nicht ohne Probleme ab, denn die Gemeinde Wilmersdorf will den Kandidaten Fuhrmann, Cuno von Willmersdorff jedoch Peters. Er kann sich jedoch nicht durchsetzen, auch die Drohung, in Schmargendorf und Dahlem einen eigenen Pfarrer einzusetzen, kann nichts mehr ändern.

1745 Nach dem Tode Cuno von Willmersdorffs wurden die Familiengüter unter seine vier Söhne aufgeteilt. Schmargendorf wird dem dritten Sohn – Leutnant a. D. Cuno Hans – zugeschlagen. Das Gericht taxiert den Wert Schmargendorfs auf 4 581 Reichstaler und 2 Groschen.

Im Siebenjährigen Krieg fallen russische und österreichische Truppen in Schmargendorf ein, plündern und beraubten die auf dem adligen Hofe in Dahlem aufbewahrte Kirchentruhe. Die Schmargendorfer Kirche verliert ihr gesamtes Bargeld in Höhe von 72 Thalern, 4 Groschen, 8 neuen und 24 alten Pfennigen. **1760**

Cuno Hans von Willmersdorff, Ölgemälde von D. Schwanfelder 1772 Aus: Christoffel (1981), S.55

Am 16. Juli 1799 gehen Schmargendorf und Dahlem mit allen Rechten, Einwohnern, Abgaben, dem Gericht und Patronat, Vorräten und Mobilien in das Eigentum des Grafen Friedrich Heinrich von Podewils auf Gusow über. Leopold Heinrich von Willmersdorff erhält einen Kaufpreis von 60 000 Reichstalern in Friedrichsdorf. Abgeschlossen wird der Kaufvertrag in der Neuen Grünstraße, dem Berliner Wohnsitz der Familie von Willmersdorff. **16. Juli 1799**

Schon ein Jahr später stellt der neue Besitzer den Antrag auf Separation des Gutslandes. Der 1800 vom Berliner Kammergericht bestätigte Separationsprozess wird am 30. April 1803 vollzogen. In diesem Zusammenhang müssen die noch in Dahlem ansässigen beiden Bauern und drei Kossäten auf das Schmargendorfer Gutsland umsiedeln, wo sie die Ritterhufen mit allen daran haftenden Rechten zur Bewirtschaftung erhalten. Die Restfläche des Schmargendorfer Gutes wird mit dem Dahlemer Besitz vereinigt. Nach Abschluss der Separation ist aus Dahlem ein reines Gutsdorf geworden und aus Schmargendorf ein Bauerndorf mit wenig Herrenland. Der Gutsherr, *Graf Podewils, verzichtete in dem Rezeß auf die Spanndienste seiner bäuerlichen Untertanen; jeder Schmargendorfer Hofwirt hatte auf dem Gut Dahlem nur noch Handdienste zu leisten: im Ernteviertеljahr fünf Tage in der Woche und sonst drei Tage, wobei der Dienst auf täglich vier Groschen bewertet wurde.*

In Schmargendorf bewirtschaftet das Rittergut 22 Hufen. Ebensoviel beackern die drei Vollbauern, zwei Kossäten und sieben Büdner. Insgesamt leben in Schmargendorf 76 Personen, denen zehn Feuerstellen zur Verfügung stehen.

8. März 1802 Am 8. März 1802 stirbt der Letzte aus dem Geschlecht von Willmersdorff, Leopold Heinrich, der sein Besitztum stark vernachlässigt hatte, in seinem Haus in der Neuen Grünstraße.

25. September 1804 Lange kann sich Graf von Podewils an seinem neuen Besitz nicht erfreuen, denn er stirbt schon am 28. Mai 1804. Die Erbin des Verstorbenen, Fürstin von Schönburg auf Gusow, verkauft Schmargendorf und Dahlem am 25. September 1804 für 80 000 Reichstaler an Carl Friedrich Beyme, Kabinettsrat Friedrich Wilhelms III. Es ist keine sehr günstige Zeit für einen friedlichen Aufbau. Denn in den Jahren

1806/07 und 1812/13 … suchen fremde Truppen mehrfach Schmargendorf heim, nehmen Quartier und verlangen von Einwohnern große Abgaben an Lebensmitteln. 1806 und 1807 sind es Soldaten aus dem 1. Korps der Armee Napoleons – Beyme hat seinen König nach Tilsit und Königsberg begleitet – und 1812 und 1813 die diesmal geschlagenen Franzosen auf dem Rückzug und ihnen folgend die siegreichen Kosaken. In diesen Kriegen hat Schmargendorf 2 Tote zu beklagen.

Aber das Leben geht weiter. 1812 findet durch Konsistorialrat Probst Hanstein die erste Schulvisitation in Wilmersdorf und Schmargendorf statt. Das Ergebnis kann sich sehen lassen, die Schmargendorfer Kinder sind besser als die von Wilmersdorf. Kein Staat dagegen ist mit dem Schulgebäude zu machen. Es hat nur einen Klassenraum, ein Strohdach und zwei Fenster. Lehrer Gropp hat seine Ausbildung in dem Hecker'schen Land-Schullehrer Seminarium in Berlin erhalten. Von ihm heißt es im erwähnten Visitationsbericht vom 9. Juni 1812: *„beyde Schullehrer, der Küster Busack in Wilmersdorf, sowohl als auch der Schulhalter Gropp in Schmargendorf, sind bei aller Gutmüthigkeit ihres Willen aller Wohlanständigkeit ihres Wandels sehr schwach und füllen ihren Lehrerposten nicht aus"*.

1819 scheidet Beyme aus dem Staatsdienst aus und lebt auf seinen Gütern, ist auch häufig in Schmargendorf. 1816 hatte er eine Obstbaumallee von Schmargendorf nach Dahlem anlegen lassen.

Die Cholera-Epidemie macht auch vor Schmargendorf nicht halt, in der Parochie Wilmersdorf werden 3 Todesopfer beklagt. **1831**

Die Dorfkirche erhält einen neuen Turm.

Dorfkirche mit Dorfteich

1838 Carl Friedrich Beyme stirbt. Seine Tochter, Frau von Gerlach, Gattin des pommerschen Landrats von Gerlach, übernimmt Schmargendorf.

Aus: Christoffel (1981), S.56

Am 13. Juli 1839 wird der Antrag auf Zulassung der zehn Schmargendorfer Hofwirte zur Regulierung, zur Ablösung des Schafhütungsrechtes auf der Schmargendorfer Feldmark und auf Abfindung des Hütungsrechts gestellt. Unterzeichnet wird der Vertrag aber erst 1856.

20. Juni 1841 Die Tochter Beymes, Frau von Gerlach, verkauft ihren gesamten Besitz: Dahlem, Schmargendorf, Dorf und Gut Steglitz und das Vorwerk Ruhleben, an den preußischen Staat für 220 000 Reichstaler, insgesamt ein Besitz von 2 800 Morgen. Felix Escher glaubt bei diesem Ankauf nicht an einen planmäßigen Erwerb, sondern mehr an eine Unterstützungsaktion für die Tochter Beymes.

18. Februar 1849 Durch Verfügung der Regierung in Potsdam geht die Verwaltung von Dahlem, Schmargendorf und Steglitz an das Königliche Rentamt Mühlenhof in Berlin über.

1849 beruft Pfarrer Schulze aus Wilmersdorf – in seiner Eigenschaft als Vertreter der Schulaufsicht in der Parochie Wilmersdorf – zum 21. Oktober eine Elternversammlung ein. Auf der Tagesordnung stehen die unhaltbaren Raumverhältnisse in dem alten Schmargendorfer Schulhaus. Aber erst am 1. April 1850 kann Schulze Bergander einen Kompromiss erreichen: kein Neubau, jedoch ein Erweiterungsbau. 1853 ist dieser vollendet.

Der statistischen Lehrer-Liste der Parochie Wilmersdorf für das Jahr 1851 können wir Einzelheiten über den zweiten Schmargendorfer Lehrer Friedrich Wilhelm Braune entnehmen: er ist 38 Jahre alt, hat 17 Dienstjahre hinter sich, davon 3 1/2 Jahre (seit 1848) in Schmargendorf. Nach einem Vorbereitungskurs in Jüterbog nahm er an einem Halbjahreskurs in Potsdam teil, Abschluss am 24. Februar 1836 mit dem Diplom für kleine Schulen. 1851 hat er fünf eigene Kinder, 80 Schüler und ein jährliches Gehalt von 200 Talern. 1873 sind es 6 eigene Kinder und 90 Schüler bei einem jährlichen Gehalt von 480 Talern. **1851**

Nach 17-jährigen mühseligen Verhandlungen kann der Rezess, die völlige Loslösung der Schmargendorfer Bauern von der Gutsherrschaft, unterzeichnet werden. Schmargendorf ist jetzt eine selbstständige Gemeinde freier, unabhängiger Bauern. Nach einer Tabelle von Bratring leben um 1858 in Schmargendorf: 10 Hofeigentümer mit 28 Knechten und Mägden. Sie bewirtschaften zusammen 920 Morgen Land, wobei die Größe der Bauerngüter zwischen 30 und 300 Morgen Land schwankt. Sieben weitere Landwirte besitzen zusammen nur 19 Morgen Land. Außerdem leben im Dorf ein Schneidermeister mit einem Gesellen, ein Zimmergeselle, ein Maurergeselle und ein Stellmacher sowie ein Krüger. Auch vier Arme sind zu dieser Zeit in Schmargendorf ansässig. **1856**

* Quelle: Neben der oben genannten die „Teltower Kreisblätter"

SCHMARGENDORFER ALLTAG *
AUS DEN JAHREN 1859 BIS 1914

1859 4. Juni

(...) dass das diesjährige Militair-Ersatz-Musterungs-Geschäft am Freitag, den 24. Juni d. J. in Teltow für die Ortschaften Schmargendorf und Deutsch-Wilmersdorf Morgens 7 Uhr stattfindet.

1861 12. November

Neuwahl für das Haus der Abgeordneten für die 6. Legislatur-Periode.
Die Wahl der Wahlmänner am Dienstag, den 19. November d. J. und die Wahl der Abgeordneten am Freitag, den 6. Dezember d. J. abzuhalten sind. Verzeichniß der Wahlvorsteher und Stellvertreter zur Wahl der Wahlmänner Behufs der Wahl zum Hause der Abgeordneten
(...)

Nr. 30	*Grunewald*	*Seelenzahl 7*	
	Schmargendorf	*Seelenzahl 299*	*Zahl der Wahlmänner 2.*

(...)
Zum Wahlvorsteher wurde der Domainenpächter Oberamtmann Johannes zu Dahlem bestimmt. Die Wahlvorsteher-Stellvertreter kamen aus Schmargendorf. In diesem Jahr war es der Schulze Herzsprung in Schmargendorf. Ort der Wahl war die Schule in Schmargendorf.

1864 18. Mai

Auszug aus der Verlustliste des combinirten preußischen Armee Corps und der demselben attachirten Gardetruppen für die Zeit vom 15. bis incl. ult. April 1864.
Sturm auf die Düppeler Schanzen am 18. April Brandenburgisches Füsilier-Regiment
(...)
Nr. 35 7. Comp. Sergeant Wilhelm König aus Schmargendorf schwer verwundet, Flintenschuß durchs Kinn.
(...)

2. Februar **1865**

(...) bringe ich das Verzeichniß der festgestellten jährlichen Grundsteuer-Summen der einzelnen Gemarkungen des Teltowschen Kreises, hiermit noch besonders zur Kenntniß.

Der Landrath v. Gayl
(...)
142 Schmargendorf Gemeinde 131 Thaler 10 Sgr 10 Pf.

1. April **1867**

Der Bauergutbesitzer Johann Friedrich Tübbecke zu Schmargendorf ist daselbst als Gerichtsmann ernannt, und von mir bestätigt und vereidigt worden.

Der Landrath v. Gayl

10. Februar **1869**

Wohnhaus Verkauf

Mein in Schmargendorf bei Charlottenburg sich im Rohbau befindliches Wohnhaus, nebst der daran 3 Morgen 64 Quadratruthen großen Obstgärten, für eine Gärtnerei sehr geeignet, bin ich Willens aus freier Hand meist bietend zu verkaufen. Ich habe dazu einen Termin auf Montag, 15. Februar d. J., von Vormittags 10 Uhr ab bis Nachmittags 4 Uhr im hiesigen Gasthofe anberaumt, wozu ich Kauflustige ergebenst einlade. Die Kaufbedingungen werden im Termin bekannt gemacht.

Carl Weber

In Schmargendorf leben 1871 noch 83 %, 1905 nur noch 20 % am Ort geborene Personen. **1871**

13. Dezember **1872**

Einführung einer neuen Kreisordnung, durch die ab 1874 ein selbstständiger Amtsbezirk Wilmersdorf-Friedenau-Schmargendorf gebildet wird.

1876 3. Mai

Wahl von Johannes Gericke zum Gemeindevorsteher.

1882 22. April

Es sind gewählt, bestellt, bestätigt und vereidigt worden: der Bauergutbesitzer Friedrich Tübbecke zu Schmargendorf als Gemeinde-Vorsteher der Gemeinde Schmargendorf

24. Mai

Nachweisung des im Kreise Teltow am 1. November 1891 vorhandenen Pferde- und Rindviehbestands:
***Schmargendorf** Pferde 60, Rindvieh 90*

4. Oktober

Die Beleidigung gegen Herrn A. Götze nehme ich zurück und erkläre denselben für einen Ehrenman

Frau Weber
Schmargendorf

1883 1. April

Lehrer Braune muss wegen eines Halsleidens, das ihn am Sprechen hindert, pensioniert werden. Er stirbt am 24. Januar 1885. Sein Nachfolger an der Schmargendorfer Schule wird Otto Moll. Er kann in Zusammenarbeit mit den Kreisschulinspektoren und der Regierung – gegen die Gemeinde – den Neubau der Schule durchsetzen. Einweihung ist im November 1885. 140 Schüler können in zwei Klassen untergebracht werden. Ein Jahr nach der Eröffnung kann endlich ein zweiter Lehrer berufen werden: Wilhelm Lange.

15. Dezember

Eröffnung der Ringbahnstation Schmargendorf, dadurch Anschluss an Berlin. Beginn eines stärkeren Ausflugverkehrs der Berliner in Richtung Grunewald.

29. Oktober **1884**

Einrichtung einer Posthülfsstelle in Schmargendorf bei Wilmersdorf.

Am 1. November des Jahres wird in Schmargendorf eine Posthülfsstelle in Wirksamkeit treten, deren Verwaltung dem Gemeinde-Vorsteher Ferdinand Senewaldt daselbst übertragen worden ist.

Berlin C, den 24.10.1884
Der Kaiserliche Ober-Post Direktor Schiffmann

20. Januar **1885**

Der Krieger- und Landwehrverein Schmargendorf feiert Sonnabend, den 24. 1. im Saale des Kameraden A. Tübbecke, daselbst, sein 4-jähriges Stiftungsfest. Zu demselben ladet Freunde und Bekannten, insbesondere die geehrten Kameraden der Nachbar-Vereine freundlichst ein.

Schmargendorf, den 19.1.85
Der Vorstand

Es sind die Jahre, in denen Schmargendorf seinen Ruf als Ausflugsziel begründet und ausbaut. Einer der ersten Gastwirte ist Albert Schmidt mit seinem „Waldschlößchen". 1889 befanden sich allein in der Warnemünder Straße sechs Vergnügungsstätten. Das einzige Ausflugslokal, das dort heute noch existiert – allerdings unter anderem Namen – ist das Forsthaus. **1885 – 1889**

7. Februar *noch:* **1885**

Am Sonnabend, den 7. 2. cr. findet bei mir der erste diesjährige Masken Ball statt, wozu ich alle meine Freunde und Bekannten, hierdurch ganz ergebenst einlade.
Entrée Maskirte Herren 75 Pf., maskirte Damen 25 Pf.
Unmaskirte Herren 1.00 Mark, unmaskirte Damen 50 Pf.

Albert Schmidt
Restaurateur vom „Waldschlößchen"

noch: **1885** 7. März

Das Ersatz-Geschäft pro 1885 betreffend die Loosung der 1865 geborenen Militärpflichtigen findet am Mittwoch, den 15. 4. cr. im Gasthofe zum Schwarzen Adler in Schöneberg von Morgens 9 Uhr ab statt.

Musterungstermine Freitag 10. 4. in Steglitz im Albrecht'schen Lokal für Schmargendorf.

1887 15. Januar

Für die Entwicklung der Bebauung im Großraum Berlin bedeutet die Berliner Bauordnung vom 15. Januar 1887, die im selben Jahre auf die Vorortsgebietsteile der Kreise Niederbarnim und Teltow ausgeweitet wurde, einen tiefen Einschnitt. Nun werden auch in Schmargendorf (...) der Bau des Berliner fünfstöckigen Mietshauses mit Seitenflügeln und Hinterhaus möglich. In den der Stadt nahegelegenen Vororten bis hin nach Wilmersdorf und Friedenau ändert sich das äußere Erscheinungsbild der Siedlungen fast vollständig. Durch die hohe Ausnutzungsmöglichkeit der Grundstücke steigen die Bodenpreise. Es wird absehbar, dass kein Unterschied mehr zwischen der Stadt und ihren Vororten bestehen wird.

Der Landrat des Kreises Teltow, v. Stubenrauch, erlässt 1891 eine eigene Polizeiverordnung mit einschränkenden Bauvorschriften für die von der Bauordnung von 1887 betroffenen Gemeinden seines Kreises. Diese Bauvorschriften sehen eine nur dreigeschossige Bebauung auf einer Grundfläche, die höchstens ein Drittel des Grundstücks umfassen darf, vor. Die Regierung in Berlin hebt diese Verfügung im Januar 1892 auf. Die Aktion Stubenrauchs führt jedoch zu einer beschleunigten Revision der Baupolizeiordnung für die Vororte. Sie wird am 5. 12. 1895 veröffentlicht.

1889 Die Einwohnerzahl Schmargendorfs beträgt 1889 weit über 1 000, man schreitet daher zur Bildung einer Gemeindevertretung, welche durch das Ortsstatut vom August 1889 an die Stelle der bisherigen Gemeindeversammlung tritt. In diesem Jahr beginnt auch der Bau der Schmargendorfer städtischen Gasanstalt.

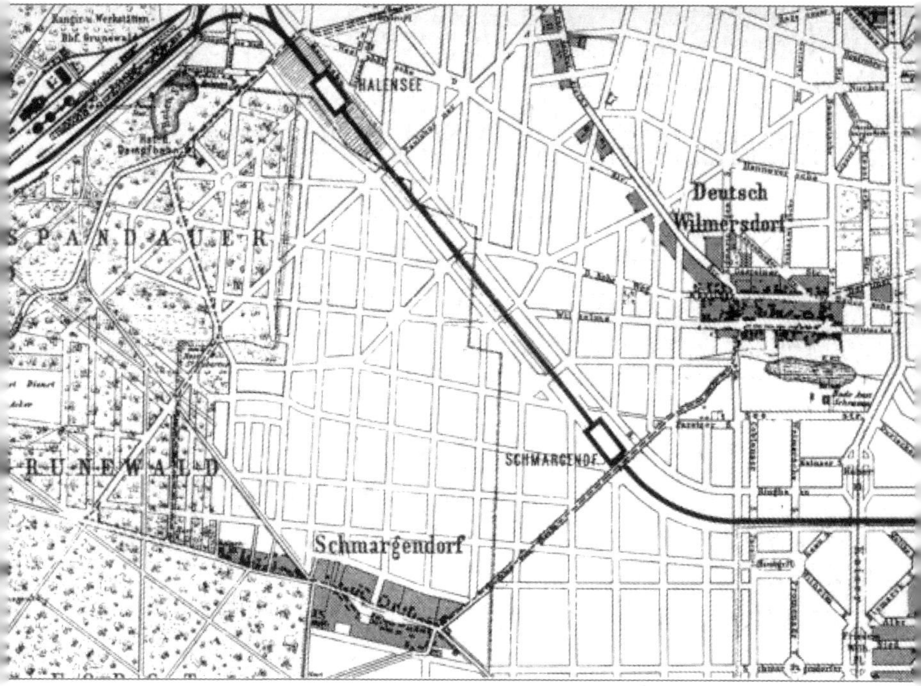

Schmargendorf um 1890, aus: Rimbach (1955), S. 48

18. Juli **1891**

Die Beleuchtungsverhältnisse in unserem Ort sind so mangelhaft, dass sie dringend einer Abhülfe bedürfen. Die von der Gemeinde aufgestellten Laternen haben während der letzten sechs Wochen überhaupt nicht gebrannt. Nur die Breite Straße wird bis zum Abgang des letzten Pferdebahnwagens, also bis 12 1/2 Uhr, nothdürftig durch 3 bis 4 Laternen erhellt, welche von der Dampfstraßenbahn-Gesellschaft bzw. denjenigen Hauseigenthümern, vor deren Grundstück sich eine Haltestelle befindet, unterhalten werden müssen.

18. Juli

Heut Vormittag ist mit dem Anschluß der Grundstücke an die vor einigen Wochen von Seiten der Charlottenburger Wasserwerke gelegten Röhren begonnen worden. Das erste Haus, wel-

ches auf diese Weise mit Wasserleitung versehen wurde, ist die Villa der verwitweten Frau Geheimrat Stambke, in der Warnemünderstraße. An dem Anschluß der übrigen Grundstücke wird eifrig gearbeitet. Das Wasser wird mittelst Brunnen aus dem Wannsee gezogen, nach dem Wasserthurm in Steglitz geleitet und von hier aus mit einem Druck von 4 Atmosphären in die Röhren getrieben. Die Hauseigenthümer haben für den Verbrauch von je 50 Kubikmeter Wasser pro Vierteljahr 15 Mark zu zahlen.

noch: **1891** 8. August

Die stetig zunehmende Zahl der Einwohner hat schon im vorigen Jahr einen Erweiterungsbau des Schulgebäudes nothwendig gemacht. Bereits zu jener Zeit, als demselben ein Stockwerk aufgesetzt wurde, ist von verschiedenen Seiten der Vorschlag gemacht worden, ein neues Schulhaus zu erbauen und in den damaligen Räumen das Gemeindebüreau, sowie die Postagentur unterzubringen.

Gegenwärtig fungieren an der Schule 3 Lehrer und 1 Lehrerin. Die Anstellung einer 5. Lehrkraft steht bevor, da in Folge eingetretener Ueberfüllung der Klassen auf Anordnung der Regierung jetzt nach den Ferien eine 5. Klasse hat eingerichtet werden müssen. Da die Räume des jetzigen Schulgebäudes schon für die gegenwärtigen Bedürfnisse kaum ausreichen und voraussichtlich im nächsten Jahr der Zugang an Schulkindern den Abgang bei weitem übersteigen wird, so ist bereits an maßgebender Stelle der Bau eines neuen Schulgebäudes in Erwägung gezogen worden.

8. August

Das Komitee für die Errichtung eines Denkmals weiland Kaiser Wilhelm I. in Schmargendorf veranstaltet jetzt wiederum eine Hauskollekte zur Erhöhung des bereits auf 851 M 40 Pf angesammelten Fonds. Außerdem findet am 8. d. Mts. ein Sommerfest statt dessen Ueberschuß gleichfalls zu dem Denkmal-Fonds fließen soll.

8. August *noch:* **1891**

Eine dankenswerte Neuerung hat die Kaiserliche Oberpostdirektion getroffen. Die Uebelstände in Betreff der Bestellung der ersten Post ist dadurch abgeholfen worden, daß mit der ersten von Berlin aus abgehenden Pferdeeisenbahn seit heut die Zeitungen und die gewöhnlichen Briefe befördert werden und hier bereits 1/2 Stunde vor 6 Uhr eintreffen, während Einschreibe-Briefe, Werthsendungen und Pakete nach wie vor durch das Postkarriol herbei geschafft werden, welches 20 Minuten nach 7 Uhr ankommen soll.

Links:
Kinder in der Hundekehlestraße, links ist der Grunewald mit dem Gatter (Heimatverein für den Bezirk Wilmersdorf e.V.)

Rechts:
Die Waschmädel aus der Wäscherei der Stadtmission Misdroyer Straße 4 um 1908 (Heimatverein für den Bezirk Wilmersdorf e.V.)

8. August

Gesellschaftshaus. Sonnabend, den 15. d. J. Theater-Vorstellung der Elevinnen der Alma Rinckleben'schen Theaterschule unter gütiger Mitwikungder Opernsängerin Frau Strahlendorf:

***Sperling und Sperber** (Anm.: Posse),*
***Das erste Mittagsessen** (Anm.: Lustspiel),*
***Eine verfolgte Unschuld** (Anm.: Gesangsposse).*

Anfang 8 Uhr.
Nach der Vorstellung Tanz-Kränzchen.
Während der Kaffeepause Gesangs- und deklamatorische Vorträge.

Entree 75 Pf. Reservierter Platz 1 M
Familien-Billets 5 Stück 3 M.

noch: **1891** (Anzeigen)

Frauenschönheit ist eine Zierde durch den täglichen Gebrauch der Lanolin-Schwefelmilch-Seife fabricirt von Bergmann & Co in Dresden erhält einen zarten, blendend-weißen Teint, vorrätig á Stück 50 Pf bei H.
Petri Wilmersdorf und F. Petri Schmargendorf u. a.

Wunderbar ist der Erfolg Sommersprossen, unreiner Teint, gelbe Flecken verschwinden unbedingt bei täglichen Gebrauch der Beyson's Lilienmilch. Vorrätig á Stück 50 Pf.
H. Petri Wilmersdorf A. Wuhlert Schmargendorf

4. September

In wahrhaft glänzender Weise wurde hier, am Mittwoch, den 2. 9., das Sedanfest begangen. Bei Eintritt der Dunkelheit traten Anwesenden zum festlichen Umzuge an. Der Zug bewegte sich unter Vorantritt der Kapelle durch die Breite Straße, wo zunächst von dem Führer, Herrn Werner, die Fahne abgeholt wurde, bis zur Friedenseiche. Hier hielt Herr Werner eine markige Ansprache. Das von der Kapelle intonirte „Heil Dir im Siegerkranz" wurde von allen mitgesungen. Darauf setzte sich der Zug wieder in Bewegung und zwar ging es nach dem hinter der Zoppoter Straße gelegenen Feld, wo ein großer Holzstoß abgebrannt und von dem Kameraden Burow eine längere Rede gehalten und ein Hoch auf das deutsche Heer ausgebracht wurde. Nach Absingung der „Wacht am Rhein" wurde unter Fakkelschein der Rückweg angetreten. Der ganze Weg war festlich illuminirt und bengalisch erleuchtet. Die Einwohner überbo-

ten sich hierin gegenseitig. An verschiedenen Stellen wurde das schönste Feuerwerk, Raketen, Leuchtkugeln, Kanonenschüsse und dergleichen abgebrannt. Die Krieger vereinigte nachher noch der bis zum frühen Morgen währende Ball im Saal des Gesellschaftshauses. Auch der Gesangsverein „Melodia" beging das Sedanfest in seinem Vereinslokal, dem Restaurant zum Deutschen Hause durch einen Ball.

21. September *noch:* **1891**

Nunmehr hat unser Ort einen neuen Gemeindevorsteher erhalten und zwar in der Person des Herrn Oberamtmann

Fotografischer Rundgang
Winter 1965
(Fotos: Gerda und Heinz Möhler)
Blick in die Breite Straße, Mecklenburgische Straße, Villa „Charlotte" Breite Straße, Hundekehlestraße/Ruhlaer Straße

Friese aus Stolp in Pommern. Derselbe wurde vor einigen Tagen durch den Amtsvorsteher Herrn Oberstlieutnant a. D. Güntzel in sein Amt eingeführt.

26. September

Die freiwillige Feuerwehr wurde heute Abend in ihrem Vereinslokale unter fröhlichster Stimmung der Mitglieder eingekleidet, und machen die frischen Mannesgestalten in den kleidsamen Uniformen einen unternehmenden und schneidigen Eindruck. Es sind vorläufig 24 Mann, welche in zwei Zügen formiert sind, mit Uniformstücken versehen worden, und wird die Einkleidung weiterer Mitglieder im Laufe der Zeit erfolgen.

noch: **1891** 27. Oktober

Am Dienstag Nachmittag findet in der Kirche zu Schmargendorf die Tauffeier eines Erwachsenen statt, und zwar wird der Uebertritt des Kaufmanns F. aus der jüdischen in die christliche Lebensgemeinschaft durch Herrn Weichbrodt vollzogen werden.

1892 *Einführung der Gasbeleuchtung auf Grund eines Gemeindevertrages mit der britischen IMPERIAL CONTINENTAL GAS ASSOCIATION.*

1893 11. Juni

Die Jagd auf den Grundstücken des Schmargendorfer Gemeindebezirks mit Ausschluß der vom Charlottenburger Bauverein und dem Direktor Herke gekauften Ländereien, soll auf 6 Jahre, vom 1. Juli 1893 bis 30. 9. 1899 meistbietend verpachtet werden. Termin hierzu ist auf Freitag, den 23. 6. d. Js. Nachmittags 3 Uhr im Restaurant Gesellschaftshaus hierselbst angesetzt.

Friese.

17. Juni

Das Wahlergebniß der Wahl eines Reichstags-Abgeordneten am 15. Juni cr. Im Wahlkreis Teltow-Beeskow-Storkow

*Herr **Oberamtmann Ring***	*16 982*
*Herr **Professor Förster***	*7 316*
*Herr **Gustav Müller***	*7 993*
*Herr **Gastwirth Zubeil** (SPD)*	*30 490.*

Das Wahlergebniß	***Ring***	***Förster***	***Müller***	***Zubeil***
Schmargendorf	*107*	*32*	*22*	*214*
Deutsch-Wilmersdorf	*379*	*101*	*81*	*621*
Villenkolonie Grunewald	*76*	*15*	*18*	*22*

Am 5. 12. 1895 wurde die revidierte Bauordnung für die Vororte veröffentlicht. Durch die Einteilung der Grundstücke in zwei Bauklassen sowie in Gebiete landhausmäßiger Bebauung wurden die Bestimmungen von 1887 gemildert. Doch galt dies nur für die außerhalb der Ringbahn gelegenen Bereiche. Innerhalb der Ringbahn galten die Berliner Bauvorschriften. Die Ringbahn wurde so auch als Grenze für die Bebauung rechtlich bedeutsam. **1895**

Dank der eifrigen Bemühungen eines Kommitees von ortsangesessenen Herren konnte im Jahre 1896 auf dem Platz vor der Kirche ein Denkmal Kaiser Wilhelms I. feierlich enthüllt werden. **1896**

10. Mai

Einweihung des Kaiser-Wilhelm-Denkmals 1896 (Privatbesitz)

Unser Dörfchen hatte am gestrigen Sonntag sein schönstes Festgewand angelegt, tausende von Fahnen und Flaggen schmückten die Häuser, Guirlanden spannten sich über die Straßen. Nunmehr sollte der Schleier gelüftet und das unserem heimgegangenen vielgeliebten Heldenkaiser Wilhelm I. gestiftete Denkmal, enthüllt werden. Eine zahlreiche Festversammlung hatte sich zu der Feier eingefunden.

Das Gardetrainbataillon, das Bezirks-Kommando, die Eisenbahn-Brigade, die Luftschiffer-Abtheilung und das Garde-Schützen-Bataillon waren vertreten. Von der Civilbevölkerung nahmen an der Feier die sämmtlichen Glieder der hiesigen Gemeinde-Vertretung, zahlreiche Mitglieder der Gemeindevertretungen aus den umliegenden Orten, der Vorstand des neugegründeten Kreis-Kriegerverbandes Teltow, die Herren Geistlichen aus Wilmersdorf und Schmargendorf. die hiesigen Schulen und sonstige zahlreiche Gäste theil.

Gegen 1/2 3 Uhr erfolgte der Aufmarsch der Kriegervereine; 17 Kriegervereine und der hiesige Gesangverein „Melodia" nahmen mit Fahnen auf dem Platze Aufstellung.

Nachdem die sämmtlichen Fahnen unter präsentirtem Gewehr am Denkmal Platz gefunden hatten, intonirten die Spielleute des Füsilier-Bataillons Regiment Elisabeth den Choral „Lobe den Herren". Hierauf nahm Herr Ernst Seidel das Wort, um im Namen des Denkmal-Ausschusses der Versammlung für die überaus reiche Betheiligung an dem Feste herzlichen Dank auszusprechen. Im Anschluß erfolgte die Verlesung der Stiftungsurkunde. Der Redner schloß mit den Worten: „Gott schirme und schütze unseren Kaiser und König und das gesamte Hohenzollernhaus. Gott segne unser theures Vaterland! Se. Majestät, unser allergnädigster Kaiser und König Wilhelm II., er lebe hoch". Brausend hallt der Ruf wieder, und während der Präsentiermarsch ertönt, fällt die Hülle und im reichen Schmuck hochstämmiger Topfgewächse und farbenprächtiger Blumen zeigt sich das Denkmal dem bewundernden Auge. Auf einem 2. 25 Meter hohen Sockel aus polirtem Granit aus dem Fichtelgebir-

ge ruht die Kolossalbüste unseres verewigten Heldenkaisers, auf demselben befinden sich eine Kaiserkrone und Reichsschwert, während eine Ausbuchtung am Fuße des Sockels den Preußischen Adler mit ausgebreiteten Flügeln trägt. Die beiden Seiten zieren Medaillonbilder des Fürsten Bismarck und des Grafen Moltke; auf der Vorderseite liest man: „Wilhelm I.". Das Ganze ist ein Entwurf des Bildhauers Herrn Hans Arnholdt; Büste, Medaillons und Adler sind in getriebenem Kupfer durch Herrn Ciseleur Gustav Lind, Berlin, ausgeführt.

Der Ortsgeistliche, Herr Pfarrer Weichbrodt, hielt in schwungvollen, begeisterten Worten die Weiherede. Gebet und Segen schlossen die Feier. Der Gesangverein „Melodia" brachte die herrliche Hymne: „Die Himmel rühmen des Ewigen Ehre" zum Vortrag. Am Schluß nahm der Führer des hiesigen Kriegervereins, Herr Fritz Buhrow, das Wort um den erschienenen Kriegervereinen für die rege Beteiligung am Feste zu danken; er schloß mit einem Hoch auf die gesamten deutschen Kriegervereine. Hierauf erfolgte durch Herrn Sauerwald Uebergabe des Denkmals an die Gemeinde. Herr Oberamtmann Friese übernahm in seiner Eigenschaft als Ortsvorsteher dasselbe und stellte es in den Schutz der Gemeinde. Der gemeinschaftliche Gesang von „Nun danket alle Gott" beschloß unter Musikbegleitung und dem Geläut der Glocken in würdiger Weise die erhebende Feier.

Fotografischer Rundgang
Winter 1965
(Fotos: Gerda und Heinz Möhler)

Villen Hundekehlestraße, Heiligendammer Straße, Mistroyer Straße Ecke Kirchstraße, Breite Straße

1898 Die Berliner Handelsgesellschaft und andere Unternehmer, die sich frühzeitig Vorkaufsrecht gesichert hatten, kaufen den Bauern im Jahre 1898 größere Strecken Landes ab, durch welche hindurch eine neue Prachtsstraße – der Hohenzollerndamm – zur Entlastung des Kurfürstendamms angelegt werden soll. Mehr als neun Millionen werden im Jahre 1899 bei Landverkäufen umgesetzt, so daß durch die Umsatzsteuer in die Gemeindekassen etwa 90 000 M. flossen.

1899 Nach dem Jahr 1899 schreibt Rainer Maria Rilke (1875–1926) in der Villa „Waldfrieden“ in Schmargendorf Teile

seines Stundenbuchs. Die Villa steht bis 1910 in der Hundekehlestraße 11.

Schmargendorf ist jetzt selbstständiger Amtsbezirk. Die Entwicklung vom Bauerndorf zur Wohngemeinde am Rande der aufstrebenden Weltstadt beginnt.

1900 Nachdem man sich erst mit der Aufsetzung eines neuen Stockwerks auf das alte Schulhaus beholfen hatte, wird im Jahr 1900 ein neues stattliches Schulgebäude mit 12 Klassenräumen erbaut.

1901 Bevölkerungszustrom, Landverkäufe, Gas- und Elektrizitätswerke bringen so viel Geld in die Gemeindekasse, dass man sich 1901–1902 am Berkaer Platz vom Potsdamer Architekten Otto Kerwien im Stil märkischer Backsteingotik ein repräsentatives Rathaus erbauen lässt, mit Turm und Türmchen, Staffelgiebel und Wappenschmuck. Den heute vom Standesamt des Bezirks genutzten ehemaligen Ratssaal des dreigeschossigen, burgartigen Gebäudes schmückt der Maler Franke mit dem „Feuerzauber“ nach Richard Wagners „Walküre“. Er gilt als schönstes Trauzimmer Berlins. In den Saalfenstern finden sich die Wappen der einstigen Besitzer von Schmargendorf. Das Hauptportal des Gebäudes zeigt im obersten Staffelfeld den märkischen Adler und über den fünf Saalfenstern im Mittelfeld das preußische sowie seitwärts die Wappen der vier Markgrafengeschlechter, die über Brandenburg geherrscht haben: die Anhaltiner, Wittelsbacher, Böhmen-Luxemburger und Zollern.

Fotografischer Rundgang
Winter 1965
(Foto: Gerda und Heinz Möhler)
Heiligendammer Straße, Heiligendammer Straße, Zoppolter Straße, Heiligendammer Straße

15. April

Ein Markstein in der Geschichte des Schmargendorfer Schulwesens: das neue Schulhaus in der Friedrichshaller Straße 13, ein Rotziegelbau, wird eingeweiht. Leitung: Rektor Wehmeier.

28. November **1905**

Tod des Amts- und Gemeindevorstehers Erich Hohmann. Er hatte das Amt 1899 übernommen.

Die erste Apotheke Schmargendorfs eröffnet in der Breiten Straße. **1907**

1908 beschäftigt Schmargendorf durch ein unerhörtes sportliches Ereignis und dessen dramatische Umstände für einige Tage die internationale Berichterstattung. Sonnabend, der 10. Oktober 1908, ist der Tag der Gordon-Bennet-Ballonflugwoche. **1908**

Die 23 sich in den Lüften wiegenden mächtigen Kugeln bieten einen Anblick, der seinen Eindruck nicht verfehlt.

Am Hohenzollerndamm hatten sich Männlein und Weiblein in nach Tausenden zählenden Scharen niedergelassen und ein bewegtes Treiben bewegte die sonst so öde daliegenden Stoppelfelder (...). Unmittelbar bevor wir zum Aufbruch rüsteten, sollten wir aus unmittelbarer Nähe Zeuge des schrecklichen Absturzes sein, den der amerikanische Ballon „Conquereur" erlitt.

noch: **1908** 31. März

An diesem Tage wird die Schmargendorfer Kirche aus dem Verbund mit der Wilmersdorfer Kirche entlassen und bildet wieder einen eigenen Kirchenkreis.

Die Pfarrer bis 1920 sind:

1. **Pfarrstelle**

1. 1908–1910 **Reinhardt Weichbrodt**
   geb. 18.7.1856 Berlin
   gest. 17.10.1917 Berlin-Schmargendorf
   1887 Pfarrer in Berlin-Wilmersdorf, emeritiert 1.7.1909.
2. 1910–1915 **Friedrich Daab**
   geb. 4.1.1870 Königsberg Kreis Biedenkopf
   1910 1. Pfarrer in Berlin-Schmargendorf
   1915 2. Pfarrer in Berlin-Schmargendorf
   1919 Pfarrer in Auleben, Provinz Sachsen
3. seit 1915 **Hugo Nehmiz**
   geb. 6.11.1879 Berlin
   1915 1. Pfarrer in Berlin-Schmargendorf
   gest. 12.10.1967

2. **Pfarrstelle** Errichtet am 16.5.1915

1. 1915–1919 **Daab**
2. 1919-1922 **Dr. Dr. Ernst Schubert**
   geb. 6.5.1876 Görlitz
   1919 2. Pfarrer in Berlin-Schmargendorf
   1928 Pfarrer an ZWÖLF APOSTEL in Berlin

Bau eines Realgymnasiums und eines Direktors- und Lehrerwohnhauses in der Cranzer Straße. Sein Name: Heinrich-von-Kleist-Realgymnasium. Bau eines Ringbahnhofes Hohenzollerndamm und der Hohenzollernbrücke durch die Handelsgesellschaf für Grundbesitz Berlin, deren Mosaikbilder auf beiden Seiten von den bekannten Mosaikwerken Wagner geschaffen werden. Errichtung von 100 Wohnhäusern auf dem angrenzenden Gelände des Hohenzollerndamms. **1910**

Eröffnung der Straßenbahnlinie 57 über den Hohenzollerndamm nach Roseneck. **1911**

1. April: Die Landgemeinde Schmargendorf erhält die Bezeichnung Berlin-Schmargendorf. **1912**

Bau eines Lyzeums in der Spandauer (heutigen Berkaer) Straße, heute Carl-Orff-Grundschule, Berkaer Straße 10. Schließung der privaten Höheren Töchterschule von Marie von Blankenhorn.

Quellen:

Christoffel, Udo (Hrsg.):
Berlin-Wilmersdorf. Ein StadtTeilBuch, 3.Auflage, Berlin 1982

Escher, Felix:
Berlin und sein Umland, Berlin 1985

Hoffmann-Tauschwitz, Matthias:
Wege zu Berliner Kirchen, Berlin 1987

Homfeld, Wolfgang:
Ausflugslokale im heutigen Bezirk Wilmersdorf. In Arbeitskreis Geschichte Wilmersdorf (Hrsg.): Wilmersdorfer Bruchstücke, Berlin 1997

Kamke, Hans-Ulrich / Stöckel, Sigrid:
Wilmersdorf, Berlin 1989

Materna, Ingo / Ribbe, Wolfgang (Hrsg.):
Brandenburgische Geschichte, Berlin 1995.

Materna, Ingo / Ribbe, Wolfgang:
Geschichte in Daten, Brandenburg, München,1995

Rimbach, Karl Ernst:
750 Jahre Schmargendorf, Berlin 1955

Liselotte Tübbecke

VOLKSKUNDLICHES AUS SCHMARGENDORF IM 19. JAHRHUNDERT *

A. Meine Vorfahren.

B. Schmargendorfer Volkskunde.

I. Äußere Volkskunde.

1. Die Anlage des Dorfes.
   a. Die Dorfstraßen.
   b. Die Gehöfte.
2. Der Bauer und sein Gesinde.
3. Die Arbeit.
   a. Die Landwirtschaft.
   b. Jagd.
4. Kleine Freuden
5. Die Tracht.
6. Handelsvolk.
7. Verkehr.
8. Heilkunde.

II. Innere Volkskunde.

1. Sagen.
2. Feste.

C. Moderne Entwicklung.

* *Dieser Text wurde als Schulaufsatz am Goethe-Lyzeum Schmargendorf im Jahr 1930 geschrieben.*

A.

Dass sich mein besonderes Interesse gerade der Vergangenheit Schmargendorfs und seiner Bewohner zuwendet, hat seine eigenen persönlichen Gründe. Meine Vorfahren, alteingesessene Bauern aus dem Geschlechte der Tübbeckes, hatten ihre Güter in Markgrafendorf, wie der alte Name unseres heutigen Schmargendorfs lautete. Im Jahre 1707 wird der Name Tübbecke zum ersten Mal urkundlich erwähnt.

Der dreißigjährige Krieg hatte auch Markgrafendorf stark mitgenommen, und seine Einwohner mussten sich erst wieder von den Schrecken und Verwüstungen des Krieges erholen. 1707 erlebte das Dorf einen neuen Aufschwung. Vier Bauern, zwei Kossäten und ein Hirt wurden als Bewohner genannt. Einer der Bauern heißt Peter Tübbecke. Das zweite Mal findet unsere Familie im Jahre 1800 Erwähnung. Neben zehn anderen ist auch der Name Tübbecke zu lesen als Unterzeichner eines Rezesses. Aus diesem ist zu entnehmen, dass der Bauer Tübbecke den Namen eines der zehn Hofwirte trug. Ich will nun versuchen, ein Bild des alten Dorfes und seiner Bewohner zu entwerfen, so gut es mir (durch mündliche Überlieferungen und vereinzelte Aufzeichnungen) möglich ist.

Ich möchte dieses Dorf mit seinen eigenartigen Bewohnern (aus seiner Vergessenheit) in die Gegenwart stellen und unserer hastenden und schnelllebigen Zeit ein Bild aufrollen voll ruhiger Beschaulichkeit, ernster Arbeit und tiefsten Friedens, unberührt von dem rastlosen Atem der nahen Großstadt.

B. I. 1. a. Das alte Markgrafendorf lag weit vor den Toren Berlins. Wer um 1800 das kleine, friedliche Dorf durchwanderte, sah ringsum Heide, Bruch und Fenn, Wiesen und Wasser. Das Berliner Urstromtal schickte seine letzten Ausläufer bis dicht vor die Siedlung. Langgestreckt legte sich die Ortschaft im wesentlichen um die heutige Hauptstraße, die zu jener Zeit als breiter Fahrweg am Dorfkrug vorbeiführte. Dort hatte der Regen so tiefe Löcher ausgewaschen, dass die leicht gebauten Leiterwagen öfter bedeutenden Schaden erlitten; so verdiente die Dorfaue an jener Stelle ihren Namen „Die Kuten“ mit Recht. Drei Reihen Rüstern, darunter auch einige Linden, trennten sie von den Gehöften. Mehrere dieser alten Bäume stehen noch heute in den schönen Anlagen Schmargendorfs. Zwei Sandwege, die eine Grasnarbe, auch „Gruse“ genannt, umschlossen, führten an der Dorfstraße entlang. Den Mittelpunkt der Dorfaue bildete ein Teich, von den Bauern „Kirchpuhl“, auch „Gänsepuhl“, genannt.

An seiner Stelle erhebt sich heute das Kaiser-Wilhelm-Denkmal. Infolge eines Wirbelsturmes soll der Pfuhl, „unergründlich“ tief gewesen sein; deshalb ergaben sich in späteren Jahren bei den Fundamentierungsarbeiten einige Schwierigkeiten. In diesem Teich sammelte sich alles Regenwasser, das den Stehrweg herunterfloss; an seinen Ufern standen einige Pappeln und eine vom Blitz ausgehöhlte Linde, in deren breiten, tiefen Ästen oft über Nacht Gänse und Enten hockten. Einen zweiten Pfuhl legten die Dorfbewohner auf dem Gelände des jetzigen Rentnerheims an. Er bildete das Sammelbecken für Schnee- und Regenwasser, das von Wilmersdorf und Steglitz herunterkam.

Zu Beginn des 19.Jahrhunderts hatte Schmargendorf nur zwei, später drei Straßen aufzuweisen. Da waren z.B. der Wilmersdorfer Weg und ein Steig, der nach Charlottenburg führte und Stehrweg hieß. Warum ihm diese Bezeichnung gegeben wurde, lässt sich nur vermuten. Vielleicht führten die Hütebuben ihre (Stiere) Kühe diese Straße entlang auf die angrenzenden Weideplätze. In späterer Zeit wurden neben diesen drei Wegen noch andere erwähnt. Dort, wo sich heute die Hundekehlestraße erstreckt, führte früher ein breiter Sandweg nach dem Grunewald. „Trift nach dem Grunewald“ nannte er sich, und Weiden umsäumten ihn. Was ist aber erst aus dem ehrwürdigen Spandauer Weg geworden, der soviel erlebt und gesehen hat? Die Menschen klopften und buddelten auf seinem alten, krummen Rücken, fällten die uralten Kirsch- und Pflaumenbäume, machten ihn schön gerade und setzten ihm ein Rathaus und ein stattliches Schulgebäude an die Seite. Er musste sich auf seine alten Tage auch noch umtaufen lassen, denn aus dem sandigen Dorfweg wurde eine gepflasterte Spandauer Straße. Dem Dahlemer Weg erging es nicht viel besser. Ohne Rücksicht auf Birken- und Kirschbäume verwandelte man ihn in die Warnemünder Straße. Doch ist zu meiner Freude noch ein Rest jener alten Landstraße in der Cecilienstraße erhalten geblieben.

Sehr patriarchalisch und eigenartig nehmen sich die alten Bäume in der modernen Umgebung aus. Gern möchte ich zuhören, wenn sie der Jugend von ihren Erinnerungen und den alten Zeiten erzählen, so höre ich nur ihr Rauschen in mondhellen Nächten und sehe ihre ernsten, zerfurchten Gesichter. – Etwa gegenüber dem Dol lag der „Drachenberg", ein kleiner Sandhügel, am Pechüler Pfuhl. Von ihm führte der Mühlweg zur Dahlemer Mühle.

B. I. 1. b. Das Dörfchen selbst besaß nur wenige Bauernhäuser, teils stattliche Gutshöfe, teils ärmliche Büdnerkaten. Alle hatten ihre Giebelwand der Straße zugekehrt. Die Gebäude waren folgendermaßen verteilt:

a. **Nordöstliche Seite**
Hirtengarten
Donner
Krugschmidt
Dahlmann
Peter Schmidt
Wilhelm Balz

b. **Südwestliche Seite**
Tübbecke
Herzsprung
Grüneberg
Gehricke
Kirche
Schule
der „kleine" Balz

c. **Breite Straße, Ecke Mecklenburger Straße**
Herzsprungs Gehöft
Steig nach Charlottenburg
Herrengarten, Armenhaus
Donners Gehöft

Verteilung nach der Separationskarte 1847:

Warnemünder Straße
J. Balz
Schule
Kirche
Gehricke
Grüneberg
H. Schmidt
Tübbecke

Davoserstraße
Schuldotation
H. Balz
P. Schmidt
Bergander
C. Schmidt
Donner
Der Hirte

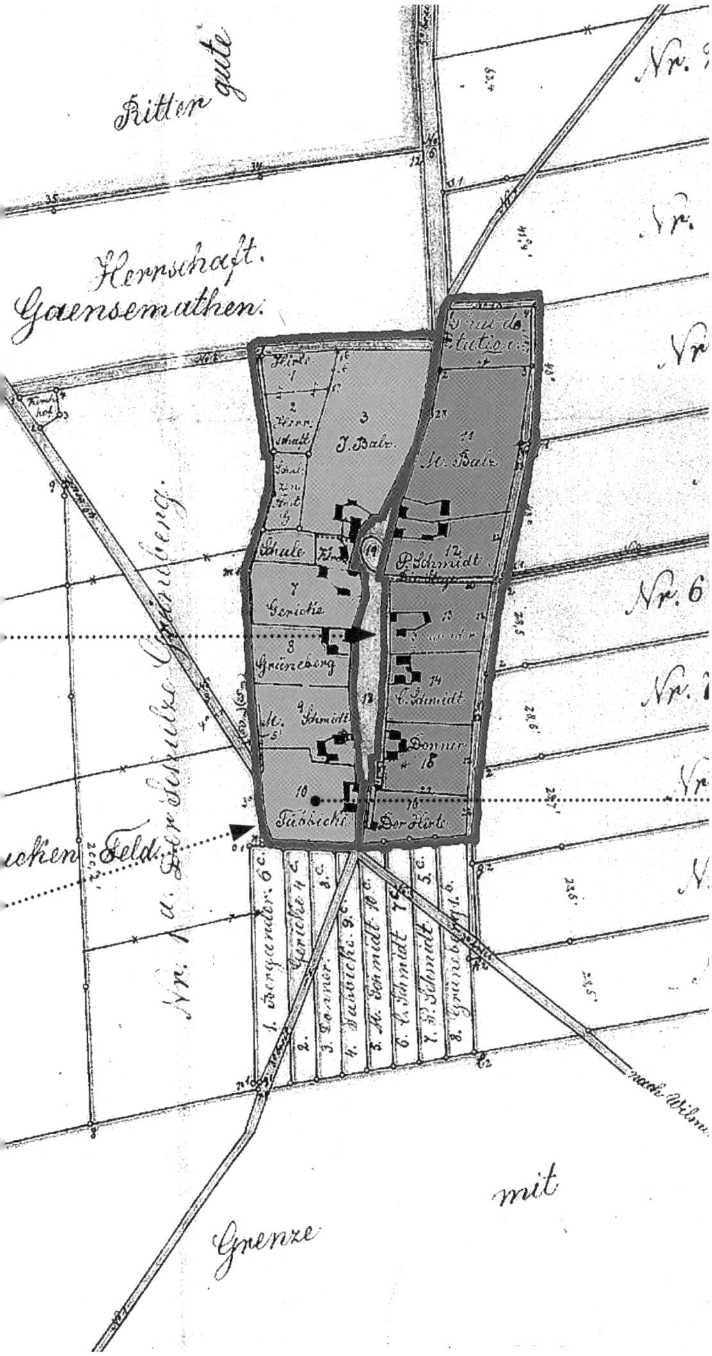

Karte der Feldmark Schmargendorf 1840 (Ausschnitt) (Wilmersdorf Museum Archiv)

Familie Tübbecke *wohnt hier seit über 200 Jahren*

Der Hirtengarten enthielt das Hirtenhaus, das Armenhaus und die Ställe. Das Armenhaus, nicht größer als ein Backofen, bestand aus einer kleinen Küche mit Stube. Die Schmargendorfer legten ihm den hochtönenden Namen „das Schloss“ bei. Etliche alte Leute hausten zusammen mit dem Nachtwächter in dieser Hütte. Hinter dem Hirtenhaus lag der Gemeindegarten. Der angrenzende Herrengarten, mit Pflaumenbäumen bestanden, wurde verpachtet.

Über Donners Grundstück gelangte man dann zum Gehöft des alten Kruges. Das Wohnhaus war massiv gebaut, Stall und Scheune in Lehmfachwerk. Die Anlage des Gehöftes

Postkarte Berlin-Schmargendorf Breite Ecke Cunostraße (Wilmersdorf Museum Archiv)

darf typisch märkisch genannt werden, besonders die Linksstellung des Wohnhauses ist bezeichnend. Ein Ziegeldach überdeckte den Bau. Der Besucher trat durch eine zweiflügelige, große Tür in das Gasthaus. Der Eintretende kam in die Küche, in der ein offenes Herdfeuer brannte. Vom Flur aus führte ein Treppe zum Kornboden. – Auf den meisten Gehöften befand sich auch ein steinerner Backofen, in dem die Bauern das gute Landbrot backten.

Gegen Ende des 19. Jahrhunderts hatte jeder Hausbesitzer einen eigenen Brunnen, aber um 1800 gab es nur zwei im Dorfe. Die Wasserversorgung verursachte oft Zank und Streit, wenn es nicht dieser oder jener vorzog, das Wasser aus dem Teich zu holen.

Neben dem „Gänsepuhl" stand die kleine Dorfkirche St. Marien – vielleicht eine der ältesten märkischen Wehrkirchen aus der Zeit der deutschen Kolonisierung ausgangs des 13. Jahrhunderts. Ein kleiner Feldsteinbau mit zwei Eingängen und je drei Schlitzfenstern in den Längswänden und in der Chorwand. Der Bau bestand aus einem länglichen, flach abgedeckten Schiff. Später wurde die Decke durch ein Ton-

Postkarte Gruss aus Schmargendorf Panorama (Breitestraße), um 1904 (Wilmersdorf Museum Archiv)

nengewölbe ersetzt. Der kleine Fachwerkturm enthält zwei uralte Glocken.

Der steinerne Altar des heiligen Märtyrers Sigismund war im Jahre 1370 vom Markgrafen Otto zum Seelenheil seiner Vorfahren und Nachkommen gestiftet worden. Ein Lesepult stand etwas seitlich vor dem Altare und in der Mitte der Taufstein aus Terrakotta. Eigenartig verzierte Totenkränze schmückten die Wände. Oben auf dem Turm stand ein uralter Holzkasten, mit Eisenringen beschlagen, im Volksmund Schlangenkasten genannt. Von anderen erhielt er die Bezeichnung „Bundeslade". Alte, verstaubte Papiere, auch Münzen aus vergangenen Jahrhunderten, enthielt er. An die Kirche grenzte das niedrige, aus Fachwerk erbaute Schulgebäude. Das Schulzimmer war nur ein kahler Raum, der ein Strohdach trug. Kein Schulhof befand sich hinter dem Häuschen. Die Dorfjugend vergnügte sich in den Pausen am Dorfteich.

Erst nach Jahrzehnten wurde in Schmargendorf ein Spritzenhaus gebaut. Die freiwillige Feuerwehr bewahrte dort die

Postkarte Berlin-Schmargendorf Rathaus (Wilmersdorf Museum Archiv)

langen, braunen Gummischläuche zur Feuerlöschung auf. Aber auch Bettler und Betrunkene wurden in das Spritzenhaus gesperrt. Und es war ein Hauptvergnügen der Kinder, den Eingeschlossenen Spottnamen zu geben und sie zu foppen, aber manche reichten wohl auch ihr Butterbrot und ein wenig Obst durch das Gitter, das sie von den Eingesperrten trennte. Neben dem Spritzenhaus ragte der Kletterturm auf, ein hohes Holzgerüst, an dem die Feuerwehr ihre Übungen abhielt. Das große Feuerhorn wurde in Tätigkeit gesetzt, wenn es galt, die Bewohner von einem Brand in Kenntnis zu setzen. Man unterschied besondere Zeichen. Kurz lang = im Ort. Lang, kurz = außerhalb, dreimal = Unfall. Zu den ältesten Häusern Schmargendorfs gehörte auch die Dorfschmiede. Weithin war das lustige Pink – Pink des Schmieds zu vernehmen, und hell leuchtete das Feuer in den Abend.

Die Schmargendorfer Bauern hatten hart zu arbeiten. Jeder Hofwirt musste dem Gute Dahlem an drei Tagen der Woche Hofdienste leisten. B. I. 2.

Der Dienst wurde pro Tag mit nur vier Groschen bezahlt. Durch den Rezess von 1856 wurde dies geändert. Sie konnten von nun an als völlig freie Bauern ihr Gut bewirtschaften. Der harte und unbequeme Dienst fiel fort. Durch besagten Rezess wurden gleichzeitig Äcker, die bisher in Gemengelage verstreut waren, in die Nähe der bäuerlichen Besitztümer verlegt. Der Gemeindeschulze, so wurde bestimmt, bekam 10 Taler Lohn, Küster und Schullehrer empfingen Naturalien. Dem Bauern dienten die Büdner oder Kossäten. Diese halfen das Feld bestellen, das Vieh füttern, Milch ausfahren u.s.w. Ihnen war kein Land zugeteilt. Die Schmargendorfer Bauern verpachteten auch keins. Einige Büdner hatten sich darum Land von Wilmersdorf und Dahlem gepachtet. Doch lagen auch bei Spandau große Pachtwiesen.

Der Gemeindeschulze war eine sehr angesehene Person im Dorfe. Sollten die Hofwirte zu gemeinsamer Beratschlagung versammelt werden, so schickte der Schulze seinen Gemeindehammer von Haus zu Haus. Der Hammer oder kurz „der Klotz“ bestand aus einem Holzblock mit einem Stiel. Ein Zettel mit Bekanntmachungen wurde auf den Block geklebt. Nicht allein amtliche Festsetzungen wurden auf solche Art verbreitet, auch private Ankündigungen fanden sich auf diesem Zettel. Da konnte man unter anderem die Mitteilung des nächsten „Hammelschiebens“ oder gar Geschäftsanzeigen lesen. Anfang der sechziger Jahre wurde das Hirtenwesen abgeschafft, an das noch folgendes Wort erinnert: „Wenn die Linde 'n Blatt hat wie'n Zweigroschenstück, dann gibt's Gras in der Heide.“ Sobald diese Merkmale wahrzunehmen waren, trieb der Hirt mit Hilfe der Hirtenbuben seine Ziegen auf die Heide. Für die Kühe hatte ein Kuhjunge zu sorgen. Um Michaeli mussten die Herden wieder eingetrieben werden. Dann empfing der Hirt seine Abgaben. Von allen Bauern erhielt er Lebensmittel, so dass er den langen Winter über mit Nahrung versorgt war.

B. I. 3. a. Die Felder und Gärten der Bauern lagen hinter ihren Besitzungen. Der Landmann pflegte besonderes die Obstkultur. Äpfel, Birnen, Pflaumen, Nüsse, Aprikosen, Pfirsiche gediehen prächtig in seinen Gärten. Auf den Feldern wurden meist Roggen, Hafer, Gerste, Kartoffeln, Teltower Rübchen und Erbsen angebaut, Flachs schon sehr lange nicht mehr. Vom Dreschen ist noch ein netter, alter Brauch bekannt. Man unterschied dabei Vierschlag und Dreischlag. Beim Vierschlag wiederholten die Knechte stets vier Worte: *„Dat mut Jeld jew'n“*, *„Dat mut Jeld jew'n“*, *„Dat mut Jeld jew'n“*, solange der Dreschflegel in Tätigkeit war. Beim Dreischlag sagten sie dagegen: *„Dat jewt Jeld“*. Wer bei der Getreideernte aufs Feld kam, wurde gebunden. Manche sagten dabei einen Spruch her. Einige Strohbüschel wurden dem Ankömmling um den Arm gebunden, und, um sich zu lösen, musste er tief in den Geldbeutel greifen.

Die Schmargendorfer brachten ihre Waren zum größten Teil nach Berlin auf den Markt. Wer Maierbsen verkaufte, machte das beste Geschäft. Maßgebend für den Preis war nämlich die Frühzeitigkeit der Ernte. Darum wurde auf gute, frühe Aussaat gehalten. Entweder kauften die Bauern die Saat vom Händler, oder sie nahmen sie aus der eigenen Zucht.

In Berlin wurden die Erbsen in der Markthalle verkauft. Noch heute erzählen alte Schmargendorfer Bauern, was das für Arbeit kostete. Tagsüber pflückte die Familie die Hülsenfrüchte in große Kiepen, und nachts um 12 Uhr wurden sie zum Markt gefahren. Erst am nächsten Vormittag kehrten die Bauern todmüde vom Verkauf heim. So arbeitete der Landmann mit seiner Familie in der Schotenzeit tagaus, tagein. Im Juni und Juli gab es für ihn am meisten zu tun. Bei einem der Bauern kaufte einst ein Koch aus Potsdam die Schotenernte auf, und seit dieser Zeit nannte der Schmargendorfer sich stolz „Hoflieferant". Auch an Konservenfabriken wurde viel Gemüse und Obst geliefert, und durch den Milchhandel verdienten die Schmargendorfer Bauern sich Geld. Das Dorf hatte vierzehn Milchpächter. Der Milchmann aus Schmargendorf mit seinem Hundekarren, darauf die blechernen Milchkannen hüpften und klapperten, war eine typische Figur im Berliner Straßenbilde.

Um sich von der anstrengenden Feldarbeit zu erholen und, um seine Geschicklichkeit und Zielsicherheit im Schießen zu beweisen, wurden Jagden veranstaltet, wobei die Annehmlichkeit eines Wildbratens auch nicht zu verachten war. Man unterschied die Jagd auf der Feldmark, Hirschjagden und die Hubertusjagd. Feldmark und Bauernheide umfassten dieselben Gebiete. Sie erstreckten sich von der Hundekehlestraße bis zum Hubertussee und weiter bis zum Bahnhof Halensee. Dahinter lag die Königliche Heide, von einem Wildzaun umschlossen. Mittels der durch Unachtsamkeit geöffneten Torwege gelang es den Hirschen und Rehen oft, manchmal sogar in Rudeln, überzuspringen. Doch beschädigten die Bauern den Wildzaun meist mutwillig, damit das Wild besser und schneller in die Bauernheide käme. Nicht selten lauerten die Schmargendorfer den Tieren beim Einsprung auf und schossen sie nieder. Wollte sich ein fixer Bauernjunge Botenlohn verdienen, benachrichtigte er den Berliner Pächter von dem Vorfall. Die Hirschjagden wurden in den Monaten Januar und Februar veranstaltet. Schon einige Tage vorher stellten die Jäger Kanzeln für Seine Majestät den Kaiser, auf. Er schoss nur die besten Tiere und zwar: Schuss durch den Hals. Das lustige Pirschen bedeutete mehr ein Morden als weidgerechtes Jagen; denn die angeschossenen Tiere quälten sich oft noch stundenlang, um B.I.3.B.

hernach elend zu verenden. Es war gegen den Weidmannsbrauch, der Beute den Todesschuss zu geben, ehe die Jagd beendet war. Die besten Treffer legte der Kaiser aus und umkränzte sie. Nach der Jagd wurde in der Nähe des Finkenkruges ein Zelt aufgeschlagen, in dem sich die hungrigen und durstigen Jäger das Frühstück munden ließen, das sie mit kräftigem Jägerlatein würzten. – Das schönste Fest in gang Berlin war aber die alljährlich stattfindende Hubertusjagd. Das Jagdgebiet musste der schaulustigen Menge wegen von Schutzleuten, die eigens zu diesem Zwecke am Tage vorher in das Dorf gekommen waren, abgesperrt werden. Die Jagdgesellschaft versammelte sich im Waldschlößchen. Beim Hörnerklang fand der Ausritt zur Saubucht statt. Die Spitze des Zuges bildete der Oberpikör, dem drei bis vier Piköre mit der Meute folgten. Der Kaiser mit einigen adligen Herren und Damen bildeten den Schluss. Manchmal gab ihnen die Kaiserin im leichten Jagdwägelchen eine kurze Strecke das Geleit. Eber oder Wildschwein wurde in der Saubucht losgelassen. Oft trieb der Oberpikör das Tier in roher Weise mit Peitschenhieben aus dem Gatter. Dann nahm er mit den Hunden die Spur des Wildes auf. Knechte hatten schon vorher einen Teil der Saubucht umgepflügt und glatt geharkt, so dass die Spur leicht zu verfolgen war. Sah der Oberpikör Abdrücke auf dem lockeren Boden, legte er einen Tannenzweig nieder. Langsam folgten die übrigen Jagdgäste bis zu dieser Stelle. Sogleich wurden 50 und mehr Hunde auf die nun deutliche Spur gehetzt. Die Verfolgung begann. Die Nowawester (?), auch Rotröcke genannt, rannten als Treiber hinter dem Wild her. Bei dieser Treibjagd kam es vor, dass das Wildschwein in seiner Angst den Grunewaldsee durchschwamm, die Meute Hunde getreulich hinterher. Einmal rannte ein Wildschwein sogar in das Jagdschloss, wo es von den Bewohnern erschossen wurde. Ging die Jagd über die Felder, so bekamen die Bauern den Flurschaden ersetzt. Hatten die Hunde das Schwein gestellt, hob es der Oberpikör aus. Einer der Piköre gab dem Tiere den Fang. Die Hunde wurden von ein oder zwei Pikören zurückgeholt, ein anderer weidete es aus. Herz und Lunge zerschnitt er in kleine Stücke und streute sie rund um das Schwein. Inzwischen machten sich die Piköre damit zu schaffen, die Beute möglichst lebensvoll aufzustellen. Sie sperrten das Maul mit einem Stück Holz weit auf und drehten den Kopf den Hunden zu. Nun ließen sie die Meute los. Diese stürzte sich sofort auf die Fleischbrocken. Nachdem alles verspeist war, bliesen die Piköre das „Halali". Darauf gab der Oberpikör die nächste Jagd bekannt. Die Gäste gingen entweder zur Ausspannung zurück oder unter großer Beteiligung der Schmargendorfer Schuljugend zum Festessen ins Jagdschloss.

Es gab traditionsgemäß: Eisbein mit Erbsen und Sauerkohl. Die Kinder machten sich durch Pferdehalten nützlich. Besonders gern hielten sie den Offizieren die Steigbügel, da diese sich immer „nobel" zeigten. Die Schulbuben schmückten ebenso wie die Jagdgäste Hut oder Mütze mit einem Kiefernzweig, dem Zeichen einer glücklichen Jagd. Viele Berliner folgten dem Zug, verkleidet als Strolch, Vagabund und dergleichen. Sie ulkten die Jagdgäste an und verspotteten sie. Manchmal waren sie so übermütig, dass sie die Pferde vom Wagen spannten, und den Gästen nichts anderes übrig blieb als zu Fuß zu gehen. In allen Berliner Wirtshäusern gab es an diesem Tag nur ein Essen: Eisbein mit Erbsen und Sauerkohl. Die Einnahmen der Wirte wuchsen ungeheuer. Es bestand wohl kaum ein Gasthof in Berlin, der am denkwürdigen Tage der Hubertusjagd weniger als fünf Tonnen Bier ausschenkte oder nicht mehrere Schweine schlachtete. Nach dem Essen schwangen sich die Paare im Tanz. Zweifelsohne gehörte die Hubertusjagd zu einem der großen Berliner Volksfeste, das ganz Berlin mitfeierte; jung und alt sowohl als arm und reich.

War der Winter mit Eis und Schnee in das Land gezogen, dann nahten wieder die traulichen Abende, an denen die Jugend bei den Großbauern zum Federreißen, Nähen, Flicken und Spinnen zusammen kam. Ein Kreis lachender und schwatzender Bauernmädel versammelte sich Abend für Abend. Jedes durfte einmal Gastgeberin sein. Meist sahen auch die Burschen den flinken Händen der Mädchen zu. **B. I. 4.**

Sie kürzten sich die Zeit mit Gesang oder erzählten alte Märchen und Sagen. Es gruselte einem so schön dabei, besonders auf dem Heimweg durch das dunkle Dorf, bei dem oft nicht Mond und Sterne leuchteten, sondern nur die kleinen Stalllaternen ihr dürftiges Licht spendeten. Manches Mädel schmiegte sich dichter an ihren Burschen, und ein erschrecktes Aufjuchzen sagte den anderen, wann eins in einer dieser verwünschten „Kuten" unsanft mit der guten Mutter Erde in Berührung gekommen war. Wie tückisch doch diese bösen Nachtgeister waren! – Doch kam es auch bald zu einer Straßenbeleuchtung. Wenn die Nacht nicht zu stürmisch war, steckte Peter Schmidt einen brennenden Kienbalster zum Fenster heraus. Im Winter gab es außer den Abenden bei den Großbauern und den Tanzfestlichkeiten auch noch andere Vergnügungen. Wie tobten die Schneeballschlachten unter den Kindern. Wie fein konnte man Schneemänner bauen, wenn der Schnee „backte", und unter den Holztüffeln kleine Berge entstanden; aber am schönsten war es doch, auf einem hölzernen Schlittschuh über den zugefrorenen Dorfteich zu gleiten oder auf dem selbstgemachten, niederen Holzschlitten zu fahren und sich gegenseitig in den Schnee zu kippen. – Im Frühling gab es andere Freuden, Da blühten auf dem Gottesacker die schönsten Veilchen, und der Flieder duftete so verlockend süß, dass manches Kinderherz nicht widerstehen konnte. Die kleinen Hände griffen verstohlen nach den Blumen, um sie unter der Schürze zu verstecken. Na warte, wenn der Küster kommt!! Im Sommer entwickelte sich dann ein reges Leben um den Dorfteich. Barfüßige, braungebrannte Bauernjungen fischten mit kleinen Käschern Gänseläuse. Ein eifriger Wettbewerb setzte stets ein; denn es galt, möglichst viele der winzigen, roten Tiere in seinem Beutel einzufangen. Oh ja, die Dorfkinder haben ein buntes, abwechslungsreiches Leben! Immer mit der Natur verbunden und ihrer großen Kraft und Schönheit, erleben sie reinere und gesündere Freuden als unsere heutigen Großstadtkinder.

Die Dorfbewohner trugen eine recht kleidsame Tracht. Besonders schmuck sahen die Frauen mit ihrem altmodischen Kopfputz aus. Im Sonntagsstaat – kurzem Tuchjäckchen, wippender Krinoline und schleppenden Lederpantoffeln – wandelten die ehrbaren Alten am frühen Morgen zum Dorfkirchlein. Eine schwarze Schaukelhaube, unter der die weiße, anliegende Mütze ein wenig hervorsah, rahmte das braune, runzlige Gesicht ein. Manche befestigten die ziemlich umfangreiche Haube mit einer Schleife (Flüchtel) unter dem Kinn. Die jüngere Generation trug über dem kurzen Jäckchen noch ein gemustertes Tuch mit bunter Kante. Die Frauen schritten neben ihren Männern, knorrigen Gestalten, auf der Straße, die zur Kirche führte. B.I.5,

Die haarige Pelzmütze der Bauern harmonierte mit den bärtigen, breitknochigen Gesichtern und den buschigen Brauen, denen die gutmütig drein blickenden Augen widersprachen. Das dunkelfarbige Halstuch und der lange, schwarze Rock, dazu der feierliche Ernst in den Zügen, das alles machte auf den Beschauer einen starken Eindruck. War Trauer in der Familie, so legten die Frauen schwarze Kleider an und banden eine weiße Schürze darüber. Die bunten Kopftücher vertauschten sie mit einer schwarzen Haube.

Mit Berlin kam der Schmargendorfer eigentlich wenig in Berührung. Wenn nicht ab und zu Handelsleute die neuesten Nachrichten aus der Stadt in das stille Dorf getragen hätten, so hätte es noch abgeschlossener zwischen seinen Wiesen und Äckern gelegen. Erwähnte Handelsleute hatten sich nach und nach den Dörflern als unentbehrlich erwiesen. Da kam z. B. jeden Mittwoch und Sonnabend die Semmelfrau aus Teltow. Der täglich um die gleiche Stunde erscheinende Bäcker mit dem klassischen Namen Achillus machte ihr starke Konkurrenz. Die „Wollleute" waren auch gern gesehene Gäste im Dorf. Sie boten Zwirn, Wolle und Zeug feil, was jedermann den freundlichen Leuten gern abkaufte. B.I.6.

Ein besonders beliebtes Schmargendorfer Original war der „Plundermatz". Stets sah man ihn, von einer Horde Kinder umringt, die sich um seinen allerlei Herrlichkeiten bergenden Wagen balgten. Die Mutter musste an solchen Tagen ihren Flickenkorb mit Argusaugen bewachen, sonst hätte sie später die besten Stücke beim „Plundermatz“ suchen können. Wenn seine schrille Pfeife ertönte, wurden Kästen aufgerissen. Schubladen durchwühlt, das Unterste zu oberst gekehrt, nur um ein paar Flicken oder vertragene Sachen zu entdecken. Lief dann die Mutter händeringend hinzu und versperrte die Kästen, so wurden nicht etwa Tränen vergossen, oh nein! Heimlich schlich der Kinderschwarm zum Händler, zog hinten vom Wagen die Lumpen und verkaufte sie vorn. Was für Wunderdinge warteten darauf, ein Kinderherz zu beglücken! Kirschkerne in Gestalt von bunten, zuckrigen Liebesperlen, Süßholz, Nussholz, köstliches Johannesbrot, farbige Bilderbogen, eine neue, heißbegehrte Welt breitete sich vor den leuchtenden Kinderaugen aus.

„Plundermatz“ verteilte die Gaben redlich, um dann mit seinen Karren weiter in das nächste Dorf zu ziehen. Ein anderes Original war der Heringsmann. Vor jedem Bauernhause bot er mit kreischender Stimme seine Heringe an. Jeden Dienstag und Freitag besuchte „Vater Wilke“ aus Steglitz die Jung- und Altbauern betreffs äußerlicher Verschönerung. Er verstand sein Handwerk meisterhaft. Selbst die borstigsten Bartstoppeln wusste er zu beseitigen. Er war nicht nur Barbier, sondern auch ein lustiger Spaßvogel, dessen Witze und Anekdötchen sogar das schmerzhafte Zahnziehen milderten. Oft kamen Gänse- und Schweinetreiber nach Schmargendorf. Wurden die Gänse trotz ihres schnatternden Protestes in die Dorfstraße eingetrieben, so flatterten sie gleich auf den Dorfteich zu, um ihre Kehlen zu frischem Tun anzufeuchten. Der Treiber ging von Haus zu Haus und bot den Bauern Gänse und Ferkel an; denn da die Dörfler selbst wenig mästeten, war die Nachfrage groß. Kurz vor den Feiertagen kauften alle Bauern fette Tiere, um einen gute Festbraten zu haben.

Des Sonntags, nach gutem und reichlichem Essen, wurden oft Landpartien in den nahen Grunewald oder nach Berlin unternommen. Blumenumkränzte Kremser fuhren mit singenden, scherzenden Ausflüglern ihrem Bestimmungsort entgegen. Der ganze urwüchsige Humor dieser Menschen brach bei solchen Anlässen durch. Eine Musikkapelle sorgte für eine oft mehr laute als schöne Unterhaltung. Nicht weniger als drei Stunden dauerte so eine Kremserfahrt nach Berlin. Erst viele Jahre später wurden die Kremser durch Pferdebahnen, die durch die Straßen bimmelten, unterstützt. **B. I. 7.**

Oft vertrauten sich sogar einige fortschrittlich gesinnte Bauersleute einem Sechser-Omnibus an, was ihnen je nach Temperament Bewunderung oder Verachtung eintrug. „*An den großen Verkehr wurde Schmargendorf zu Beginn der 80er Jahre durch die Anlegung einer Ringbahnstation angeschlossen. Um die Verbindung zwischen Ortschaft und Bahnhof zu erleichtern, wurde eine Dampfstraßenbahn über Wilmersdorf nach Schöneberg angelegt. Die Bahn fuhr in der ersten Zeit im Sommer halbstündlich, im Winter stündlich.*

Der elektrische Betrieb besteht seit Frühjahr 1900. Eine Verbindung mit Halensee war bereits seit September 1887 eingerichtet". (Spatz, „Geschichte Schmargendorfs".)

Alte bäuerliche Sitten und Gebräuche, die einem besonders stark ausgeprägten Aberglauben entsprangen, sind in den letzten Überbleibseln der Heilkunde zu finden. Das Besprechen oder Pusten von Krankheiten war in der kleinen Gemeinde allgemein gebräuchlich, nur eignete sich nicht jeder dazu. Die Pustefrauen besaßen ein dickes, großes Buch, mit Sprüchen zur Bekämpfung der verschiedenartigsten Krankheiten. Ein Spruch gegen die Rose begann: „*Rose, Rose hüte dich! Mit meinen fünf Fingern fasse ich dich...*" **B. I. 8.**

Wollte ein Bauer von Krämpfen oder Fieber befreit sei, musste er abends schweigend zu einer Weide gehen und ein Strohbüschel um die Äste winden, während er leise einen Spruch vor sich hinmurmelte. An den dickastigen Weidenbäumen an der Trift zum Grunewalde hingen manchmal wochenlang die gelben Strohbänder als ein dem Wissenden gar nicht rätselvoller Baumschmuck von den Zweigen herab. Den Kindern, deren Hände oft in unschöner Weise mit hässlichen Warzen behaftet waren, wurden die lästigen Auswüchse durch ein wirkungsvolles, schmerzloses Mittel beseitigt. Ein Bindfaden, in so viel Knoten verschlungen, als Warzen die Hand bedeckten, wurde unter der Traufe vergraben. Sobald der Faden in Fäulnis überging, lösten sich die Warzen. Das Vieh wurde durch andere Heilsprüche wieder gesund gesprochen. Erkrankte z.B. eine Kuh, so fuhr die Bäuerin dem Tier dreimal mit der Hand über den Rücken und sprach dabei:

„Kühken, haste dir verfangen im Buff,
so helfe dir Gott wieder uff;
Kühken, haste dir verfangen im Futter,
so helfe dir Gottes Mutter;
Kühken, haste dir verfangen im Wind,
so helfe dir Gottes Kind.
Im Namen Gottes, des Sohnes
und des heiligen Geistes. Amen"

Um andere Tiere zu heilen, wurde nur die Anrede geändert. Bei einem Pferd z. B. hieß es „Pferdeken". Erbten die Söhne der Pustefrauen die Zauberformeln, so verloren sie sofort ihre Wirkung. Nur auf die Töchter konnte die Heilkraft der Sprüche übertragen werden.

B. II. 1. Ein reicher Sagenkreis spinnt sich um das alte Dorf. Einige Beispiele seien angeführt:

DAS HOLZMÄNNCHEN VON SCHMARGENDORF.

Eine alte Kräutersammlerin, die graue Ursel, die bis vor kurzem in Schmargendorf lebte, vergaß unter den vielen Geschichten, die sie zu erzählen wusste, niemals die Sage vom Holzmännchen: Einige Tage vor der Hochzeit ihrer

Enkelin ging die graue Ursel zur Dämmerstunde in den Wald. Da bemerkte sie auf dem sandigen Wege einen schwarzen Holzschlitten, der sich lautlos von allein vorwärts schob. Genau ein gleicher Schlitten kam von der anderen Seite entgegen, und, als sie beide nebeneinander waren, hielten sie einen Augenblick an, und eine Stimme fragte: „Ist es bald Zeit?". Und aus dem zweiten Gefährt antwortete es: „In dreien Tagen wird es Zeit". Dann rutschten die kleinen, schwarzen Dinger weiter. Die graue Ursel schwieg ganz still. Sie wusste, das es Holzmännchen waren, die zur Arbeit fuhren. Da in drei Tagen die Hochzeit ihres Enkelkindes stattfinden sollte, erhoffte sie ein großes Glück. Am Polterabend trat wirklich ein ehrbares Holzmännchen zu der Braut und sagte: „Frage den Pfarrer, ob er mich morgen leiden mag!". Der Pfarrer war ein verständiger Mann und erlaubte den Besuch des Fremden im Hochzeitshause. Nur in die Kirche solle er nicht mitkommen. Ein Tischchen und ein Stühlchen müsse man ihm im Zimmer aufstellen und ein wenig Puppengeschirr dazu tun. Das sagte die Braut dem Holzmännchen wieder, und es dankte freundlich und versprach, rechtzeitig zu erscheinen. Es freute sich auch sehr auf Speise und Trank. Gegen Abend des nächsten Tages entstand in der lauten Fröhlichkeit der Hochzeitsgäste plötzlich ein Schweigen. Der große Ofen des Festzimmers beheizte zwei anstoßende Räume, so dass er in der Wand stand und über sich einen Spalt frei ließ. Da hindurch blickte der Holzmännchen, lüftete sein Käppchen und wünschte allen ein frohes Fest. Nun war der Jubel groß. Man holte den Gast an der Hand herbei, geleitete ihn zu seinem Tischchen und setzte ihm das Beste von allem vor. Er bedankte sich mit herzlicher Freude, rührte indessen nichts an. Dann bat er die Braut um einen Tanz und tanzte zur Verwunderung der Leute gar zierlich und leicht mit ihr. Zu allen jungen Mädchen, die reines Herzens waren, trat er heran und schwang sie einmal im Zimmer herum. Die losen Jungfrauen hingegen verschmähte er. Das merkten jedoch die Betroffenen nur selbst, so dass die Freude des Festes nicht gestört wurde. Spät in der Nacht beschenkte das Holzmännchen die Spielleute reichlich. Dem Brautpaar aber legte er eine neue Säge und ein silbernes Forstbeil auf den Gabentisch. Der Bräutigam ist auch richtig bald darauf Förster geworden und hatte zeitlebens sein gesichertes Auskommen. Dann schritt es freundlich grüßend davon. Die Speisen waren währenddessen von dem Tischchen verschwunden. Man dachte, der Kleine hätte sie mitgenommen. Da man sie jedoch alsbald unter der Ofenbank entdeckte, war man betrübt, dass der Gast sie verschmäht hatte, wollte sie wiederum nicht umkommen lassen und rief Hund und Katze herbei. Die Tiere gingen schnuppernd vorbei und rührten nichts an. Nun nahm die Braut alles auf ein Tellerchen und setzte es in den Mondschein auf die steinerne Hausschwelle vor die Tür hinaus, und im Augenblick waren Teller und Gläserchen leer. Darüber war eitel Freude im Haus, und die Mädchen, mit denen das Holzmännchen getanzt hatte, haben alle in demselben Jahr noch geheiratet.

Die schlafende Seele der brausenden Stadt.
Berliner Sagen, Erzählt von Max Leischner.

DER FRANZOSENSCHATZ

Als die Franzosen 1813 aus Schmargendorf eilig abrücken mussten, konnten sie ihre Kriegskasse nicht mehr mitnehmen, Da vergruben sie den schweren, eisernen Kasten mit all' dem vielen Geld auf dem Gerick'schen Gehöft, hart an der Kirchhofsmauer. Darauf verließen sie das Dorf. Lange, lange ruhte der Schatz ungestört in der Erde. Da stießen spielende Kinder, die auf dem Bauernhof eine tiefe Kute gegraben hatten, auf große Steine. Der Besitzer des Grundstücks ließ an dieser Stelle sofort nachgraben, denn er glaubte, den Schatz gefunden zu haben. Die Steine waren aber so schwer, dass er sie nicht fort bewegen konnte. Da ließ er von dem Schatz ab. Nach dem großen Kriege verarmte die Bauernfamilie, und ihre einzige Rettung war der Verkauf ihres Grundbesitzes. Der alteingesessene Bauer konnte sich dazu nur schwer entschließen. In seiner großen Not entsann er sich plötzlich des verborgenen Franzosenschatzes. Unter großen Anstrengungen gruben der Landmann und einer seiner Freunde nach dem Gelde. Mit vieler Mühe legten sie die Steine frei und standen endlich vor einer Kammer. Die von fünf riesigen Blöcken umgeben war. Voller Freude schoben sie den obersten Fels zur Seite und fanden – nichts als Sand. So musste dann der alte Mann seinen Hof verkaufen und in die Fremde ziehen. Der Schatz jedoch liegt noch heute an seinem alten Ort, tief, tief unter der Stelle, an der man die Steinkammer gefunden hatte. Heben kann ihn niemand mehr, denn der Bauernhof ist längst verschwunden, und ein neues, großes Wohnhaus steht jetzt über dem Franzosenschatz.

DER DRÄK.

Bei Schmidts in der Wirtschaft ging es nicht mit rechten Dingen zu. Auf den anderen Höfen quälten sich Bauer, Bäuerin und Gesinde tagaus, tagein. Sie hatten am Ende nur das tägliche Brot und selten mal einen Taler darüber. Die alte „Schmidten“ aber hatte stets Geld. Trotzdem war ihr Acker nicht ertragreicher, ihre Leute nicht fleißiger als auf den Nachbargütern. Ihre Kühe gaben fette, sahnige Milch und sahen rund und wohl genährt aus, Krankheit und Seuchen besuchten nur die angrenzenden Gutshöfe. Da war etwas Über-natürliches im Gange, und die Leute im Dorf wussten auch ganz genau, was es war: „Das macht der Dräk, der oben auf dem Boden hockt“. Der Dräk konnte sich verwandeln und erschien in verschiedener Gestalt, meist als Kalb, auf dem Dachboden. Er bekam Milchhirse oder süße Milch, aber Vorsicht war dabei geboten. Wurde sein Rahm damit verbrüht, zündete er das Haus an. Er konnte hervorzaubern, was die Hausfrau befahl. Darum war er in jener Zeit sehr begehrt.

B. II. 2. Neben den Sagen, in denen ein gut' Stück Heidentum steckt, enthalten auch die Feste mit ihren stets sich wiederholenden Zeremonien alte, wendische Sitten und Gebräuche. Gleich bei Beginn des Jahres begegnen wir solchem alten Brauch. Am Sylvesterabend erschien der Gemeindehirt mit seinem langen Horn im Dorf und blies aus vollem Halse seinen Neujahrsgruß. Er klopfte an jedes Fenster und sagte dann seinen Spruch auf: „Ich wünsche Euch ein fröhliches, neues Jahr, Friede, Gesundheit und recht langes Leben, von jeder Zicke ein Lamm, von jeder Kuh ein Kalb, Eurer Tochter einen Bräutigam mit einem Büdel voll Geld, der reicht über die ganze Welt". Danach tutete er noch ein paar Mal und wurde in die warme Stube gerufen. Die Bauern gaben ihm einen Taler, wohl auch ein Glas Sylvesterpunsch. Oft verplauderte er sich so lange, dass er seinen Rundgang nicht beenden konnte. In das erste Viertel des Jahres fiel die Fastenzeit. Fastnacht wurde mit der gehörigen Feierlichkeit eingeleitet. Am Fastenabend marschierten lustige, junge Bauern, die Kiepe auf dem Rücken, die Heugabel wie eine Siegestrophäe in den Händen schwenkend, durch das Dorf. An den Zacken der Gabel waren Würste und Speck in bunter Reihe aufgehängt. Die Kiepe war mit Eiern gefüllt. Das besagt schon, dass die Umzügler keine wilden Fastnachtstänze auf den Straßen aufführten, sondern fein sittsam und ruhig von Haus zu Haus zogen. Vor jeder Tür nahm der Großknecht seinen Besen zur Hand und fegte auch das kleinste Stäubchen von der blitzblanken Hausschwelle. Dazu sagte er folgenden Spruch:

„Hoch, hoch in de Förschte
hangen drei Bratwörschte.
Jäfft mie de langen,
lott de korte hangen.
Jäfft mie den Schweinekopp.
Der is besser wie ene Bratworscht".

Als Belohnung bekam er Lebensmittel, die er in die Kiepen oder auf die Heugabeln verteilte. In ältester Zeit verkleideten sich die Bauern auch. Die beliebteste Maske war das Pferd.

Oft trug es sogar noch einen Reniter (?) auf breitem Rükken. Zwei Tage wurde gefeiert. Das nächste große Fest war Ostern. Bereits vor Tagesanbruch, ehe noch die Glocken das Fest einläuteten, bisweilen schon nachts um 12 Uhr, gingen die jungen Mädchen das Osterwasser holen. Es musste aus fließendem Gewässer im tiefsten Schweigen geschöpft und nach Hause getragen werden, sollte es seine Wirkung nicht verlieren. Die Schmargendorfer Jugend schöpfte es aus dem „Laufgraben", auch „Fließ" genannt, der Verbindung zwischen Grunewald- und Riemeistersee. Das Osterwasser wurde als heilkräftig angesehen. Es half gegen jede Krankheit. Wer sehr gute Augen hatte, konnte am Ostersonntag in der Sonne das Osterlamm tanzen sehen. Der Höhepunkt des Festes war erst am Nachmittag erreicht, an dem die Ostereier fein säuberlich auf Fäden gereiht und quer über die Fensterscheiben gespannt wurden. Wer die meisten vollen Fäden aufweisen konnte, galt als Osterkönig.

Jedes Jahr um Pfingsten herum fand das Hammelschieben, eine beliebte Lustbarkeit der Dorfjugend, statt. Es war, richtiger gesagt, ein Kegelschieben. Dem Sieger winkte als Preis ein feister Hammel. Das Ziel lag vor Bauer Donners Gehöft, die Wurfstelle vor dem Dorfkrug. Die Kegel wurden sehr weit auseinandergestellt, damit der Preis nicht gar so leicht zu erringen war. Das Gelände ebneten am Vormittag die Knechte. Nach den so getroffenen Vorbereitungen konnte das Hammelschieben beginnen. Die zu schleudernde Kugel konnte gerade mit beiden Händen umfasst werden. Bauernsöhne und Knechte maßen ihre Kräfte an diesem Tage. Dreimal durften sie zum Wurf ausholen. Am Ziel stand ein Trompeter, der, so oft ein Kegel fiel, aus voller Lungenkraft blies. Die Wettbewerber trugen Papierschildchen an ihren Mützen, die die Wurfzahl anzeigten. Der Sieger empfing den Preis, einen prallen Hammel, der von den Knechten am Vormittag in Dahlem gekauft und gesäubert war. Die Dorfschönen bereiteten eine reichgestickte Decke über das Tier, schmückten es mit Girlanden, herrlichen Blumen, bunten Bändern und farbigen Schleifen, so dass der eigentliche Preis vor überladener Zier nicht zu sehen war. Nach Übergabe des Hammels fand ein Umzug mit anschließendem Tanz statt. Erst vergnügte man sich im Freien unter den Rüstern, bei Eintritt der Dunkelheit im Dorfkrug. Es wurde Freibier ausgeschenkt, wovon die Bauernsöhne ausgiebigen Gebrauch machten. Zog der Sommer mit seiner drückenden Hitze ins Land, brachte das Erntefest eine willkommene Erholung nach den langen Tagen mühevoller Erntearbeit auf Feldern, Wiesen und in den Gärten. Am Nachmittag des Festes zogen groß und klein, alt und jung im Umzug durch die Straßen. Ein Spaßmacher in bunter Kleidung sprang voraus und wies dem Zug den Weg. An der Spitze des Festzuges trug eine Magd den aus gelben Ähren geflochtenen Erntekranz mit flatternden, bunten Bändern. Ihr folgte ein Mädchen, auf weichem Samtkissen kleine Bündel Roggen, Hafer, Gerste, Linsen und Erbsen tragend. Ein zweites Mädel mit einer Sammelbüchse ging neben ihr. Weißgekleidete Bauerndirnen, bekränzte und blumengeschmückte Harken über ihre Schultern gelegt, folgten den beiden. Die Burschen trugen Sensen, die in gleicher Weise umkränzt waren. Alle Häuser prangten im festlichen Girlandenschmuck. Im Waldschlößchen wurde Kaffee getrunken und der schöne Tag in gebührender Weise gefeiert. Ein rechtes Familienfest für alle war die Hochzeit. Der „Platzmeester" im schwarzen Anzug und Zylinder trug die Einladungen aus, wofür er ein angemessenes Trinkgeld empfing. Er musste mit dem Brautpaar verwandt sein. Wohnten die Gäste auswärts, so ritt er zu ihnen und sagte sein Verslein her. Alle versammelten sich im Brauthause. Die Ankommenden wurden von den Musikanten „rangeblasen". Als Gegengruß umkränzten die Gäste die Instrumente oder schmückten sie mit bunten Bändern. Während der heiligen Handlung durfte sich der Bräutigam nicht umschauen. Der Volksmund sagte sonst: „Er sieht sich wohl nach einer anderen um". Beim Hochzeitsmahl half der Platzmeester in seiner großen, bunten Schürze die Speisen auftragen und wies den Gästen die Plätze an. So und nicht anders wurde es von Generation zu Generation gehalten, bis das 20. Jahrhundert den lieben, alten Sitten und Gebräuchen ein Ende machte.

Eine neue Zeit naht. Mit ihrer ehernen Notwendigkeit schafft sie das Neue, und das Alte tritt zurück. Das stille, ruhige Dorf ist verschwunden, aber noch hat die Großstadt Berlin, der Schmargendorf jetzt zugehört, nicht alles Alte aufgesogen. Wir sehen noch vereinzelt Häuschen, denen man trotz ihrer ein klein bisschen koketten Aufmachung doch das Alter ansieht; wir finden noch Menschen, die Zeit haben. Man kennt sich, man schwatzt ein bisschen zusammen. Es ist noch etwas von einer Kleinstadtatmosphäre geblieben, aber bald wird auch das verschwunden sein. Kreischen der elektrischen Bahnen, ohrenbetäubendes Hupen der Autos ertönt heute dort, wo einst Kornfelder wogten. Lichtreklame leuchtet und glüht und blendet das Auge. Inmitten riesiger Häuserblocks erblicken wir breite, gepflasterte und asphaltierte Straßen mit sauber gepflegten, schönen Anlagen. Neben geschmackvollen Geschäftsauslagen locken Kinoanzeigen und grelle Tanzplakate die Menschen von Vergnügen zu Vergnügen. Als Schöpfungen des 20.Jahrhunderts sind in Schmargendorf unter anderem der Hohenzollerndamm zu erwähnen, das Rathaus in märkischer Backsteingotik, die Schulen, und im letzten Jahre hat Schmargendorf noch ein neues Gebäude aufzuweisen: Eine zweite Kirche im modernen Baustil. Das alte Gotteshaus fasste die Menschen nicht mehr. Die Einwohnerzahl stieg in den letzten Jahrzehnten bedeutend und machte den Bau zu einer Notwendigkeit. Wie trutzig ragt der breite Kirchturm gen Himmel, als stände er fest und unerschütterlich in jedem Sturm, und manchen Sturm wird er noch zu bestehen haben in einer Zeit, die voraussichtlich als einer der stärksten Wendepunkte der Weltgeschichte Geltung haben wird.

Sehr gut. 25.3.30

Dr. W. Höhm

Irmgard Leder (†)

KINDHEITSERINNERUNGEN AUS SCHMARGENDORF

Irmgard Leder mit Sandkiste im Garten, um 1915 (Privatbesitz)

Ich bin 1912 in der Friedrichshaller Straße 17 in Schmargendorf geboren in der Wohnung, die ich noch jetzt bewohne, und wurde 1913 in unserer kleinen Dorfkirche von dem damaligen Pfarrer Daab getauft.

Meine Eltern waren 1911 in das ca. 1905 gebaute Haus eingezogen, an dessen Eingangstür unten ein Schild angebracht war: „Aufgang nur für Herrschaften. Dienstboten und Lieferanten nebenan". „Nebenan" war der Durchgang zum Hof, gleichzeitig Eingang zu den Kellern des Hauses Nr. 17, das mit dem Haus Kolberger Platz 1 ein Eckhaus bildet. An seinem Ende führt eine enge und steile Wendeltreppe zu den Hintereingängen der Wohnungen und zum Dachboden. Die Wohnung bestand aus vier Zimmern, Küche mit Speisekammer, Korridor, Bad und der sogenannten „Mädchenkammer". Die Zimmer hatten Kachelöfen; Korridor, Bad und Mädchenkammer waren unbeheizt. In der Küche gab es die sogenannte „Küchenmaschine", ein Ungetüm von Kohleherd mit Backofen, aber schon mit einigen Gasflammen. Ein Teil der Räume hatte noch Gasbeleuchtung, so das Balkonzimmer, der Korridor, das Bad und die Küche. Drei Zimmer hatten elektrisches Licht. Die enge Mädchenkammer war unbeleuchtet. Immerhin bestand im Hause eine zentrale Warmwasserversorgung. Zur Wohnung gehörten ein Keller- und ein Bodenraum, in dem bei uns die Wäscherolle stand. Auf dem Boden gab es eine Waschküche mit großem Kessel und einen Trockenboden für alle Mieter.

Der Beitrag wurde 1998 verfasst. Die Autorin ist am 11. August 2000 verstorben.

Wohnhaus Friedrichshaller Straße 17, im Fenster oben Familie Leder, um 1924 (Privatbesitz)

Für Sauberkeit und Ordnung im Haus außerhalb der Wohnungen sorgte der Portier, d. h. in unserem Falle ein überaus tüchtiges und zuverlässiges Hauswartsehepaar.

Schmargendorf war damals nur locker bebaut. So standen zwischen der roten „Gemeindeschule“ an der Ecke Cunostraße und unserem Eckhaus Friedrichshaller Straße 17/Kolberger Platz 1 nur die Häuser Friedrichshaller Straße 14 und 16 a und b. Dann gab es, rechtwinklig zu unserem Haus, das

Mietshaus Nr. 18, vor dem die Friedrichshaller Straße um die Ecke bog. Da, wo sie in die Breite Straße mündete, stand mit der Längsfront zur damaligen Spandauer, jetzt Berkaer Straße ein kleines einstöckiges Haus, in dem in meiner Jugend ein Schuster arbeitete. Gegenüber unserem Haus war die Ecke der Friedrichshaller Straße unbebaut. Daran schlossen sich nach Osten hin zwei große Mietshäuser an, an die ein schöner alter Obstgarten grenzte. Daneben folgten in Richtung Cunostraße noch zwei oder drei große Mietshäuser.

Zwischen der Cunostraße und der Mecklenburgischen Straße, teils auch längs der Reichenhaller Straße, lagen noch Korn- und Kartoffelfelder. Ich erinnere mich, dass ich einmal Frau Balz, die Frau unseres Milchhändlers, dort bei der Getreideernte gesehen habe. Und einmal habe ich auf einem Stoppelfeld an der Cunostraße vergeblich versucht, einen Drachen steigen zu lassen. Es muss noch in den Tagen des Ersten Weltkrieges gewesen sein, denn nur so ist es zu erklären, dass mir bei diesem Unterfangen der sachkundige Rat eines männlichen Familienangehörigen fehlte. Im übrigen muss Tierhaltung damals in unserem Ort sehr viel häufiger gewesen sein. Dies bestätigte mir auch die Erzählung meiner Klassenkameradin Liselotte Elsholz geb. Tübbecke, deren Familie auf einem Kartoffelacker mit Gartenstück am „Schwarzen Weg“ hinter der Oeynhauser Straße Hühner und eine Ziege hielt. Nur so kann ich mir meine damalige leidenschaftliche Zuneigung zu Küken und Katzen und die heftige Abneigung gegen Ziegen erklären.

Einen großen Teil unseres Ortes nahmen damals Schrebergärten ein. Auch meine Eltern hatten zusammen mit den Großeltern väterlicher- und mütterlicherseits auf dem Komplex zwischen Tölzer und Cunostraße, im Süden von der Reichenhaller Straße und im Norden vom Kissinger Platz begrenzt, ein Grundstück gepachtet, das nach meiner Erinnerung aus drei Parzellen bestanden haben muss und für uns Kinder – erst für meine Freundinnen aus dem Kleingartenbereich, dann auch für meinen jüngeren Bruder und mich – ein herrliches Gelände zum Spielen abgab.

So ist es nicht verwunderlich, dass meine frühesten Erinnerungen sich auf unseren Garten beziehen, auf meinen Großvater an seinem Blumenbeet, auf Schaukel und „Sandkute", auf ein Gewitter in der Laube, meinen Kletterbaum, einen kleinen Ahorn, eine beim Umgraben entdeckte bunte Kröte und die längs der Tölzer Straße stehenden rundgeschnittenen Ahornbäume, aus denen zu unserem Vergnügen im Frühsommer die Maikäfer schwärmten. Und vom Kissinger Platz rief immer der Kuckuck.

Frieda Leder mit ihren Kindern Irmgard und Ernst im Kleingarten (Privatbesitz)

Die Tölzer Straße war wie ihre Parallelstraßen Weinheimer und Davoser Straße asphaltiert und ganz ruhig, so dass wir sie ohne Gefahr in unsere Spiele, in diesem Fall mit Reifen und „Triesel" (berlinerisch für Kreisel) einbeziehen konnten. Später haben wir dort Radfahren gelernt. Von dort konnten wir ebenso wie vom Eingang in unsere Gärten an der Reichenhaller Straße die Übungen der Freiwilligen Feuerwehr Schmargendorf beobachten, die damals auf dem zur Reichenhaller Straße hin noch offenen Schulhof der Gemeindeschule stattfanden und uns natürlich außerordentlich interessierten. Die Feuerwehr wurde damals noch von Pferden gezogen, und statt der heute bei den Motorfahrzeugen üblichen Sirene wurde während der Fahrt permanent eine Glocke geläutet. Alarmiert wurde die Feuerwehr durch eine Sirene am Rathaus, und wir haben als Kinder oft voller Spannung beobachtet, wie im Alarmfall aus dem Haus uns gegenüber einer der freiwilligen Feuer-

Es handelt sich um Ansichten verschiedener Stellen des gleichen, aus drei Parzellen bestehenden Gartens; oben Blick nach Osten, 1914, unten an der Westseite, 1917

wehrleute herausstürzte und noch im Laufen Teile der schnell übergeworfenen Ausrüstung befestigte.

Meine Eltern, die Schmargendorf noch mit dem Dorfteich von Fahrradausflügen kannten, waren, wie schon gesagt, 1911 aus der Kurfürstenstraße dorthin übergesiedelt. Sie erzählten später öfter, dass die Eltern meines Vaters, die damals am Stuttgarter Platz in Charlottenburg wohnten, ganz entsetzt waren, dass ihr Sohn mit seiner Frau nach „so weit draußen" zog. Wenige Jahre später wohnten die Großeltern selbst in der Breiten Straße 12, und auch die Eltern meiner Mutter waren aus Grunewald an den Kolberger Platz 2 gezogen. Mit dem „Dorf", wie wir damals sagten, kam ich in Berührung, wenn ich meine Mutter beim Einkaufen begleitete. Kolonialwaren kaufte sie bei Richard Ramthum an der Hundekehle- Ecke Kösener Straße ein. An der Nordseite der Breiten Straße, zwischen der heutigen Berkaer, damals Spandauer Straße, und der Cunostraße gab es eine ganze Reihe von Geschäften, in die wir auch gingen. So kaufte man Kartoffeln und Gemüse bei Marotzke, gleich neben der Gastwirtschaft von Bahr an der Ecke Friedrichshaller und Breite Straße, zu der ebenso wie zu Marotzkes eine Reihe von Steinstufen hinaufführte. Darauf folgte – in meiner Vorstellung etwa an der Stelle des jetzigen Restaurants „Alfredo" – eine Filiale von Kaisers Kaffeegeschäft, darauf, etwa an der Stelle, wo heute Utermarck ist, ein Fleischerladen von Kuhne, der aber nicht lange bestand. Milch kauften wir bei „Milch-Balz" in dem kleinen Bauernhaus mit zugehörigem Hof, heute umgebaut Wegert und Garagenhof. Die nächsten Geschäfte, an die ich mich auf dieser Seite erinnere, waren die Fleischerei Siedmann – damals die Großeltern des letzten Inhabers –, Fiedler (Kolonialwaren), Kühne (Kartoffeln und Gemüse) und Liedtke (Butter, Käse usw.). Die vielgeliebte Bäckerei und Konditorei Lenkersdorf kann m.E. erst in den zwanziger Jahren eröffnet worden sein, an der Stelle, wo heute die Bäkkerei Wahl ist. Bevor die Straßenfront mit dem Papier- und Schreibwarengeschäft von Tübbecke und dem Garten der Villa „Charlotte" vorsprang, gab es dann noch ein Kurzwarengeschäft von Schoof. Hinter der Villa „Charlotte" ging die

Front mit dem Eisenwarenladen von „Eisen-Balz“, weiter einer Kurzwarenhandlung von Regina Zimt, dem damals einzigen jüdischen Geschäft in Schmargendorf, soviel ich weiß, und an der Ecke Cunostraße mit der Schmargendorfer Apotheke zurück.

In dem Abschnitt hinter der Cunostraße längs der alten Dorfaue lag in der Breiten Straße 12 das Süßwarengeschäft von Marie Keßlau, dem „Schokoladenfräulein“, wie mein Großvater väterlicherseits, der im selben Haus wohnte, sie getauft hatte. Angrenzend an die beiden ersten Mietshäuser in der Breiten Straße gab es damals (wie noch heute) ein zurückgebautes Häuschen mit kleinem Hof, in dem in meiner Jugend eine alte Frau Sichtermann mit Hühnern und einer Katze lebte. Daran schloss sich das Haus des Bäckers Hempel an. Sonst erinnere ich mich in diesem Stück der Breiten Straße nur undeutlich an eine Wäscherei und Plätterei.

Auf der Südseite der Breiten Straße an der Ecke Warnemünder Straße gab es zuerst noch eins der alten Ausflugslokale, das „Gesellschaftshaus“, später wurde an dieser Stelle eine Filiale des Beamten-Wirtschaftsvereins eingerichtet. Wie lange sie dort bestanden hat, ist mir nicht mehr erinnerlich. Sie existierte danach noch etliche Jahre am Berkaer Platz. In der Breiten Straße gab es dann, etwa der Fleischerei Siedmann gegenüber, nach meiner Vorstellung etwa Anfang der zwanziger Jahre, die Buchhandlung Püllmann, ein für das damalige Schmargendorf recht anspruchsvolles Geschäft, in dem der Inhaber neben Büchern auch Kunstgewerbe, Keramik und handgewebte Textilien verkaufte. Weiter lag auf dieser Seite meiner Erinnerung nach eine kleine Filiale von Wasservogel, einem Seifengeschäft, dann ein Sattler, an dessen Name ich mich nicht mehr erinnere, und, wie ich einem einzelnen Blatt der „Schmargendorfer Zeitung“ vom 6. Juli 1915, das sich unter alten Briefen bei mir angefunden hat, entnehme, schon damals in der Breiten Straße 29 „Tischlerei und Sargmagazin – Beerdigungsinstiut –, 1891 in Schmargendorf gegründet, von Carl Suchland, Tischlermeister“. Einige Schritte weiter lag dann wieder eine der alten Ausflugsgaststätten, das „Deutsche Haus", später zum Kino umgewandelt, und neben der ehemaligen Dorfschule, damals Hilfsschule, war schließlich noch das Geschäft von „Blumen-Balz".

In dem Abschnitt der Breiten Straße hinter der Kirchstraße kann ich mich an keine Geschäfte erinnern. Nach dem Kriege wohnte in einem der Mietshäuser vor der Dievenowstraße unser Zahnarzt Dr. Diemert. Mein erster Besuch mit meiner Mutter bei ihm ist mir unvergesslich: es sollte ein lockerer Milchzahn entfernt werden. Ich saß voller Angst auf dem mir Schrecken einflößenden Stuhl und beobachtete argwöhnisch den jungen Arzt, der ein schauderhaft spitzes und scharfes Instrument in der Hand hielt. Als er sich umdrehte, um ein passenderes und womöglich noch spitzeres und schärferes aus seinem Instrumentenschrank zu nehmen, bin ich ganz leise und blitzschnell aus dem Zimmer entflohen und habe dann den besagten Milchzahn zu Haus selbst heraus„*operiert*", sehr viel weniger sachgemäß und sicher mit mehr Schmerzen.

Frieda Leder mit den Kindern in der Reichenhaller Straße, um 1923 (Privatbesitz)

Zum Einkaufen gab es ferner noch den Markt, der zweimal in der Woche rund um den Kolberger Platz und zeitweilig auch auf dem unbebauten Grundstück am Knick der Friedrichshaller Straße nach Süden abgehalten wurde. Dabei standen hinter den um den Platz aufgebauten Ständen jeweils die Pferdewagen der Marktleute. Die Pferde wurden von einem kleinen Brunnen – keiner Pumpe –, der an diesem Abschnitt der Friedrichshaller Straße lag, mit Wasser versorgt. Ich erinnere mich, dass ich in früher Jugend dort hin und wieder Leute mit Wassertragen, d. h. mit zwei an einem über die Schulter gelegten Holzgestell befestigten Eimern, gesehen habe. Auf dem Markt gab es ein reichhaltiges Angebot an Fleisch, Fisch, Obst, Gemüse, Backwaren usw., aber auch Verkäufer, die ihre Waren auf originelle Art anpriesen. So erinnert sich auch meine sehr viel jüngere Schwester, 1920 geboren, noch an eine fliegende Händlerin mit Bauchladen, die Jahre hindurch immer an der gleichen Stelle auf dem Kolberger Platz stand und immer in der gleichen Reihenfolge und im gleichen Rhythmus ausrief: „But-ter-brot-papier, Gum-me-band, Wesche-knepfe, Stopf-twiest, Damen-, Herren- Kinder-Senkel". Auch an eine alte Kräuterfrau erinnern wir uns immer noch, die ihren Kunden jeweils Einzelheiten über die Verwendung ihrer Kräuter zuraunte, so dass man unwillkürlich an die Hexe im Märchen denken musste.

Blick vom Kolberger Platz zum Rathaus Schmargendorf, um 1914 (Privatbesitz)

Die Versorgung mit Milch und Milcherzeugnissen wurde dann nach dem Ersten Weltkrieg von der Meierei Bolle durchgeführt, deren zunächst von Pferden gezogenen Wagen, später Autos, mit einem Kutscher (oder Fahrer) und ein bis zwei Bolle-Jungen oder -Mädchen besetzt, sich durch lautes Klingeln bemerkbar machten und vor den Häusern ihrer Kunden auf der Straße hielten.

Die Schmargendorfer Straßen waren im wesentlichen die heutigen. Das Stück der Friedrichshaller Straße zwischen Cuno- und Mecklenburgischer Straße verlief als „Schwarzer Weg" noch unausgebaut zwischen Feldern und Kleingärten; das abgeknickte Ende der Friedrichshaller Straße, auf diesem Stück mit schauderhaftem Katzenkopfpflaster, mündete noch gegenüber der Warnemünder Straße in die Breite Straße. Die Berkaer Straße, die damals noch (wohl nach ihrem ursprünglichen Ziel) Spandauer Straße hieß, führte an der Post, etwa in der Höhe des Juweliergeschäftes Stöger, am Rathaus (erbaut 1901) und am Goethe-Lyzeum (erbaut 1912, heute Carl-Orff-Schule) vorbei zum Elsterplatz und Hohenzollerndamm. Auf der gegenüberliegenden Straßenseite stand unten an der Hundekehlestraße ein Eckhaus mit dem Schuhgeschäft von Jany in der Spandauer und der damals einzigen Bankfiliale in Schmargendorf, der Deutschen Bank, in der Hundekehlestraße. In der Spandauer Straße folgte noch ein Stück unbebaute Straßenfront. Auf dem Grundstück dahinter lag, soviel ich mich erinnere, eine Gärtnerei, deren Namen ich nicht mehr weiß. Das aus gelben Ziegeln erbaute Haus habe ich vor nicht allzu langer Zeit, jetzt schön renoviert, hinter den nach dem 2. Weltkrieg an der Straßenfront errichteten Häusern entdeckt. Das Eckhaus Spandauer und Kösener Straße, in dem sich später das Lokal „Zehn-Biere-Brauns" befand, stand bereits. Warnemünder und Hundekehlestraße endeten wie heute am Wilden Eber bzw. Roseneck. Am unteren Ende der Warnemünder Straße schloss den breiten, mit Grunewaldkiefern bewachsenen Mittelstreifen eine massive geräumige Wartehalle mit Toiletten ab, in deren einem Flügel sich ein kleiner Zeitungskiosk befand. Dieses Wartehäuschen hat dort bis zum Umbau der Breiten Straße gestanden. Außerhalb des alten Dorfes hatten einige größere Straßen, so der Hohenzollerndamm, die Kronprinzen- (jetzt Clay-) Allee, die Podbielski-, die Caecilienallee (jetzt Pacelliallee), die Lentzeallee und die Pücklerstraße, früher Reitwege.

Von einigen der alten Ausflugsgaststätten, dem „Gesellschaftshaus" und dem „Deutschen Haus", war hier schon die Rede. Weitere in den „Wilmersdorfer Bruchstücken" [1] genannte, so das „Forsthaus", den „Wilden Eber" und das „Schützenhaus", habe ich noch kennengelernt. Vermisst habe ich dort den „Schwarzen Adler" an der Ecke Zoppoter und Breite Straße, wo ich als Kind die ersten Filme gesehen habe. Ich glaube, der allererste hieß „Rübezahls Töchter", und ich er-

1 Arbeitskreis Geschichte Wilmersdorf (Hrsg.): Wilmersdorfer Bruchstücke, Berlin 1971

innere mich noch dunkel an irgendwelche schönen elfenhaften Wesen, die da auf der Leinwand zu sehen waren und die mich sehr beeindruckt haben.

Möglicherweise war auch das Gebäude in der Warnemünder Straße, in dem wir Kinder, – vermutlich als Schüler der untersten Schulklassen (ich war im Herbst 1919 in die 10. Klasse des Goethe-Lyzeums aufgenommen worden), – von der Quäkerspeisung versorgt wurden, das Überbleibsel eines solchen Ausflugslokals.

Noch ein paar Worte zu der Einschulung im Herbst 1919: Es muss wohl im Laufe des Sommers 1919 eine Anordnung gegeben haben, nach der alle schulpflichtigen Kinder von Ostern 1920 an zunächst vier Grundschulklassen zu absolvieren hatten. Da meine Eltern offensichtlich der Grundschule, unserer Gemeindeschule, misstrauten, ließen sie mich zusammen mit drei weiteren gleichaltrigen Mädchen bei einem alten Herrn in der Nachbarschaft in den Anfangsgründen des Lesens, Schreibens und Rechnens soweit unterweisen, dass ich im Herbst 1919 in die unterste Klasse des Lyzeums aufgenommen werden konnte.

Auf S. 36 der „Wilmersdorfer Bruchstücke“ beklagt sich der Haus- und Villenbesitzerverein 1893, dass „Schmargendorf nicht mehr der Platz ist, wo auf Villenbesitzer zu rechnen ist“. Einige Vorstadtvillen gab es schon im alten Schmargendorf. Da war zunächst an der Breiten Straße Ecke Kirchstraße zu meiner Zeit ein einer Familie Timm gehörendes Haus; dann die schon erwähnte Villa „Charlotte“ in der Breiten Straße, weiter in der Hundekehlestraße hinter dem Eckhaus Spandauer Straße ein zurückliegendes weißes Haus, das einem Grafen Dohna gehörte, dessen Tochter ebenfalls Schülerin des Goethe-Lyzeums war, und angrenzend ein ähnliches, das mich als Kind deshalb begeisterte, weil es eine Wetterfahne in Gestalt einer Seejungfrau hatte. Beide Häuser lagen nach meiner Erinnerung mit ihren Grundstücken tiefer als das Straßenniveau. Hinter der Sulzaer Straße lag dann an der Hundekehlestraße noch in einem Garten eine weitere, etwas dunkle Villa, und gegenüber gab es ein von einem Garten umgebenes kleines Haus mit Ateliers.

Von den Geschäften in Schmargendorf war schon die Rede. Größere Einkäufe wie z. B. Textilien machte man „in der Stadt". Dazu nahm man eine der Straßenbahnen, die vom Roseneck durch die Breite Straße fuhren, die 191 oder 51. Auch auf anderem Weg, über den Hohenzollerndamm, konnte man mit der Linie 57 oder 92 oder über Grunewald und Halensee mit der 76 oder 176 in die Stadt gelangen.

Zu einer ersten U-Bahn-Fahrt haben mich Mutter und Tante einmal mitgenommen; vermutlich war das die Strecke zwischen Podbielskiallee und Thielplatz. Aber mich erschreckte sehr, dass es da hin und wieder dunkel wurde.

Flugzeuge – damals meist Doppeldecker – sah man ziemlich selten, aber natürlich mit großem Interesse, ab und zu, meine ich, auch Ballons, die manchmal an dem großen Gasometer Ecke Cunostraße und Hohenzollerndamm mit Gas gefüllt wurden.

Die eigentliche Kriegszeit (1. Weltkrieg) als solche ist mir kaum in Erinnerung. Ich weiß noch, dass ich einmal auf meinen Vater – vermutlich in Ausgeh-Uniform – in langem Mantel mit Pickelhaube sehr stolz war. Dann erlebte ich, dass meine Mutter Feldpostpäckchen packte, dass sie manchmal weinte, wenn „aus dem Felde" längere Zeit keine Post kam. An einen Urlaub meines Vaters erinnere ich mich, in dem er eine Gasmaske mitbrachte. Voller Neugier quälte ich ihn damals, sie einmal aufzusetzen, und als er auf mein Bitten schließlich mit aufgesetzter Gasmaske aus dem Bad kam, bin ich schreiend davongelaufen. Als dann nach dem Kriegsende 1918 mein Vater nach Hause kam, sehe ich mich neben meiner Mutter an der Wohnungstür, meinen 1915 geborenen kleinen Bruder dahinter, der zur Mutter sagte: „Lass doch den fremden Mann nicht rein!"

Gehungert haben wir meines Wissens in den Kriegsjahren nicht, dafür sorgten neben den bescheidenen Erträgen aus dem Schrebergarten hin und wieder Sendungen eines jüngeren Bruders meiner Mutter, der in Belgien beim Kriegsgericht Dienst tat. Aus dem Inhalt einer solchen Sendung entstand einmal ein Schokoladenpudding, der den absoluten kulinarischen Höhepunkt meiner Kinderjahre bildete.

Großen Eindruck hat mir dann in den allerersten Nachkriegsjahren eine Banane gemacht, die mein Vater aus der Stadt mitgebracht hatte und die mein Bruder und ich uns teilen durften.

In der ersten Zeit nach dem 1. Weltkrieg waren auch im ruhigen Schmargendorf die Verhältnisse wohl recht unsicher. Das muss um die Zeit gewesen sein, als mein Großvater väterlicherseits eines Abends aus seinem Dienst im Kriegsministerium kam und erzählte: „In Berlin schießen die Arbeiter von den Dächern!" Ich erinnere mich, dass damals Aufregung im Ort herrschte, weil der Schmargendorfer Fleischer Kuhne, von dessen Geschäft in der Breiten Straße schon die Rede war, eines späten Abends an der Forckenbeckstraße überfallen und umgebracht worden war. In dieser Zeit hatte sich in Schmargendorf wie in Wilmersdorf eine Bürgerwehr gebildet, deren Angehörige abends bewaffnet – soweit ich mich erinnere, hatte mein Vater, wenn er zu seinem Rundgang aufbrach, ein Gewehr – nach genauem Plan die Straßen des Ortes zu sichern versuchten. Sehr lange hat diese Gruppe wohl nicht bestanden, und ich weiß auch nicht, wer dazu gehörte. Jedenfalls konnten sich meine ehemaligen Mitschülerinnen, die damals am Ostende der Breiten Straße bzw. in der Oeynhauser Straße wohnten und die ich jetzt danach gefragt habe, nicht an die Bürgerwehr erinnern.

Schmargendorf war bis zum Anfang der zwanziger Jahre noch fast dörflich. Man kannte einander: die Ladeninhaber, z. B. wie die verschiedenen Familien Balz (Blumen-, Eisen- und Milch-Balz) und Tübbecke (Schreibwaren) bodenständige Schmargendorfer; auch die Handwerker wie Schlosser, Klempner, Tischler und Töpfer, und diese kannten ihre Kunden und deren Familien. Und alle kannten den Arzt, Sanitätsrat

Dr. Gumlich, der mit seiner Haushälterin in dem Eckhaus Hundekehle/Spandauer Straße wohnte. Selbstverständlich besuchte er seine Patienten, und da ich als Kind häufig krank war, kam Dr. Gumlich des öfteren zu uns. Seine Besuche waren mir eigentlich unbehaglich, ebenso wie die meist scheußlich schmeckenden Medikamente, die er verschrieb. Und so rief ich einmal, als meine Mutter den Arzt endlich zur Tür begleitet hatte: „Ist er jetzt weg?" Darauf steckte Dr. Gumlich seinen grauen Kopf noch einmal zur Zimmertür hinein und sagte: „Jetzt ist er gleich weg!" Eine seiner Verordnungen fand jedoch auch meinen Beifall: Als mein Bruder und ich Anfang der zwanziger Jahre Keuchhusten hatten, schickte Dr. Gumlich meine Mutter mit uns mehrmals in eins der Gebäude der Schmargendorfer Gasanstalt an der Forckenbeckstraße, wo wir uns jeweils eine Zeit lang aufhalten sollten. Der Aufenthalt in einer der Hallen mit Maschinen, Sandhaufen und Treppen zu irgendwelchen Galerien war für uns Kinder ungeheuer interessant und muss uns auch geholfen haben. Einer meiner Klassenkameradinnen und ihren Geschwistern war damals von Dr. Gumlich die gleiche Therapie gegen Keuchhusten verordnet worden.

Auch unsere Winterspaziergänge, die wir mit meiner Mutter machten, hatte uns Dr. Gumlich angeraten, weil er meinen Bruder und mich zu blass fand. So gingen wir in die Anlagen an der Parkstraße, heute Messelpark, in den Dol mit dem „Pechüler" genannten Tümpel, in den Schwarzen Grund und den Erlenbusch in Dahlem. In allen diesen Anlagen war das Betreten der Rasenflächen streng verboten, und vor den zuständigen Parkwächtern hatte man durchaus Respekt. Einige Kinderspielplätze gab es in den meisten dieser Anlagen, die aber im allgemeinen höchstens mit Sandkästen ausgestattet waren. Kein Gedanke an die heutigen aufwendigen Spielgeräte!

Größere Ausflüge machten wir in den Grunewald, zum Jagdschloss oder nach Paulsborn, manchmal auch an den Grunewaldsee oder die Krumme Lanke zum Baden. Wollte man noch weiter, z.B. zum Wannsee, was sehr selten geschah, benutzte man die Eisenbahn vom Bahnhof Grunewald. Dahin wurde gelaufen. Im Winter ging es in den Grunewald zum Rodeln, und auf dem Grunewaldsee habe ich ziemlich früh für mein Alter zwischen Vater und Mutter Schlittschuhlaufen gelernt. Später waren dann auf Tennisplätzen an der Mecklenburgischen Straße Eisbahnen gegossen.

Nachdem im Jahre 1920 mit der Eingemeindung aus unserm Dorf „Berlin-Schmargendorf" geworden war, verschwanden die Felder schnell und allmählich auch der größte Teil der Kleingärten. Das Gelände zwischen Cuno-, Tölzer und Reichenhaller Straße südlich des Kissinger Platzes wurde ebenso wie der nördlich des Platzes gelegene Abschnitt bis zur Forckenbeckstraße Anfang der zwanziger Jahre mit der sogenannten Reichsbanksiedlung, ansehnlichen und für die damalige Zeit recht modernen Wohnhäusern für die Bankangestellten, bebaut. Nach einigen Jahren wurde dann die Siedlung zwischen Reichenhaller Straße, Auguste-Viktoria-Straße, Forckenbeckstraße und Davoser Straße errichtet. Zwischen Davoser, Weinheimer und Tölzer Straße entstanden von der Reichenhaller bis zur Forckenbeckstraße zahlreiche Einfamilienhäuser.

Fast hätte ich in meinen Erinnerungen den Männergesangverein „Melodia" vergessen, der auch in dem einzelnen Blatt der Schmargendorfer Zeitung erwähnt ist. Von ihm meine ich damals Darbietungen gehört zu haben; in Gedanken sehe ich noch die Gruppe ziemlich alter Männer auf der Rathaustreppe stehen, wo sie – nicht übermäßig mitreißend – einiges aus dem üblichen Männergesangsrepertoire vortrug.

Später hat dann unser Gesangslehrer im Goethe-Lyzeum, Paul Gang, den Schubertchor gegründet, einen gemischten Chor, in dem neben anderen musikbegeisterten und -begabten Schmargendorfern viele der Schülerinnen des Goethe-Lyzeums mitsangen und der manchmal auch Konzerte gab. Aber das führt dann schon in die neuere Zeit, in der sich Schmargendorf in zunehmendem Tempo zum Berliner Stadtteil entwickelte.

Hilmar Bärthel

DIE GESCHICHTE DES BERLINER STÄDTISCHEN GASWERKES V SCHMARGENDORF

Wer von den vielen jüngeren Menschen, die heute im Berliner Stadtbezirk Wilmersdorf wohnen, weiß eigentlich davon, dass im Herzen des Bezirks, in der Gegend, wo sich heute Stadion, Eisstadion, Stadt- und Sommerbad sowie Sport- und Tennisplätze befinden, um die Jahrhundertwende eines der sechs großen Berliner Gaswerke stand? Der nachfolgende Beitrag soll helfen, wichtige Ereignisse in der Geschichte des Stadtbezirkes zu diesem Thema zu dokumentieren.

DIE BEDEUTUNG DES GASES AM ENDE DES VORIGEN JAHRHUNDERTS

Die Herstellung von Stadtgas aus Steinkohlen und seine Verteilung durch Röhrennetze war eine der großen technischen und zivilisatorischen Leistungen des vorigen Jahrhunderts. Diente das Gas anfänglich überwiegend öffentlichen Zwecken, vor allem der Beleuchtung von Straßen und Plätzen, so eroberte es nachfolgend ganz schnell die Industrie, das Gewerbe und natürlich die Haushalte.

In der Industrie und im Gewerbe konnte durch die Gasbeleuchtung der Arbeitstag verlängert werden, mit Gas wurden die verschiedensten Maschinen beheizt oder betrieben: Pressen und Bügelmaschinen im Textilgewerbe, Setzmaschinen in den Druckereien, Kaffeeröstmaschinen, Backöfen und viele andere. In den kleineren oder mittleren Gewerbebetrieben waren Gasmotoren eine unverzichtbare Energiequelle, in den Haushalten gab es vom Bügeleisen über die Lockenbrennschere bis zum Kühlschrank, ersten Waschmaschinen und natürlich zum Kochherd eine Fülle von Anwendungsmöglichkeiten für Gas. Vor allem war aber nach der Einführung des hellen Gasglühlichts (Glühstrümpfe!) eine einfach handhabbare und gegenüber der damals sehr teuren elektrischen Beleuchtung finanziell erschwingliche Energiequelle vorhanden.

DIE VERSORGUNGSSITUATION

Der Gasbedarf stieg deshalb in jenen Jahren erheblich und erreichte um etwa 1892 in ganz Berlin rund 135 Mio. m^3 Gas im Jahr. Er wurde etwa zu 70 % von den Städtischen Gaswerken und zu 30 % von der englischen ICGA (IMPERIAL CONTINENTAL GAS ASSOCIATION) gedeckt. Die ICGA war die Gesellschaft, die ehemals 1826 die Gasversorgung in Berlin gegründet hatte und die sich nach der Errichtung eigener Gaswerke durch die Stadt ab 1847 auf die Versorgung der südwestlich außerhalb der Stadt liegenden Ortschaften konzentrierte. So wurden u. a. die Gemeinden Wilmersdorf und Schmargendorf vom englischen Gaswerk in Schöneberg versorgt, mit dem langfristige Verträge zur Straßenbeleuchtung bestanden.

Wie kamen nun die Berliner Städtischen Gaswerke dazu, ausgerechnet in diesem Versorgungsgebiet der „Engländer“ ein Gaswerk, das fünfte der ehemals sechs insgesamt gebauten großen städtischen Gaswerke, zu errichten?

Ganz sicher spielten Konkurrenzgründe eine Rolle dabei. Die Engländer dehnten ihr Versorgungsgebiet systematisch aus. Die Städtischen Gaswerke versuchten nun ihrerseits, Teile des Gebietes mit Rohrleitungen zu erschließen und dort ein Standbein für ein Versorgungspotential zu gewinnen. So ganz ist ihnen das nie gelungen. Und wie die Geschichte gezeigt hat, war das Gaswerk V Schmargendorf das städtische Gaswerk mit der kürzesten Betriebszeit aller städtischen Gaswerke überhaupt.

Doch gehen wir der Reihe nach.

DIE VORGESCHICHTE DES GASWERKES SCHMARGENDORF

Das Gaswerk Schmargendorf wurde 1893 in Betrieb genommen, aber schon viel früher geplant. Seine Vorgeschichte beginnt bereits im Jahre 1875.[1]

In diesem Jahr legten die Verantwortlichen der Städtischen Gaswerke dem Berliner Magistrat ein umfangreiches „Promemoria" vor, eine gedruckte Denkschrift mit vielen Zahlen und Tabellen. Darin wurde nachgewiesen, dass sich der Gasbedarf in den vorangegangenen 21 Jahren verachtfacht hatte und dass eine Vorausplanung für Gaswerke von zwei bis drei Jahren nicht ausreicht. Der Bau und die Erweiterung von Gasanstalten dürfen nicht der Vergrößerung der Stadt nachfolgen, sondern müssen ihr voraus sein. Wörtlich: *„Man kann in drei Jahren wohl eine neue Gasanstalt bauen, aber man kann in diesem Zeitraum nicht eine Absatzgebiet und ein Rohrnetz schaffen, welches eine starke Gasabgabe ermöglicht".*

Anhand konkreter Zahlen über die Auslastung der vorhandenen Werke wurde dann belegt, dass die Errichtung einer fünften Gasanstalt an der neuen Verbindungsbahn, etwa zwischen dem Zoologischen Garten und dem Grunewald gelegen, unvermeidbar sei und die neue Anlage eigentlich schon 1878 in Betrieb gehen müsste. Gleichzeitig wurde auf die zunehmenden Schwierigkeiten verwiesen, überhaupt noch geeignete große Gelände mit Wasserstraßenanschluss, mindestens aber ausreichendem Fernbahnanschluss zu finden und mit vertretbaren Kosten zu erwerben.

Der Vorlage wurde nach reichlichem Hin und Her zugestimmt, und im Jahre 1877 konnte die Stadt ein in Friedenau an der Ringbahn gelegenes Grundstück kaufen, worauf sofort die Projektierung begann.

Hier trat nun allerdings etwas ein, das sich recht gut an heutigen Maßstäben messen läßt. Als nämlich die Bewohner des Villenvorortes davon erfuhren, dass in ihrer unmittelbaren Nähe eine Gasanstalt gebaut werden sollte und die Gemeinde und der Kreis Teltow dieser Planung bereits zugestimmt hätten, entstand eine Bürgerbewegung. Gemein-

1 Bärthel, Hilmar: Die Geschichte der Gasversorgung in Berlin. Eine Chronik Nicolaische Verlagsbuchhandlung Beuermann GmbH, Berlin 1997

sam mit dem Kirchenvorstand (die Kirche selbst existierte noch gar nicht, sie sollte erst später gebaut werden) wurde Einspruch bzw. Beschwerde beim Preußischen Ministerium für Handel und Gewerbe eingelegt.

Die Friedenauer konnten unbeschwert argumentieren, sie hatten die 1871 erbaute englische Gasanstalt Schöneberg in der Nachbarschaft und ihre Straßenbeleuchtung war auch durch die englische Gasgesellschaft vertraglich gesichert. Der preußische Minister von Bötticher ließ zunächst umfangreiche örtliche Feststellungen treffen, gab dann, wie wir heute sagen würden, aus Gründen der unvermeidlichen Umweltbelastung dem Einspruch statt und versagte die erforderliche Genehmigung für den Bau der Gasanstalt.

Nach einer mehrjährigen Verzögerung – man schrieb inzwischen das Jahr 1884 – musste die Suche nach einem geeigneten Standort für das Gaswerk V nun neu beginnen. Die Wahl fiel schließlich auf das Schmargendorf/Wilmersdorfer Gelände. Für diese Gegend bestand bereits ein Bebauungsplan, die Straßen waren weitgehend vorhanden, aber die Grundstücke nur vereinzelt bebaut. Grundstückserwerb und Projektierung zogen sich bis 1892 hin, dann war Baubeginn.

Ludwig Meidner: Erdarbeiten an der Cunostraße, 1911 (Stiftung Stadtmuseum)

DIE ANFÄNGLICHE GESCHICHTE DES GASWERKES

Das für die Gasanstalt erworbene Gelände war über 40 ha groß und lag südlich der Stadt- und Ringbahn, nördlich der Forckenbeckstraße und östlich von Reissnerstraße (heute: Hohenzollerndamm)/Cunostraße auf dem Gebiet von zwei Gemarkungen. Die westliche größere Hälfte gehörte zu Schmargendorf, die östliche kleinere zu Wilmersdorf. Das Gelände wurde im Laufe der Jahre auf 36,30 ha verkleinert.

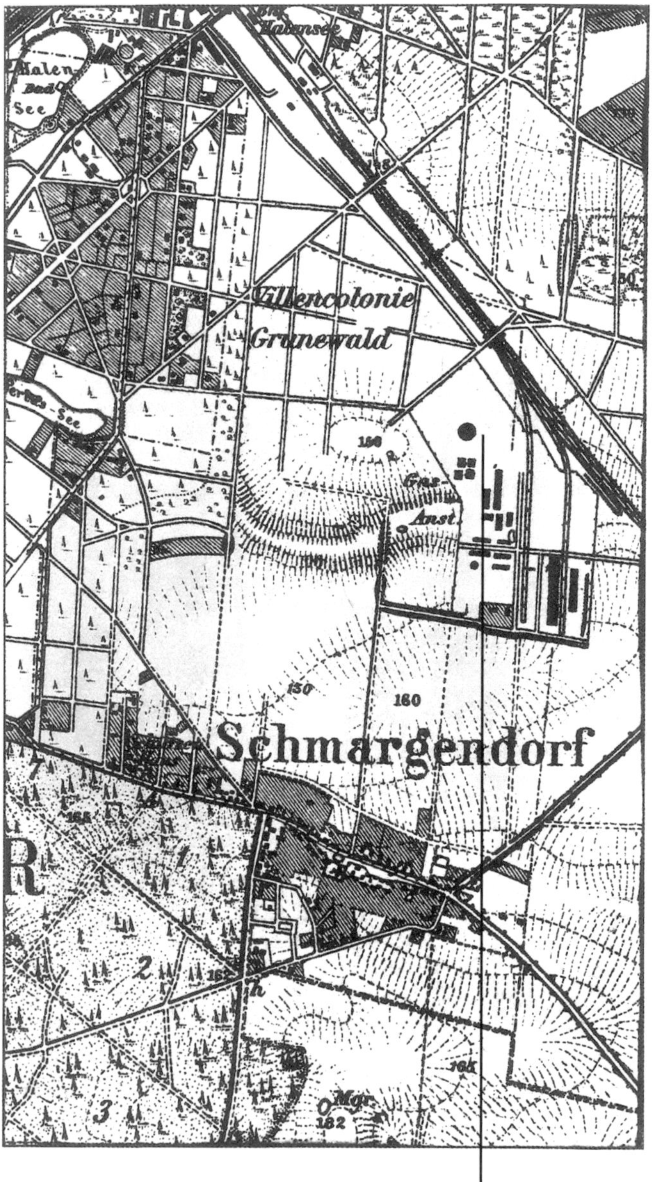

Standort des
Berliner Städtischen Gaswerk V
Schmargendorf

Es war großzügig geplant worden. Insgesamt sollten dort entstehen: 3 große Retortenhäuser, je 175 m lang, Reiniger- und Regenerierhäuser, 8 Schuppen und Lagerplätze für Kohle, 11 ebensolche für Koks, noch viele weitere technische Gebäude zur Gasproduktion und drei große Gasbehälter. Die Gesamtkapazität bei Vollausbau war auf 350 000 m^3/Tag vorgesehen.

Baubeginn war 1892, die Inbetriebnahme erfolgte am 15. Oktober 1893. Bis dahin waren fertiggestellt: ein Retortenhaus, je ein Reiniger- und Regenerierhaus und die übrigen technischen Gebäude wie Dampfkesselhaus, Maschinenhaus, Wasserturm, Kondensation, Scrubber- und Pumpenhaus, Gasmessergebäude, Regulierung, ein Kohlenschuppen, zwei Werkstätten sowie Verwaltungsgebäude und Beamtenwohnhaus an der Forckenbeckstraße. Die Anfangskapazität lag aber nicht, wie bei Gaswerksbauten allgemein üblich, bei einem Drittel, sondern bei weniger als einem Zehntel des geplanten Vollausbaues, nämlich bei rund 30 000 m^3/Tag.[2]

2 ders.: Wissenschaftliches Beiheft zum Buch „Die Geschichte der Gasversorgung in Berlin. Eine Chronik"

Da ein Wasserstraßenanschluss in der Gegend nicht vorhanden war, wurde für die Kohlenversorgung eine interessante technische Lösung gefunden. Vom höhergelegenen Eisenbahngelände verlief eine auf Pfeilern geführte Werkbahn direkt bis zum südöstlichen Teil des Geländes und konnte über verschiedene Gleise sowohl das Retortenhaus als auch den Kohlenschuppen bedienen.

1895 wurde der große ummauerte Gasbehälter fertiggestellt, der mit 67 m Durchmesser und rund 50 m Höhe bei drei Teleskopen 81 000 m^3 Gas fassen konnte. Er ist später oft Motiv für Maler oder Fotografen gewesen.

1896, 1897/98 und 1899/1900 erfolgten jeweils Erweiterungen, es wurden weitere Ofensysteme in das noch längst nicht volle Retortenhaus eingebaut, erstmals eine Schlackenwäsche errichtet und das zweite Reinigerhaus fertiggestellt. Die Werkskapazität war damit auf 160 000 m^3/Tag gestiegen, die Jahreserzeugung betrug 1900/01 über 29 Mio. m^3 Gas.

Im Jahre 1906 konnte man die Kapazität durch Errichtung einer Wassergasanlage nochmals um 60 000 m^3/Tag steigern. Wassergasanlagen entstanden in diesen Jahren in allen großen Berliner Gaswerken aufgrund neuerer Erkenntnisse.

Man hatte festgestellt, dass durch Überleiten von Wasserdampf über hocherhitzte Kokslagen ein brauchbares Gas entsteht, das lediglich einen etwas niedrigeren Heizwert hatte. Da das auf normalem Weg in den Retorten erzeugte Stadtgas im allgemeinen einen gegenüber der festgelegten Norm zu hohen Heizwert aufwies, bot es sich an, mit dem Wassergas das Steinkohlengas zu „strecken" und damit die Kapazität nahezu aller Gaswerke merklich zu erhöhen.

ZWISCHENDURCH: DIE BALLONWETTBEWERBE

Im gleichen Zeitraum kam die Benutzung von Stadtgas für das Füllen von Ballons in Gebrauch. Das war wesentlich billiger und einfacher als das Füllen aus Pressgasflaschen, wie das vorher von den Preußischen Luftschiffer-Abteilungen gehandhabt worden war. Man konnte die Ballons direkt von einem Gaswerk oder einem Gasbehälter aus befüllen. In Schmargendorf bestanden hier besonders günstige Voraussetzungen. Östlich vom Gaswerk gab es an der Cunostraße eine große freie Fläche, die direkt neben dem Gasbehälter lag. Dort wurden eine Ballonhalle und Zuschauertribünen aufgebaut und mehrere Jahre hintereinander Ballon-Wettfahrten veranstaltet, teilweise mit internationaler Beteiligung wie z. B. im Jahre 1908. Für das Gaswerk war das ein gutes Geschäft, für die Schmargendorfer und Berliner Bevölkerung sensationsgeladenes Vergnügen mit Rekordumsätzen für Gastronomie, Handel, Verkehr usw.

Gordon-Bennett-Ballon-Wettrennen Schmargendorf 1908 (Bärthel 1997)

Gordon-Bennett-Ballon-Wettrennen Schmargendorf 1908 (Bärthel 1997)

HÖHEPUNKTE UND ENDE DER GASERZEUGUNG

Um 1909 gingen im Retortenhaus zwei neue Ofenbatterien mit zusammen 80 Retorten neu in Betrieb, damit stiegen die Tageskapazität auf 220 000 m³ und die Jahreserzeugung auf fast 40 Mio. m³. Schmargendorf war für die Städtischen

Gaswerke immer auch ein wenig Experimentierfeld. Es gab Perioden, wo drei verschiedene Ofen- oder Retortensysteme nebeneinander in Betrieb waren und solche, wo man von neueren wieder zu bereits bekannten Systemen überging, weil sich das Neue nicht bewährte. Anfang des Ersten Weltkrieges wurde mit dem Abbruch veralteter Ofensysteme und ihrem Ersatz durch moderne Vertikalöfen die Werkskapazität nochmals um 40 000 m^3/Tag auf 260 000 m^3/Tag erhöht, damit war das Werk aber an der oberen Grenze seiner Leistungsfähigkeit angekommen. Die ehemals projektierten 350 000 m^3/Tag wurden nie erreicht.

Im Krieg musste, wie in allen Gaswerken, auf Befehl und auf Kosten der Obersten Heeresleitung eine Benzolanlage errichtet werden, die der Treibstoffgewinnung für Militärfahrzeuge diente.

Gegen Kriegsende kamen bei Ausschöpfung aller Reserven noch 56 Mio. m^3 Gas an Jahresproduktion zusammen. Von da an ging die Kapazität wegen Verschleiß und allmählicher Überalterung der Anlagensubstanz merklich zurück.

Im Jahre 1923 war das Werk so weit abgewirtschaftet, dass nach Abwägung aller kaufmännischen Gesichtspunkte nur noch die Stilllegung beschlossen werden konnte. Damit endete am 4. Januar 1924 nach nur 21 Betriebsjahren die Gasproduktion im ehemals modernsten Gaswerk der Stadt Berlin, dem „ersten Gaswerk der zweiten Generation".

Das Gaswerk Schmargendorf lag von einem Teil seines Versorgungsgebietes, z. B. in den dichten Ortlagen Schönebergs, relativ weit entfernt. Es wären z. T. sehr lange und starke Versorgungsleitungen vom Werk zu den Verbraucherzentren erforderlich geworden. So entstand nach Fertigstellung des ersten großen Gasbehälters die ökonomisch interessante Idee, die zwei weiter benötigten Behälter nicht wie bisher am Ort der Gaserzeugung, sondern im Zentrum des Abnehmergebietes zu platzieren und mit einer gesonderten Leitung höheren Drucks zu füllen. Aus diesen Gründen erfolgte 1895/96 der Bau des zweiten und die Fundamentierung des dritten notwendigen Behälters auf einem Gelände zwischen der heutigen Ansbacher und Fuggerstraße, ca. vier Kilometer vom

Gaswerk entfernt und mit dem Gaswerk durch eine eigene Überfüllleitung verbunden. Der 1896 fertiggestellte Behälter war baulich vollkommen identisch mit dem im Gaswerk Schmargendorf befindlichen. Zur Behälterbeheizung entstand zeitgleich ein kleines Dampfkesselhaus mit 40 m hohem Schornstein (Wohngebiet!) sowie ein Druckregulierungsgebäude. Etwas später stellte sich heraus, dass der dritte Behälter gar nicht gebraucht wurde, das Fundament wurde wieder beseitigt. Aber es wurden Wohnungen für die dort Tag und Nacht benötigten Arbeits- und Aufsichtskräfte erforderlich, und so entstand um 1900/01 das damalige Beamtenwohnhaus, heute Mietshaus Fuggerstraße 25.

Auch nach der Stilllegung des Gaswerkes blieb der zweite Behälter in Betrieb und wurde nun vom Stadtnetz aus gefüllt. Im August 1943 erfolgte bei einem Luftangriff die Totalzerstörung von Behälter, Dampfkesselhaus und Druckreglergebäude. Das genannte Wohnhaus erlitt gottseidank nur geringe Schäden und steht heute unter Denkmalschutz.

Gaswerk Schmargendorf im Abriss, der große Behälter ist noch in Betrieb, Luftaufnahme ca. 1929, aus: Bärthel (1997), S.82

DER ABBRUCH DER WERKSANLAGEN 1924–1934

Mit der Bildung von Groß-Berlin 1920 erhielten die Städtischen Gaswerke durch die Eingemeindungen zu ihren vier bestehenden Gaswerken 12 weitere der ehemaligen Randgemeinden hinzu, sodass zunächst rein zahlenmäßig ein großer

Kapazitätszuwachs erfolgte. Es stand jedoch von vornherein fest, dass die kleinen und unwirtschaftlichen, z. T. veralteten Gemeindegaswerke kurzfristig stillgelegt werden konnten und mussten. Aber es gab auch drei moderne und leistungsfähige größere Gaswerke, nämlich Charlottenburg, Neukölln und Lichtenberg, die natürlich weiterbetrieben wurden. Außerdem arbeitete seit 1906 das größte Gaswerk der Stadt in Tegel auf vollen Touren. Unter diesen Umständen fiel es leicht, das Gelände des Gaswerkes Schmargendorf völlig aufzugeben. Noch im Jahre 1924 begannen die Abrissarbeiten. Sie zogen sich wegen der umfangreichen Abbruchmassen über viele Jahre hin.

Anfang 1927 standen nur noch Reste der Werksgebäude, zwischen denen die sechs Schornsteine wie einsame Riesen aufragten. Die drei größten dieser Schornsteine sollten am 26. März 1927 gesprengt werden. Neben den offiziellen Vertretern des Bezirksamtes und natürlich vielen Fotoreportern hatte sich eine große Menschenmenge versammelt. Dreimal wurde gesprengt, dreimal entstanden nach einer gewaltigen Detonation imposante ziegelrote Staubwolken, aber zum Schluss standen alle drei Schornsteine, ohne auch nur zu wanken. Die Tagespresse würdigte dieses Ereignis denn auch ausführlich als „verfrühten Aprilscherz".

Am 4. April mussten zwei dieser Schornsteine den verstärkten Sprengladungen weichen, kurz danach fielen auch die anderen vier.

Aber noch Anfang 1931 sah das Gelände wie ein Trümmerfeld aus, und kein Mensch glaubte mehr an die Illusion von dem Sportforum, das hier dereinst entstehen sollte. Außerdem stand da noch unberührt der große Rundbau des Gasbehälters wie eh und je. Er war noch längere Zeit nach Stillegung der Gasproduktion in Betrieb gewesen, um die Verteilung im Versorgungsgebiet zu stützen, hatte nun aber auch ausgedient. Dieses voluminöse Bauwerk zu sprengen, verbot sich wegen der Wohngebäude in der Umgegend und wegen der unterirdischen Versorgungsnetze, die dann Schaden gelitten hätten. Für die Abtragung des Mauerwerks und vor allem der Kuppel, die ja auf der Rundmauer ruhte, ein Gerüst zu errichten, kam wegen der Kosten nicht in Frage.

Nach einer Idee des leitenden Architekten Zecher wurde eine Lösung wie folgt gefunden: mit 20 auf dem Umkreis der Rundmauer verteilten Öldruckpumpen wurden das ganze Kuppelgerüst leicht angehoben und darunter einige Schichten des Mauerwerks per Hand abgetragen. Nach Absenken des Gerüstes auf die abgetragene Ebene wiederholte sich der Vorgang. Auf diese Weise dauerte die Demontage des Gasbehälters zwar sehr lange, war aber zugleich willkommene Arbeitsbeschaffungsmaßnahme in dieser schweren Zeit.

Erst Ende 1934 war die Baustelle endlich „besenrein“, und der Umgestaltung für Sportzwecke stand nichts mehr im Wege.

Die Schornsteine, die der Sprengung widerstanden, 1927 (Bärthel 1997)

WAS UNS HEUTE NOCH AN DAS EHEMALIGE GASWERK ERINNERT

Es ist nicht viel, zugegebenermaßen. Aber in der Forckenbeckstraße stehen noch zwei Gebäude: das ehemalige Verwaltungsgebäude Haus Nr. 16, zweigeschossig, und das Beamtenwohnhaus Nr. 17, dreigeschossig. An den roten Ziegelbauten hat sich relativ wenig gegenüber der Entstehungszeit geändert. Beide Gebäude stehen unter Denkmalschutz. Sie dienen heute als Wohnheime für Obdachlose, liegen etwas versteckt unter größeren Bäumen und höchstens an der Bauweise kann man etwas vom ehemaligen institutionellen Charakter erkennen. Die dahinter liegenden umfangreichen Sportanlagen lassen jedoch nicht ahnen, dass an diesem Ort einmal viele Jahre lang Gasgeschichte für ganz Berlin mitgeschrieben wurde.

Wolfgang Homfeld

STREIFZÜGE DURCH SCHMARGENDORF

Zu den häßlichsten Schattenseiten unseres aufblühenden Luftkurortes gehört unstreitig die weite Entfernung von der Ringbahnstation. Dieselbe [beträgt] bis zum Anfang des Dorfes ja nur 2 Kilometer. Ist es nun schon bei hellem Tage, zumal bei schlechtem Wetter, ein schweres Stück Arbeit, auf der schmutzstarrenden Chaussee dahintappen zu müssen, so muß der eine gehörige Portion Kühnheit und persönlichen Mut besitzen, der von Berlin kommend nach 10 Uhr abends am Ringbahnhof aussteigt. Eine undurchdringliche Finsternis deckt die Straße, und die Dampfstraßenbahn fährt ja nach 9 Uhr nicht mehr. Wegelagerer können alsdann die besten Geschäfte machen. Wenn das bisher auch noch nicht geschehen ist, so muß trotzdem die Chaussee unbedingt beleuchtet werden, denn schon mancher späte Heimkehrer ist bei der miserablen Beschaffenheit des Weges gestrauchelt und zu Fall gekommen.[1]

1 Zeitungsmeldung vom 29.1.1891, Schmargendorfer Kurzberichte, S.356

Nun – ganz so schlimm wie vor gut 100 Jahren ist der Zustand der Straßen nach Schmargendorf heute nicht mehr, auch wenn schon seit Jahren auf dem Hohenzollerndamm gebaut wird und die Mecklenburgische Straße, auf die sich dieses Zitat bezog, für Fußgänger heute recht langweilig ist. Und als Fußgänger wollen wir ein wenig durch Schmargendorf streifen und historische Spuren entdecken. Die Streifzüge sind so aufgebaut, dass sie durchaus als Wegweiser zu eigenen Erkundungen dienen können.[2]

2 Grundlage sind stadthistorische Rundgänge, die der Autor seit Jahren am Wilmersdorf Museum, an der Paul-Löbe-Volkshochschule und privat durchgeführt hat. Ergänzungen und weitere Hinweise sind jederzeit willkommen.

Schmargendorf ist heute ein beliebter Wohnort zwischen der Berliner City-West und dem Grunewald. Noch bis weit über die Mitte des 19. Jahrhunderts war Schmargendorf ein recht unbedeutendes Bauerndorf am Rande des Grunewaldes. Erst mit der Verbesserung der Verkehrsverbindungen entdeckten Ausflügler den Ort, in dem sich bald zahlreiche Ausflugslokale aneinander reihten. Das Dorf wurde um Mietshäuser erweitert, doch erst nach dem Ende des Ersten Weltkrieges wurden die ehemaligen Felder der Schmargendorfer Bauern großflächig bebaut, bekam Schmargendorf sein heutiges Gesicht. Entstellt wurde dieses Gesicht durch den Abriss der kleinstädtischen Bebauung auf der Südseite der Breiten Straße und die Verbreiterung der Straße – damals allerdings fast als Schönheitsoperation gefeiert.

1. DIE ÄLTESTE GESCHICHTE

An der Breiten Straße, am Ende des noch heute durch eine Grünanlage zwischen den Fahrbahnen der Breiten Straße markierten ehemaligen Dorfangers, steht die Dorfkirche Schmargendorf. Die kleinste der erhaltenen Berliner Dorfkirchen ist das älteste Gebäude im Bezirk Wilmersdorf. Die Kirche wurde vermutlich um 1200 errichtet, nachdem das Dorf im Zuge der ostelbischen Siedlung durch die Askanier gegründet worden war. Der ursprüngliche Name soll Markgrevendorp gewesen sein, was auf eine enge Bindung an die Markgrafen hindeutet. 1275 wurde die Kirche dem Patronat des Stifts Coswig unterstellt. 1708 war die Gemeinde nicht mehr selbstständig, was sich lange Zeit nicht änderte. Der Wilmersdorfer Pfarrer war hier zuständig. 1843 wurde die Kirche ausgebaut, 1895 fand eine Renovierung mit weitgehenden Veränderungen statt.

Diese müssen als insgesamt wenig gelungen anzusehen gewesen sein, denn als bereits 1936 die Kirche wegen Baufälligkeit geschlossen worden war, wurde im Zusammenhang mit der 700 Jahr-Feier Berlins der Versuch gemacht, durch eine erneute Renovierung das ursprüngliche Erscheinungsbild wieder herzustellen (ursprüngliche Fenster, Anbringung neuer Malereien). Beim Einbau einer Heizungsanlage wurden damals unter dem Fußboden die Gebeine von Hans und Eva von Willmersdorff entdeckt. Hans von Willmersdorff, gestorben am 5.11.1635, war Besitzer von Wilmersdorf und Schmargendorf. Er war

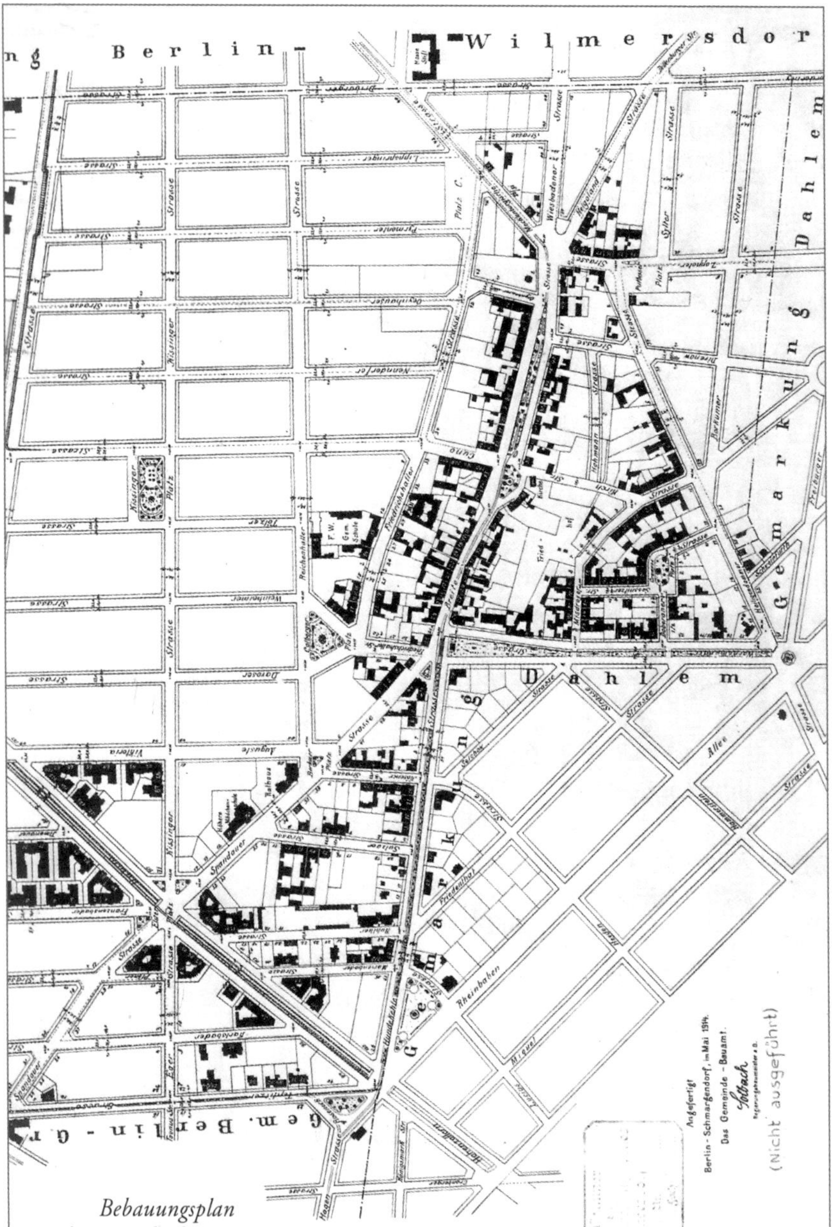

Bebauungsplan Schmargendorf 1914 (Wilmersdorf-Archiv)

Kammergerichtsrat am Kammergericht und Gesandter der Kurfürsten Johann Sigismund und Georg Wilhelm. In dieser Eigenschaft versuchte er, den 30-jährigen Krieg aus der Mark Brandenburg herauszuhalten. Georg Wilhelm enthielt sich jeder Parteinahme, dennoch wurde die Neutralität nicht gewahrt, mehrmals gab es Einmärsche kaiserlicher oder schwedischer Truppen. Am 4.8.1620 traf Hans von Willmersdorff in Cottbus mit Wallenstein zusammen, der zu diesem Zeitpunkt bereits die Macht über die kaiserlichen Truppen verloren hatte. Später reiste Hans von Willmersdorff nach Halberstadt, um die Einquartierungen loszuwerden, die hohe Abgaben erforderten. Am 5.11.1635 starb Hans von Willmersdorff ganz plötzlich auf dem Amt Mühlenhof. Die Trauerfeier fand in der Nikolaikirche in Berlin statt.

Eva von Willmersdorff, eine geborene Below, die ihren Mann 1628 geheiratet hatte, starb am 23.9.1844 in Berlin-Cölln. Nach ihrem Tod kam Schmargendorf an Evas Großneffen Cuno Hans von Willmersdorf, der 1701 erster Landrat des Kreises Teltow werden sollte und der in der Dorfkirche St. Annen in Dahlem ruht. An Hans und Eva von Willmersdorff erinnert heute eine Tafel neben dem Eingang der Schmargendorfer Dorfkirche. Die Grabgewölbe waren 1939 wieder geschlossen worden. Im Besitz der Kirche befindet sich heute ein Abendmahlskelch mit der Widmung EVWGB 1.6.3.4 aus diesem Grabfund. Noch heute hängen zwei Glokken aus dem 14. Jahrhundert im Kirchturm, die den Metallsammlungen der Weltkriege dieses Jahrhunderts glücklicher Weise entgangen sind.

Direkt an die Kirche schließt sich deren immer noch genutzter Friedhof an, der unmerklich in den städtischen Gemeindefriedhof übergeht. Seit einiger Zeit durch Unterstützung des Heimatvereins Wilmersdorf frisch restauriert, präsentiert sich unübersehbar das älteste Grabkreuz für Peter Gottfried Salomo Schmidt. Er war Dorfschulze von Schmargendorf. 1815 hatte er Marie Elisabeth Balz geheiratet. Mit ihr hatte er acht Kinder. Nachdem sie 1831 gestorben war, heiratete er 1833 die Witwe Friederike Christiane Zinnow. Mit ihr hatte er vier Kinder. Sein Urenkel Erich Schmidt berichtet:

Der Familienüberlieferung nach muß Peter Gottfried Salomo Schmidt ein tatkräftiger Mann gewesen sein, der wußte, was er wollte und es dann auch durchführte, wenn es sein mußte, auch mit Gewalt. Er muß auch ein körperlich kräftiger Mann gewesen sein. Es wird von ihm erzählt, dass er manchmal in der Gemeinderatsversammlung seine Auffassung von einer Sache mit einem Schulzenknüppel durchgesetzt habe… Sein cholerisches Temperament, verbunden mit dem Gefühl körperlicher Kraft, beherrschte meinen Urgroßvater noch bis in das Alter. Es führte nach der Überlieferung auch seinen Tod herbei. Er war, als er 1844 starb, 63 Jahre alt. Die Gemeinde besaß auch nach dem Rezeß von 1803 eine Viehkoppel im Grunewald in der Gegend des heutigen Rosenecks bis hin zum Hundekehlesee, in der die Bauern vom Frühjahr bis zum Herbst über Nacht ihre Pferde unterbrachten. Aus dieser Koppel wollte mein Urgroßvater ein Pferd holen. Er wollte das davongaloppierende Pferd ohne Seil oder Lederkoppel mit den bloßen Händen fangen und festhalten. Bei dieser Kraftanstrengung sei ihm, wie erzählt wird, im Leibe etwas geplatzt. Vielleicht war es eine Darmverschlingung oder etwas Ähnliches, das dann, weil es nicht behandelt worden war – Bauchoperationen waren nach dem damaligen Stand der Medizin noch nicht möglich – seinen Tod herbeiführte…[3]

3 Erich Schmidt, um 1990

Schmidts Witwe überlebte ihren Mann um fast 50 Jahre, sie wurde am 7.1.1892 auf dem Friedhof der Dorfkirche bestattet. Das Grabdenkmal steht heute unter Denkmalschutz.

2. DAS BAUERNDORF IM WANDEL

Die Breite Straße bot lange Zeit den Anblick eines typischen Angerdorfes. Vor der Dorfkirche lag der Dorfteich, östlich davon der langgestreckte Dorfanger bis in die Höhe der Zoppoter Straße, wo sich die Wege in Richtung Wilmersdorf (Mecklenburgische Straße) und Steglitz (Dillenburger Straße) sowie Friedenau (Wiesbadener Straße) teilten.

Die Schmargendorfer erlitten noch im 19. Jahrhundert Schaden aus dem angrenzenden Königlichen Forst.

Gegenwärtig statten die Hirsche aus dem Grunewald dem Dorfe Schmargendorf ihre Besuche ab. Die Früchte auf den Feldern schmecken ihnen ausgezeichnet, noch mehr jedoch die Brotrinden in den Beuteln, welche manche Besitzer gewohnheitsgemäß an ihren Veranden zu hängen haben. Gestern nacht leerten sie einen solchen bis auf den Grund. Das ist ihnen nicht übel zu nehmen, denn Hunger tut weh, nur waren sie so unfreundlich, auch den Beutel zu entführen… [4]

4 Teltower Kreisblatt 23.1.1886, Schmargendorfer Kurzberichte

Doch gegen Ende des Jahrhunderts änderte sich das Bild.

Eine rege Tätigkeit überrascht zur Zeit den Besucher unseres Ortes. Zunächst fallen beim Betreten des Dorfes die in der letzten Zeit ausgeführten Prachtbauten und die eleganten Vergnügungslokale auf. Dann sind es aber auch die Regulierungs- und Pflaster-

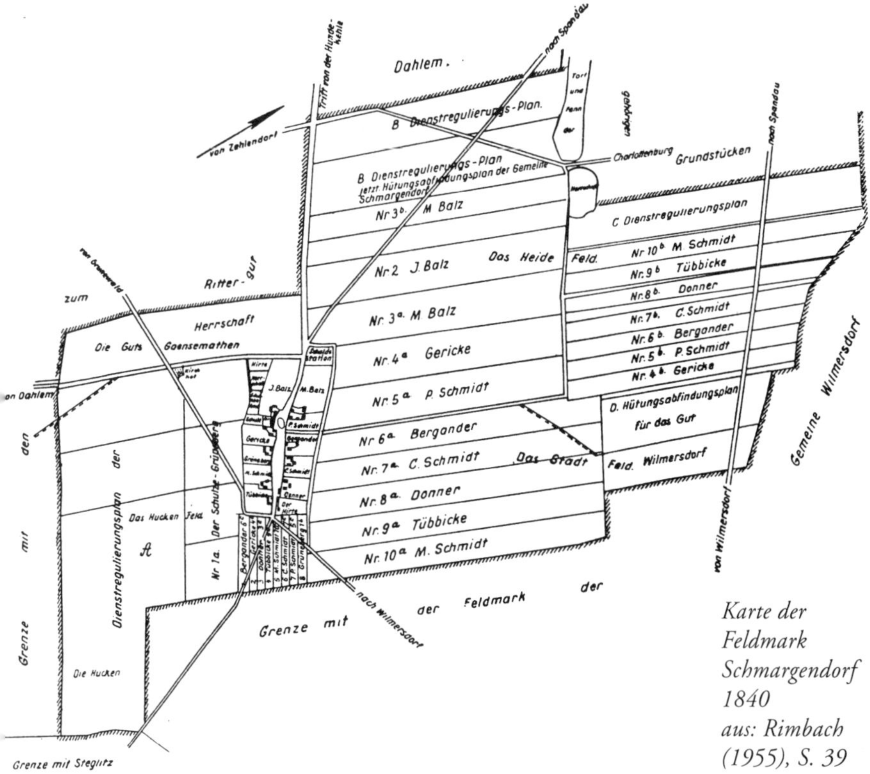

Karte der Feldmark Schmargendorf 1840
aus: Rimbach (1955), S. 39

arbeiten, die die Gemeinde ausführen läßt. Die Hundekehlestraße wird nach ihrer Fertigstellung mit ihren hochfeinen Villen die eleganteste Straße des Ortes sein. Auch die Dorfstraße wird jetzt reguliert. Sie erhält auf beiden Seiten Bürgersteige und Mosaikpflaster.[5]

Die Gemeinde ist bemüht, ihr Dorf auch Fremden einheimelnd zu machen und besonders wohlhabende und vermögende Leute heimisch zu machen, die ihr helfen, einen großen Teil der ihr bereits erwachsenen und erwachsenden Lasten zu tragen.[6]

Es gibt zur Zeit in unserem Orte: 12 Restaurationen, 1 Bierverlag, 1 Destillation, 11 Milchlieferanten, 3 Bäcker, 2 Fleischer, 3 Gemüse- und Grünkramhändler, 3 Kaufmanns- oder Delikatessengeschäfte, 3 Bauunternehmer, 1 Schmied, 1 Glaser, 2 Tischler, 1 Maler, 1 Tapezierer, 1 Klempner, 2 Holz- und Kohlengeschäfte, 5 Schneidermeister, 4 Schuster, 2 Posamentiere, 1 Barbier und Friseur –, 1 Arzt, 1 Hebamme, 1 Drogisten, 3 Lehrer.[7]

5 Zeitungsmeldung vom 7.7.1890, Schmargendorfer Kurzberichte, S. 328

6 ebd.

7 Zeitungsmeldung vom 3.12.1890, Schmargendorfer Kurzberichte, S. 346

Innerhalb weniger Jahre wandelte sich der dörfliche Charakter durch die Erschließung. Durch die Lage direkt am Grunewald wurde Schmargendorf Durchgangsstation für Ausflügler, zahlreiche Ausflugslokale siedelten sich an. Die Felder der Bauern wurden größtenteils durch die Berliner Handelsgesellschaft für Bodenbesitz aufgekauft, z. T. noch von den Bauern gepachtet. Der Dorfteich vor der Kirche verschwand, 1896 wurde hier – wie in Wilmersdorf – ein Denkmal für Wilhelm I errichtet.

Bis 1899 wurde Schmargendorf von Wilmersdorf aus verwaltet, dann wurde es ein eigener Amtsbezirk.

Es hatte natürlich im Ort Widerstand gegen diese Entwicklungen gegeben. So zog sich die Pflasterung der Dorfstraße hin. Bereits 1869 hatte der Ortschulze Friedrich Wilhelm Balz eine Gemeindeversammlung einberufen. Immerhin einstimmig wurde die Pflasterung der Dorfstraße beschlossen, aus unterschiedlichen Gründen dauerte es aber bis 1871, bis nach der Reichsgründung, ehe die kaum noch passierbare Straße fertiggestellt war.

Die Bauern hatten auch gegen die Anlage eines Bahnhofs an der Ringbahn protestiert, erst durch Zwangsbeschluss des Teltower Landrats konnten sie zur Abgabe von Land zwecks Anlage eines Bahnhofs verpflichtet werden.

Auch gegen die Dampfstraßenbahn, die die Verkehrsverhältnisse stark verbessern sollte, opponierten die Bauern. Sie wurde am 18.5.1888 eingeweiht, endete zunächst aber vor dem Dorf, da die Bauern Angst davor hatten, dass ihre Häuser abbrennen könnten. So verzögerte sich der Bau der Strecke bis zur Endhaltestelle am Grunewaldgatter (heute Breite Straße Ecke Warnemünder Straße). Am Karfreitag 1891 wurde die Strecke entlang des Gatters im Zuge der Hundekehlestraße verlängert und am späteren Roseneck mit der Kurfürstendamm-Strecke nach Hundekehle (Hagenplatz) verknüpft. Damit war eine Erschließungssituation erreicht, wie sie auch nach der Elektrifizierung der Straßenbahnen um die Jahrhundertwende jahrzehntelang bis zur Einstellung des Straßenbahnverkehrs bestand.

Die Wandlungen im Umfeld, die Bildung von Neu-Schmargendorf, die Anlegung der neuen Prachtstraße in den Westen – des Hohenzollerndamms – und die Besiedelung der Schmargendorfer Feldflur, gingen an der alten Dorfstraße zwar nicht spurlos vorbei, dennoch bewahrte sich die Breite Straße bis nach dem Zweiten Weltkrieg einen wenn auch nicht dörflichen, so doch kleinstädtischen Charakter.

In Nr. 1, im Eckhaus zur Mecklenburgischen Straße, befand sich immer schon eine Gastwirtschaft, die sich heute „Dorfkrug" nennt. Gegenüber, Nr. 51 an der Ecke zur Zoppoter Straße, befand sich einst das Lokal „Schwarzer Adler".

In Nr. 7 war bis 1902 die Gemeindeverwaltung ansässig, ehe man in das neu erbaute Rathaus umzog. Vor einigen Jahren wurde das alte Mietshaus Nr. 8 abgerissen, das ursprünglich Albert Schmidt gehörte. Nr. 10 ließen sich vermutlich Berliner errichten, die nach Schmargendorf hinauszogen. Auf der südlichen Seite gehörte Nr. 43 auch einem Schmidt, Nr. 45 war eine Holz- und Kohlenhandlung. In Nr. 46 war bis vor wenigen Jahren das Transportunternehmen Penkwitz beheimatet, eine alteingesessene Schmargendorfer Firma.

Wirklich breit ist die Breite Straße zwischen Dorfkirche und Warnemünder Straße erst 1963 nach dem Abriss der südlichen Häuserzeile geworden. Diese Verbreiterung, die im übrigen auf eine Fluchtlinienplanung bereits aus der Zeit vor dem Ersten Weltkrieg zurückging, jetzt allerdings die

Breite und die Dillenburger Straße zum Autobahnzubringer Richtung Breitenbachplatz machen sollte, hat der alten Dorfstraße auf einen Schlag ihr Gesicht geraubt, das noch durch kleinere und mittlere Häuser geprägt war. So können wir auf unserem weiteren Rundgang durch die Breite Straße nur noch auf der nördlichen Seite alte Gemäuer entdecken, während wir auf der südlichen Seite auf unsere Fantasie und alte Abbildungen angewiesen sind.

Insgesamt wurden 15 der alten niedrigen Häuser abgerissen, 79 Wohnungen gingen verloren, 16 Läden wurden aufgegeben und von 18 Gewerbebetrieben 13 umgesetzt. Verbreiterung der Straße und Abriss der Häuser waren seit 1956 vorbereitet worden, durch den „guten Willen" der betroffenen Eigentümer wurde das Vorhaben ohne Prozesse und Enteignungen durchgeführt. Die Neubauten stammen vom Architekten Hans-Jürgen Heide, der hier 87 Wohnungen und drei flache Ladenpavillons plante. Der ursprünglich geplante schrittweise Umzug fand nicht statt, die alten Besitzer verkauften oder erhielten woanders Ersatzwohnungen.[8]

8 Der Tagesspiegel 24.10.1964

Neben der alten Dorfkirche stand früher die Dorfschule (Nr.38). 1805 wurde das erste Schulhaus als Lehmhaus gebaut. Die Schmargendorfer Bauern wehrten sich gegen den Unterricht des Lehrers Gropp, sie hätten kein Geld dafür übrig, ihre Kinder zur Schule zu schicken. Es gibt Berichte, nach denen in den 1840er Jahren die Ratten zwischen den Kindern herumliefen. 1850 entdeckte Lehrer Gropp, dass der Fußboden zerfressen war. Eine eigens einberufene Versammlung beschloss daraufhin, Schulstube und Lehrerwohnung zu trennen, bis dahin fand der Unterricht in der Lehrerwohnung statt. 1853 wurde der Anbau fertiggestellt. 1883 kam Lehrer Moll nach Schmargendorf, der erschrocken über den Zustand der Schule war. 1885 wurde daher ein zweigeschossiger Neubau fertiggestellt.

Von links: Die Breite Straße vor der Dorfkirche 1958 (Foto: Fritz Rau, Heimatverein für den Bezirks Wilmersdorf e.V.)

Der gleiche Blick in die Breite Straße, Winter 1965 (Foto: Möhler, Privatbesitz)

Abriss der Häuser in der Breiten Straße um 1960 (Heimatverein für den Bezirk Wilmersdorf

Seit dem 1. Februar 1891 betrieb Lehrer Moll hier nebenbei noch eine Postagentur, die vorher beim Gemeindeschöffen angesiedelt war. Im August 1891 war die Aufstockung auf ein drittes Geschoss fertiggestellt, nun unterrichteten drei Lehrer und eine Lehrerin. Da der Ort sich immer mehr entwickelte, wurde bereits ein Neubau in Erwägung gezogen. Doch wurde vorerst 1897 eine Schulbaracke in Holzfachwerk als Anbau an die alte Schule erstellt. Erst 1901 konnte die neue Schule in der Friedrichshaller Straße bezogen werden.

In Nr. 37 betrieb Franz Balz (1883–1964), Sohn von Ernst Balz, mit seiner Frau Elisabeth die Friedhofsgärtnerei, daneben in der Breiten Straße 24 eine weitere Gärtnerei. Sein Haus wurde 1961 wie die Nachbarhäuser abgerissen. Auch das Haus Nr. 36 gehörte der in Schmargendorf weit verbreiteten Familie Balz. Hier wohnte Ernst Balz (1860–1944), der in einem überdimensionalen Gemälde im Wilmersdorf Museum als Jäger dargestellt ist. Er war Sohn des Bauerngutsbesitzers Johann Balz und mit Agnes, einer Tochter des Schmargendorfer Bauern Donner, verheiratet. 1890 schenkte sein Vater ihm das Haus. Zuletzt bewohnte sein Schwiegersohn Wilhelm Stahn (Optiker) mit seiner Familie das Haus.

Auch das Gasthaus „Deutsches Haus" in Nr. 33 gehörte einem Balz. Es war das älteste Gasthaus im Ort, schon um 1850 begründet. Bereits in den 1920er Jahren beherbergte es ein Kino:

Das Deutsche Lichtspielhaus, Breite Straße, ist unseren Beobachtungen nach auf das eifrigste bemüht, seinem Publikum stets die neuesten Schlager- und Sensationsfilme vorzuführen. Die Auswahl unter der Fülle des Minderwertigen, des Mittelmäßigen und Wertvollen, das die moderne Filmwelt bietet, zeugt von Sachkenntnis und guten Geschmack. Die Einführung des Einheitspreises von 80 Pf. pro Person hat sich gut bewährt. [Das] Weglassen der Pausen zwischen den einzelnen Akten trägt zur Erhöhung der dramatischen Wirkung der vorgeführten Stücke erheblich bei (...). Die Zuschauerraum ist stilvoll und allen Anforderungen gerecht. Die die Vorführungen unterstreichende und illustrierende Musik paßt sich den Handlungen gut an und gibt Zeugnis von der richtigen Auffasssung der jeweiligen Situation. Bei dem eifrigen Bemühungen der Direktion, nur Erstklassiges und dieses in möglichst passender Form zu bringen ist es für die Bewohner Schmargendorfs überflüssig die erheblich teureren Kinos in der Stadt zu besuchen. Sie kommen im „Deutschen Lichtspielhaus" sicher voll auf ihre Rechnung.[9]

Nach dem Krieg gab es hier auch ein Theater.

9 Schmargendorfer Zeitung 13.8.1927

Wechseln wir nun auf die weitgehend nördliche Seite der Breite Straße. An der Ecke zur Cunostraße (Nr.14a) lag ursprünglich der große Stammsitz der wie die Balz weit verzweigten Schmargendorfer Bauernfamilie Schmidt. Ende des Jahrhunderts gab es einen heftigen Erbstreit. Die Witwe Peter Gottfried Salomo Schmidts, Friederike Christiane Schmidt, stand seiner Erbengemeinschaft vor und galt immer noch als Besitzerin des Schmidtschen Bauernhofes. Sie starb über 90-jährig am Silvesterabend 1891. Beider Grabkreuz haben wir bereits auf dem Friedhof erwähnt. Urenkel Erich Schmidt erzählt von dem sich anschließenden Erbstreit:

Da sie kein Testament hinterlassen hatte, trat die gesetzliche Erbfolge ein, d.h. alle Nachkommen aus den beiden Ehen ihres verstorbenen Mannes waren erbberechtigt. Mehrere der Kinder meines Urgroßvaters Peter Gottfried Salomo Schmidt aus seiner ersten Ehe lebten damals schon nicht mehr. Der älteste Sohn wäre damals 1891 schon 78 Jahre alt gewesen. So waren neben den noch lebenden Kindern auch die Enkel, vielleicht sogar Urenkel des Peter Gottfried Salomo Schmidt erbberechtigt. Es sollen 50 Erben vorhanden gewesen sein. Dass da eine gütliche Verständigung über die Verteilung des Erbes nicht zustande kam, ist nur zu begreiflich. Man rief also das Gericht an. Ein Riesenerbschaftsprozeß, der sich über sieben Jahre hinzog, war die Folge. Mein Großvater, der den Hof bewirtschaftete, hatte große Mühe, die Prozeßkosten aufzubringen, so ist mir überliefert worden. Als endlich die Gerichtsentscheidung vorlag, das ist so um 1898 der Fall gewesen, mußte der Hof verkauft werden. Die vielen Erben erhielten ihr Erbteil in Geld ausgezahlt.[10]

10 Erich Schmidt, um 1990

Hier blieb der sogenannte „Eisen-Schmidt“ ansässig, der später in die Neubauten gegenüber zog. Franz Schmidt erhielt das Grundstück Breite Straße 30.

Die in den 1960ern zugunsten eines Apartmenthauses abgerissene Villa „Charlotte“ (Nr.15) war von Johann Friedrich Balz erbaut worden, der bis 1909 Ortsvorsteher in Schmargendorf war. Nr. 16 gehörte ursprünglich der Familie Tübbecke. Das Mietshaus Nr. 18 ersetzte ein von Christan Balz errichtetes Haus. Wie in den folgenden Häusern ist in Nr. 20 noch ein alter Hof mit Stallgebäuden vorhanden, die heute von der „Remise“, einem Antiquitäten- und Second Hand-Handel, genutzt werden. Bis Frühjahr 1998 befand sich in Nr. 21, wenn auch seit einigen Jahren stark verkleinert, das Bekleidungsgeschäft Wuhlert, das noch von den Töchtern des Gründers bewirtschaftet wurde. Albert Wuhlert war der erste Führer der 1891 gegründeten Schmargendorfer Freiwilligen Feuerwehr. Als Kaufmann gehörte er zu den Gewerbetreibenden und Handwerkern, die die Gründung einer eigenen Feuerwehr betrieben hatten. Ehemals war Nr. 21 ein

Kolonialwarengeschäft, an dem, wie Zeitzeugen berichten, im Grunewald erlegte Wildtiere zum Verkauf hingen. In Nr. 22 befindet sich die Bäckerei Wahl, die aus dem Betrieb von Fritz Lenkersdorf hervorgegangen ist. Die alteingesessene Fleischerei Siedmann nutzt noch heute das alte Schlachthaus mit dem Widderkopf auf dem Hof, allerdings nicht mehr für Schlachtungen (Nr. 22). Das kleine Haus Nr.23, das letzte alte Bauernhaus in diesem Bereich, gehörte einst dem Milchpächter Franz Balz. Auch hier haben sich alte Stallungen erhalten, die um Garagengebäude ergänzt wurden.

Das Haus Nr. 24 ist erkennbar als Eckhaus angelegt. Hier sollte ursprünglich die Warnemünder Straße in Richtung Kolberger Platz durchgelegt werden. In Nr. 24 befand sich schon immer eine Eckkneipe, die später Stammlokal der Kommunisten war. Nach dem 30.1.1933 war sie dann plötzlich ein SA-Sturmlokal, nach Zeitzeugenberichten verkehrten hier z.T. die gleichen Leute wie vorher. Nach dem Ende des Zweiten Weltkrieges hatte der sowjetische Ortkommandant von Schmargendorf, ein Georgier, in Nr. 24 seinen Sitz.

Zum Abschluss unseres Streifzuges durch die Breite Straße noch ein Blick auf die Südseite – vor dem großen Umbau. Nach dem großen Erbstreit (siehe Nr. 14a) kaufte der Schlosser August Friedrich Schmidt („Schlosser-Schmidt", 1842–1925) sich Nr. 30 für einen neuen Bauernhof mit Wohnhaus, Stallungen und Scheune. Sein Sohn Franz Schmidt (1877–1918), der den Hof 1905 übernahm, spezialisierte sich auf Viehzucht. Ausschlag gebend waren die Veränderungen in der Umgebung. Schmargendorf war nicht mehr das abgelegene Bauerndorf, sondern es lag direkt neben neuentstandenen Villenkolonien. Franz Schmidt war einer der 14 Schmargendorfer Milchpächter, der Schmargendorfer Milchmann war in Berlin ähnlich wie Bolle eine bekannte Erscheinung. Im Stall standen jetzt 20 Milchkühe, an dem Hof prangte die Aufschrift: „Molkerei Franz Schmidt", hier verkaufte Bertha Schmidt Milch. Sohn Erich Schmidt berichtet:

Von links: Breite Straße 20, 22, 23 und 24, 1.9.1998 (Fotos: W. Homfeld)

Mein Vater aber fuhr früh morgens mit Pferd und Wagen und belieferte die, wie man damals sagte, 'hochherrschaftlichen' Haushalte mit frischer Milch und Sahne dort in Dahlem und Grunewald. Zu seinen Kunden gehörten aber auch Großabnehmer wie einige Sanatorien und nicht zuletzt das Schülerinternat des Arndt-Gymnasiums in Dahlem, wo meist die Söhne des märkischen Adels untergebracht waren. Nachmittags holte er an einigen Tagen der Woche in Tonnen die Küchenabfälle dieser Betriebe, mit denen Schweine gemästet wurden.[11]

Doch diese Phase dauerte nur zehn Jahre, bis der weitsichtige Franz Schmidt erkennen musste, dass die Landwirtschaft in Schmargendorf keine Zukunft mehr hatte. 1913 wurden ihm die Pachtflächen zwischen Reichenhaller, Tölzer, Kissinger und Cunostraße wegen einer geplanten Bebauung gekündigt. Wegen des Ersten Weltkrieges kam es dann jedoch vorerst nicht zu einer Neubebauung. Nach Verwun-

11 Erich Schmidt, um 1990

dung im Krieg zog Franz Schmidt mit seiner Familie 1918 auf einen neuen Hof in der Uckermark. Mit ihm ging der letzte Bauer von Schmargendorf, die letzten Ackerflächen wurden nun in den Zeiten der Not zur Anlage von Schrebergärten genutzt. Auf dem Hof blieb noch der Großvater wohnen, der die Hofgebäude an Handwerker vermietete. Schließlich wurde das Gebäude 1963 für die Verbreiterung der Breite Straße abgerissen. In Nr. 29 befindet sich das Beerdigungsinstitut Suchland, hervorgegangen aus der alteingesessenen Tischlerei Suchland. Carl Suchland war Anfang des Jahrhunderts Führer der Freiwilligen Feuerwehr Schmargendorf.

Blick vom Grundstück Hundekehlestraße 5 in den Grunewald, um 1900 (Heimatverein für den Bezirk Wilmersdorf e.V.)

3. SOMMERFRISCHE UND AUSFLUGSORT

Entlang der Hundekehlestrasse verlief ursprünglich das Gatter des Grunewaldes, das den Wildbestand des Königlichen Jagdreviers am Weglaufen hindern sollte. Zwischen dem Gatter und der Spandauer Straße entstand eine Siedlung mit Villen direkt am Wald. Erst später wurde auch der ehemalige

Wald in Richtung Rheinbabenallee parzelliert und bebaut . Auf Grund der Lage am Wald wurde Schmargendorf nicht nur für Tagesausflügler interessant, sondern zunehmend quartierten Berliner sich den ganzen Sommer über hier ein, wie eine Zeitungsmeldung vom 24.2.1890 beschreibt:

Schmargendorf als Luftkurort. Das vor wenigen Jahren kaum dem Namen nach bekannte Dörfchen ist heute bereits zu einem unentbehrlichen Luftkurort für zahlreiche Residenzbewohner geworden, die hier in der ozonreichen Luft des Grunewaldes Ersatz für den Aufenthalt im Thüringer Wald suchen.[12]

12 nach Schmargendorfer Kurzberichte

Am Haus Nr.11 befindet sich heute eine Gedenktafel für Rainer Maria Rilke. Hier stand ursprünglich die Villa Waldfrieden, ein seinerzeit durchaus passender Name. Hierher war die in St. Petersburg geborene Schriftstellerin Lou Andreas-Salome (1861-1937) mit ihrem Mann, dem Orientalisten Friedrich Andreas (1846-1930) gezogen. Sie war befreundet mit Friedrich Nietzsche und Rainer Maria Rilke, den sie in München kennengelernt hatte. Vom 1.8.1898 bis zum 20.10.1900 wohnte Rilke hier in einer durchaus modernen Wohngemeinschaft. In ihrem „Lebensrückblick" (1951) schildert Lou Andreas-Salome diese Zeit: Rainer Maria Rilke teilte *ganz unsere sehr bescheidene Existenz am Schmargendorfer Waldrande bei Berlin, wo in wenigen Minuten der Wald in die Richtung Paulsborn führte, vorbei an zutraulichen Rehen, die uns in die Manteltaschen schnupperten, während wir uns barfuß ergingen – was mein Mann uns gelehrt hatte. In der kleinen Wohnung, wo die Küche den einzigen wohnzimmerlichen Raum außer meines Mannes Bibliothek darstellte, assistierte Rainer mir nicht selten beim Kochen, insbesondere, wenn es sein Leibgericht, russische Topfgrütze, oder auch Borschtsch gab... In seinem blauen Russenhemd mit rotem Achselschluß half er mit Holz zerkleinern oder Geschirr abtrocknen, während wir dabei ungestört bei unseren verschiedenen Studien verblieben.*[13]

13 zitiert nach Jäger 1990, S.75

Der Dichter Rainer Maria Rilke (1875–1926) war ganz bewusst hierher nach Schmargendorf gezogen, um Ruhe zum Schreiben zu haben. Größtes Aufsehen erregte er mit der Erstfassung seines „Cornets", den er hier in einer einzigen stürmischen Herbstnacht zu Papier brachte. Die überarbeitete Fassung „Die Weise von Liebe und Tod des Cornets Christoph Rilke" erschien 1906 als Nr. 1 der Insel-Bücherei, es war eines der erfolgreichsten Bücher der Literaturgeschichte überhaupt. Verliebte beschenkten sich damit, die Soldaten des Ersten Weltkrieges hatten es im Tornister. Über den Grunewald schrieb Rilke: *Ein zauberhaftes Waldland, dessen Charakter nicht einmal durch die überflüssige Straße verunstaltet wird.*[14]

14 zitiert nach Metzger 1985, S. 50

Selbst in seinem „Schmargendorfer Tagebuch" finden sich jedoch keine Hinweise auf seinen Wohnort, der ihm wegen der am Rande des Grunewaldes entstehenden Ausflugslokale rasch zu laut wurde. Bis Februar 1901 wohnte er in der Misdroyer Straße 1 (heute 35), dann verließ er Schmargendorf und Berlin endgültig.

Nach der Jahrhundertwende bewohnte die Villa Waldfrieden eine weitere Künstlerin, die Dichterin und Malerin Hermione von Preuschen-Telmann. Die exzentrische Künstlerin erregte 1901 in Paris Aufsehen mit ihrem Bild „Mors Imperator". Es wurde Anfang Januar 1902 hier in der Villa Waldfrieden in ihrer bisher größten Ausstellung gezeigt. In den lokalen Zeitungen wird sie ab und zu erwähnt, wenn auch meist in Artikeln wie dem folgenden:

Hermione von Preuschen beinahe an Rattengift gestorben! Als die Künstlerin, die Schöpferin des „Mors Imperator", kürzlich von längerer Reise in ihre Wohnung, Villa Waldfrieden am Roseneck, zurückkehrte, nahm sie im Eßzimmer aus der Cakesbüchse einige Cakes zu sich. Sie konnte nicht ahnen, dass ihr Hausfräulein einige Tage vorher zwei cakesartige Backwaren, die sie im Hausflur gefunden, in die Cakesbüchse tat, und dass diese – Rattengift waren. Das Verfahren des Hausfräuleins verdient ernste Rüge, denn erstens ist es doch im höchsten Grade unappetitlich, Eßwaren, die man irgendwo findet, und von denen man nicht weiß, wer sie in der Hand gehabt hat, für den Eßtisch mitzunehmen, zweitens aber ist, – wie der vorliegende Fall beweist, – so etwas sträflich leichtfertig. Hermione von Preuschen, die – heißhungrig von der langen Reise – die zwei Küchel aß, trotzdem ihr ein bitterer Geschmack auffiel, erkrankte schwer und schmerzhaft und mußte über eine Woche das Bett hüten, doch gelang es der ärztlichen Kunst noch ein-

mal, sie zu retten. Die Künstlerin geht Anfang November für längere Zeit nach Indien.[15]

Wie folgende Meldung beweist, scheint die Villa Waldfrieden sich zu einem rechten Künstlertreffpunkt entwikkelt zu haben:

Betr. Künstlertee. Mit dem 17. des Mts. beginnt eine lange Serie von allsonntäglichen „Künstlertee-Empfängen" im Atelier Waldfrieden in Schmargendorf bei Frau Hermione von Preuschen. Die rastlose Künstlerin zeigt 52 neue Bilder aus der Blumeninsel Madeira und vom goldkuppeligen Moskau. Erste musikalische Kräfte tragen zur Verschönerung der Feste bei.[16]

Nachdem Hermione von Preuschen-Telmann sich in Lichtenrade eine Villa gekauft hatte, wurde die „Villa Waldfrieden" abgerissen und durch das heute hier stehende Mietshaus ersetzt. Mit dem Waldfrieden war es nun auch vorbei, der Lärm der Ausflügler durchzog das kleine Schmargendorf.

Ostern 1887 hatte in der Hundekehlestraße 19-20 Ecke Ruhlaer Straße das Schützenhaus seine Tore geöffnet. Es wurde bereits im Ersten Weltkrieg geschlossen. Ende der 20er Jahre wird das Gelände als Schandfleck geschildert:

Schmargendorf, wie es weint und lacht. ... Noch gräßlicher sieht es in dem einst so schönen, von herrlichen Rüstern und Kastanien bestandenen Garten des Schützenhauses in der Ruhlaer Straße aus. Die Bäume sind gefällt und liegen oberflächlich geschichtet da. Haufen von dürrem Geäst, Schmutz, zerfallenes Gemäuer der alten Kaffeeküche, des Stalles, Schuppens und der Kegelbahn, Gerüsthölzer, vertrockneter Mörtel, alte Kinderwagen und verrostete Torgitter gewähren einen Anblick, dass man sich mit Ekel abwendet. Auch der Schützenhaussaal hat eine gründliche Veränderung über sich ergehen lassen müssen. Er wurde in ein Kino umgebaut, das anfangs den Namen 'Belvedere' führte; es mußte seine Pforten bald schließen, wurde aber am 8. März unter dem Namen 'Dolly' neu eröffnet. Das vor kurzem eröffnete Schützenhauskasino hat aus Ärger über den riesigen Düngerhaufen Pleite gemacht. Warum schafft die Polizei hier nicht Wandel? Wahrscheinlich stinkt es ihr zu sehr...[17]

Das an eine florentinische Stadtvilla erinnernde Gebäude Nr. 31 beherbergte das Architekturatelier der Brüder Schellenberg, die sich auf den Bau von Grunewald-Villen

15 Wilmersdorfer Zeitung 11.10.1905

16 Zeitungsartikel vom 17.11.1907, aus: Schmargendorfer Kurzberichte

17 Zeitungsmeldung vom 2.6.1929, zitiert nach Schmargendorfer Kurzberichte

spezialisierten, hier wohnten Ende der 20er Jahre die Schauspieler Maria Bard und Werner Kraus.

Das eigentliche Zentrum des Ausflugsverkehrs entwickelte sich jedoch in der Warnemünder Straße. Wir müssen uns dazu noch einmal die Lage des Ortes vergegenwärtigen. Schmargendorf lag nach wie vor direkt am Grunewald, das Gatter verlief entlang der heutigen Warnemünder und Hundekehlestraße. Eingänge durch das Gatter gab es nur am späteren Roseneck und am späteren Platz am Wilden Eber. Die mit der Dampfstraßenbahn anreisenden Ausflügler mussten also entweder die Hundekehlestraße oder die Warnemünder Straße entlang gehen, um in den Grunewald zu kommen. 1888 gab es im Ort schon vier fast jeden Sonntag überfüllte Tanzlokale, doch in den nächsten Jahren ging die Entwicklung rasant weiter:

Überfüllte Tanzlokale. So ruhig und still es noch vor einigen Jahren in unserem einst so idyllischen Orte zugegangen, so lebhaft geht es jetzt hier zu. Vier große Tanzlokale sind fast jeden Sonntag überfüllt und noch wird zur Erbauung neuer Tanzlokale geschritten. So hat der Restaurateur Thurley bereits einen neuen großen Tanzsaal im Rohbau fast fertig. Dicht daneben an der Dahlemer Straße hat der Restaurateur Goetsch aus Schöneberg ein Grundstück gekauft, auf welchem er zum Frühjahr eine großartige Restauration mit Tanzsaal im modernen Stil für das bessere Publikum eröffnen will.[18]

18 Zeitungsmeldung vom 21.11.1888, zitiert nach Schmargendorfer Kurzberichte

1889 standen allein in der Warnemünder Straße sechs Vergnügungsstätten nebeneinander den Berliner Ausflüglern zur Verfügung.

Die Schmargendorfer rüsten sich. Ein so unruhiges Leben wie in diesem Frühjahr hat unser einst so ruhiges Dörfchen noch nie gesehen. An allen Ecken und Enden wird gebaut. Es ist, als wenn in diesem Sommer ganz Berlin hier erwartet werde. Auch die älteren Lokale lassen die Zeit nicht ungenutzt vorübergehen. Sie alle verbessern ihre Lokalitäten. Im Schützenhaus wird der Saal neu gemalt, hier und im Waldschlößchen werden neue Hallen gebaut, Kies wird angefahren, Bosquetts angelegt. Anführen wollen wir noch, dass der Pächter des Schützenhauses, Herr Buchholz, für den ganzen Sommer eine Ba-

taillons-Kapelle des Königin-Elisabeth-Regiments engagiert hat, die vom 1. Osterfeiertag ab an allen Sonn- und Feiertagen in Freikonzerten spielen wird.[19]

19 Zeitungsmeldung vom 13.4.1889

1890 gab es hier schon 12 Gasthäuser, um 1900 schließlich 20. Doch wenig später deutete sich bereits ein Strukturwandel an. 1910 hatte der Schankwirt Hermann Götsch beim Kreisausschuss des Kreises Teltow eine Klage gegen den Amts- und Gemeindevorsteher in Schmargendorf eingelegt, da ihm für das jahrelang von seinem Vater betriebene Restaurant „Waldkater" die Konzession verweigert wurde. Das Grundstück war im Zuge der Zwangsvollstreckung in andere Hände übergegangen, Götsch erstrebte als Pächter nun von neuem die Schankkonzession. Robert Wehlitz zitiert eine Zeitungsmeldung vom 30.4.1910:

Die Ortsbehörden haben dem Antrag widersprochen, indem sie sich von dem Bestreben leiten ließen, die konzessionierten Lokale gelegentlich zu vermindern, weil der Ausflugsverkehr in Schmargendorf zurückgegangen sei und sich mehr in einen Durchgangsverkehr verwandelt habe. Für diesen würden die noch vorhandenen 5 ähnlichen Lokale ausreichen. – Der Kreisausschuß verneinte die Bedürfnisfrage und wies die Klage ab.[20]

20 Schmargendorfer Kurzberichte

Noch heute kann man sich die Situation gut vorstellen. Dort wo sich heute der Mittelstreifen der Warnemünder Straße, des früheren Weges nach Dahlem, befindet, verlief früher das Gatter des Grunewaldes. Erst 1904 wurde das Gatter aufgehoben, hier zwischen Schmargendorf und Dahlem blieb es aber noch einige Jahre stehen. Erst 1898 war ein neuer Eingang direkt am Ende der Schmargendorfer Dorfstraße eingerichtet worden. Das noch von Kiefern durchsetze Villenviertel im Westen ist auf dem ehemaligen Waldgelände errichtet, auf der östlichen Seite der Warnemünder Straße reihte sich einst ein Lokal an das andere. Noch heute läuft die Nummerierung der Häuser von der Breite Straße ausgehend auf der linken Straßenseite bis zum Wilden Eber.

An der Warnemünder Straße 1–2, an der Ecke zur Breite Straße, richtete 1888 der Gastronom Thurley, der als einer der ersten die Zeichen der Zeit für Schmargendorf erkannt hatte, sein „Gesellschaftshaus" ein. Später gehörte es Otto Naumann. Der Tanzsaal ist in veränderter Form erhalten und wird es als Wohnhaus genutzt. Das alte Eckhaus ist der Verbreiterung der Kreuzung mit der Breite Straße zum Opfer gefallen. In Nr. 4 befand sich das Ausflugslokal „Waldschloß". Inhaber war Paul Brauns. Nach dem Ersten Weltkrieg hatte hier die Evangelische Frauenhilfe Schmargendorf ihr Domizil, in einer Mittelstandsküche wurden 120 bis 150 Personen verpflegt, es gab eine Kleiderkammer und eine Bibliothek mit 200 Bänden. Das Grundstück ist jetzt in den Friedhof Schmargendorf einbezogen worden. Das einzige Ausflugslokal, das heute noch existiert, nach mehrmaligem Pächterwechsel nun als „Frisco" – Restaurant, Bar, Hotel – ist das „Forsthaus Schmargendorf", das 1888 erbaut wurde. 1892 wurde der Saal zeitweise von der Baupolizei gesperrt, da sich die Seitenwände aufgrund einer fehlerhaften Konstruktion neigten. Der Klavierstimmer und Chronist Willi Rau berichtet:

Dort wo sich heute der Eingang zum Lokal befindet, lag damals der immer nur sehr spärlich mit einer Petroleumlampe beleuchtete Hausflur. Links führten die Stufen zu den Restaurationsräumen, rechts gelangte man durch eine kleine Tür zum Saal. Die Veranda, die heute massiv gebaut und mit Fenstern versehen ist, bestand damals noch aus Holz. Im Sommer saß man hier wie auf einem großen Balkon. Blumenkästen waren angebracht, und wenn es regnete, wurde eine große Markise heruntergelassen. Unter dieser Veranda lag der Eingang zum Bierkeller. Jedesmal, wenn der Buffetier eine neue Tonne anstecken wollte, nahm er einen dicken Knüppel mit, um anspringende Ratten zu töten. Deshalb wurde das Restaurant Forsthaus auch Rattenschlößchen genannt... Der Fußboden neben der Theke wies stellenweise größere Löcher auf. Wir Jungens machten uns manchmal einen Spaß daraus, indem wir einen Bücklingskopf mit den Gräten an eins der Löcher legten. Es dauerte auch gar nicht lange, da zogen die Ratten den guten Happen in das Loch hinein. Der Wirt, Herr Pusch, wußte Rat, wie er die ekelhaften Tiere beseitigen könnte. Er schaffte sich einen scharfen Terrier an, also einen typischen Rattenfänger. Es dauerte nur geraume Zeit, da hatte Fox gründlich unter den Biestern aufgeräumt. Es ist sogar vorgekommen, dass sich andere Gastwirte im Dorf den Fox zur Rattenvertilgung auslie-

hen. Leider ging er dann später an einer Vergiftung ein. Schade um den Rattenfänger von Schmargendorf.[21]

21 ebd.

Später erwarb die Engelhardt-Brauerei das Grundstück und ließ das Restaurant Forsthaus renovieren. Verschiedene Pächter haben seither das Gasthaus geführt, das schließlich auch über einen Hotelbetrieb verfügt. Noch in den 1960er Jahren stiegen Filmgrößen des In- und Auslandes hier ab, auch der Oberbürgermeister von New York, Wagener, wohnte hier während eines Berlin-Besuches. 1951 wurde der Tanz-Saal in das Kino „Dedy" umgebaut. Hier befindet sich heute ein Supermarkt. Die Hoffnungen des Pächters, der 1993 das Lokal übernahm, erfüllten sich nicht und so hat es 1996 den bisher letzten Pächterwechsel gegeben.

Das einst auf Nr. 15 stehende Restaurant „Waldkater" war im Jahre 1892 durch Rudolf Götsch erbaut worden. Das große Grundstück reichte bis zur Heiligendammer Straße und besaß einen großen, baumbestandenen Garten. Hier konnten „Familien Kaffee kochen" – wie in den anderen Lokalen auch. In den Sommerferien war das Restaurant Ziel der Kinder des Vereins „Ferienkolonie", einer Vorläuferin der Kinderlandverschickung. Etwa 40 bis 50 Berliner Kinder wurden täglich außer sonntags mit der Dampfstraßenbahn bis zur Warnemünder Straße gefahren, erhielten dort Verpflegung und gingen dann in den nahen Wald zum Spielen. Nachmittags fuhren sie dann mit der Dampfstraßenbahn wieder zu ihren Sammelplätzen zurück.

Es gab eine Bühne, u. a. mit Militärkonzerten, auf dem Gelände standen eine Schießbude, zwei Luftschaukeln und ein Kraftmesser; rechts neben der Bühne befand sich eine Würfelbude und auf der Wiese drehte sich ein Karussell. In der Heiligendammer Straße, gegenüber der Schweinfurthstraße, befand sich der Ausspann für Pferdefuhrwerke. Daneben existierte noch eine Sommerkegelbahn. Nachdem 1905 der älteste Sohn von Rudolf Götsch das Restaurant übernommen hatte, ging es wirtschaftlich bald schnell bergab. Der Erste Weltkrieg mit Tanzverboten brachte endgültig das Ende, nach dem Krieg wurden die Gebäude zu Wohnungen, Läden und Werkstätten umgebaut, 1928 musste der Garten Garagen an der Heiligendammer Straße weichen. In den

1970er Jahren wurden die Reste abgerissen und eine Wohnanlage errichtet.

Ein weiteres Lokal lebt heute in dem Namen des Platzes fort, an dem es lag: Der Wilde Eber (Nr. 17). Das Lokal wurde 1885 von Albert Schmidt als Gasthof 'Zur Waldschänke' erbaut. Wie das Lokal seinem späteren Namen kam, berichtet Willi Rau:

Albert Schmidt hatte einen Bekannten, den Mineralwasserfabrikanten Max Köhler aus Deutsch-Wilmersdorf. Eines Tages im Herbst 1893 – man hatte Tische und Stühle aus dem Garten zur Überwinterung in der Regenhalle verstaut – saßen beide Männer gemütlich beim Bier, als sie plötzlich im Garten einen Keiler herumlaufen sahen, der sich hierher verirrt hatte. Schnell holte Albert Schmidt seine Jagdbüchse vom Nagel und erlegte das Borstentier. Fortan hieß der Gasthof 'Zum wilden Eber'. 1895 verkaufte Schmidt an Max Köhler, der das Lokal aber an Wilhelm Brause verpachtete. Im Sommer war sonntags der Garten immer überfüllt von Familien, die Kaffee kochten. Zwischen den Tischen spazierte dann der Storch Ade und eine Krähe Jakob einher, denen die Flügel vom damaligen Förster Albert Fromm beschnitten waren. Wenn man zum Storch sagte: „Nun klappere doch mal!", dann reckte er seinen Schnabel hoch, klapperte – und bekam einen Stück Kuchen. Am Gartenweg stand eine große Waschwanne, in der kleine lebende Fische schwammen. Adebar ging nach einigen Jahren ein und stand noch längere Zeit ausgestopft im Gastzimmer. Von Jakob fanden wir eines Morgen nur noch seine schwarzen Federn, denn damals kamen Füchse und Marder aus dem nahen Wald und machten Besuch im Hühnerstall.

Öffentlichen Tanz gab es im Wilden Eber nicht, es war aber ein Tanzsalon vorhanden, etwa 8x8m groß. Wenn unter den Gästen ein Klavierspieler war, dann ward auch hier einmal ein Tänzchen riskiert. An Sommerabenden wurden im Garten an bestimmten Bäumen kleine Ätherlampen angebracht, die aber so wenig Licht verbreiteten, dass man kaum sein Geld erkennen konnte. Als sich zum zehnten Male der Tag jährte, an dem der Eber im Garten erlegt worden war, brachten zwei Jagdhelfer, die in dunkelroten Drillanzügen die Jagd zu Fuß mitliefen, das an diesem Tag erlegte Wildschwein, das sie an eine jungen Kiefer hängten, zum Wilden Eber und schmückten es mit Blumen. Am meisten interessierten sich die Schmargendorfer Schuhmacher für das Tier und rissen ihm bündelweise Borsten aus, die sie zu ihrem Handwerk benötigten.[22]

22 ebd.

Der „Wilde Eber" 1958 (Foto: Fritz Rau, Heimatverein für den Bezirk Wilmersdorf e.V.)

Nach dem Tod Brauses 1902 wechselten die Inhaber ständig. Während der schweren Kämpfe am Ende des Zweiten Weltkrieges am Wilden Eber wurde das Lokal stark zerstört. Am 12. Oktober 1962 wurden die Reste gesprengt. Die beiden Kastanien, die den Eingang zwischen Warnemünder und Heiligendammer Straße säumten, stehen noch heute vor dem großen Neubaublock, der hier entstand. Bezüglich der Namensgebung des Lokals gibt es übrigens mehrere Versionen, wie Dr. Heinrich Thiele in einem Leserbrief im Tagesspiegel vom 7.11.1993 anmerkt:

Wenn ich alle Geschichten, die ich je über den 'Wilden Eber' gelesen habe, zusammenfasse, mußte dieser gleich viermal sein

Leben lassen: Er wurde vom Reviervorsteher erwürgt, vom Förster erstochen, vom Gaststättenbesitzer Hermann Schramm erschossen und vom Waldschänken-Wirt Albert Schmidt noch mal persönlich erschossen. Oder gab es vielleicht doch mehrere 'Wilde Eber'?

4. WOHNUNGSNEUBAU SÜDLICH DES ALTEN DORFES

Der Krampasplatz wurde teilweise noch vor dem Ersten Weltkrieg angelegt, aber erst in den 20er und 30er Jahren durch Neubauten zu seiner heutigen Gestalt vollendet. Die Heiligendammer Strasse war Teil der alten Verbindung von Charlottenburg über Wilmersdorf und Schmargendorf hinein in den Grunewald zum Jagdschloss Grunewald. Sie verlor ihre ursprüngliche Bedeutung mit der Verlängerung des Kurfürstendammes direkt zum Grunewald am Halensee. Der sich über die Doberaner Straße 5–6 bis zum Krampasplatz 3 erstreckende Wohnblock Heiligendammer Straße 14–15 des Schweizer Architekten Otto Salvisberg wurde 1925–26 im Auftrag der Wehrmacht für Familien höherer Reichswehroffiziere errichtet. Am repräsentativsten sind die Wohnungen zur Heiligendammer Straße entsprechend der Hierarchie der Bewohner errichtet, hier besitzen die Wohnungen auch eine verglaste Laube. Das Ensemble steht unter Denkmalschutz.

Das heute von Architekten bewohnte und vor einiger Zeit wiederhergestellte Haus Heiligendammer Straße 10 beherbergte einst die Marienschule, die Höhere Töchterschule der Marie Blanckenhorn. 1894 war sie als junge Lehrerin von Berlin nach Schmargendorf gekommen. Sie mietete sich hier in diesem Haus eine Dreizimmerwohnung und teilte den Bauern mit, eine Privatschule gründeten zu wollen. Immerhin 12 Mädchen wurden angemeldet, doch zu Unterrichtsbeginn kamen nur drei. Die Bauern meinten zur Entschuldigung, dass sie gedacht hätten, dass aus der Sache sowieso nichts würde. Marie Blanckenhorn sagte später über ihre Schülerinnen: *Ich muß offen gestehen, dass es zunächst nicht einfach gewesen ist, mit den Kindern zu arbeiten. Sie begriffen zunächst ziemlich schwer, fanden sich dann aber ganz gut hinein.*[23] Das Schulgeld betrug damals immerhin 120 Mark, wobei zu bedenken ist, dass die Bauern meist schon ihre Ländereien verkauft hatten. Später war es Marie Blanckenhorn möglich, das gesamte Gebäude zu kaufen. Zu Ostern 1913 wurde die Schule eine Gemeindeschule und erhielt später einen Neubau neben dem Rathaus, das Goethe-Lyzeum (heutige Carl-Orff-Grundschule). Marie Blanckenhorn gründete dann auch den ersten Schmargendorfer Kindergarten und erwarb sich mit ihrer Mitarbeit im Vaterländischen Frauenverein und der kirchlichen Wohlfahrt den Beinamen „Engel von Schmargendorf". Sie starb 91-jährig im Jahr 1937. Ihr von einem Engel gekröntes Grab auf dem Schmargendorfer Friedhof ist leider eingeebnet worden.

23 Der Westen 16.8.1936

1930 wurden die drei Wohnblocks zwischen der Borkumer Straße und der Heiligendammer Straße 28–41 fertiggestellt. Bauherr war der Beamtenwohnungsverein zu Köpenick, Architekten Kaiser& Wagenknecht (Denkmalschutz). Weitere anschließende Bauabschnitte entstanden bis 1939 durch Walter Kaas. Der Wohnblock Heiligendammer Str. 3 / Dievenowstraße 12–14 / Hohmannstraße 8–11 wurde 1930–31 von Otto Salvisberg erbaut (Denkmalschutz). Mit dem Wohnblock Sylter Straße / Zoppoter Straße / Borkumer Straße, der durch den Beamtenwohnungsverein Köpenick errichtet wurde, hatte 1923 eine mehrjährige Bautätigkeit in Schmargendorf begonnen, in deren Folge die bereits vor dem Ersten Weltkrieg durch Straßen zerteilte Feldmark schließlich weitgehend bebaut wurde. Aus der kleinen Gemeinde wurde ein beliebter Wohnort im Bezirk Wilmersdorf.

Gehen wir von der Heiligendammer Straße wieder zurück in Richtung Dorfkirche, können wir am Rande des ehemaligen Dorfes noch einige ältere Häuser entdecken. Die Häuser Misdroyer Strasse 39 und 41 stehen unter Denkmalschutz, das alte Pfarrhaus der Kirchengemeinde errichtete Otto Hoffmann im Jahr 1892. Nr.4 gehörte der Berliner Stadtmission. 1898 wurde hier eine Waschanstalt erwähnt, in die die Bauern im Winter, wenn ihre Wäsche im Hof nicht trocknete, ihre Wäsche brachten. Beschäftigt wurden hier wohl entlassene Strafgefangene. Kirchstraße Nr. 1 war eine Wohnstätte der auch in Wilmersdorf ansässigen Bauernfamilie Haupt. Das Mietshaus wurde 1894–95 von Paul Vogler errichtet (Denkmalschutz). In Nr. 2, heute ist hier ein Getränkegroßhandel ansässig, betrieb Schlächtermeister Reinhold Schütze seit 1894 eine Großschlächterei. Das Haus wurde ebenfalls 1894–95 erbaut durch H. Franzke (Denkmalschutz).

5. BAUTÄTIGKEIT NÖRDLICH DES ALTEN DORFES

Wie oben beschrieben, wurden die Ackerflächen den Bauern bereits in den 1890er Jahren abgekauft. Zum Teil pachteten die Bauern ihr ehemaliges Land weiter, bis ihnen gekündigt wurde. Der Bebauungsplan von Schmargendorf sah 1911 eine Bebauung sämtlicher Ackerflächen vor. Durch den Ersten Weltkrieg wurde eine Bebauung in weiten Bereichen der ehemaligen Schmargendorfer Feldflur zunächst verhindert, in den Notzeiten des Ersten Weltkrieges entstanden hier Kleingärten. Zahlreiche dieser Flächen wurden dann in den 20er Jahren mit Wohnhäusern bebaut. Wegen der veränderten Architekturauffassungen kann man z. B. entlang der Heiligendammer Straße oder der Reichenhaller Straße sehr gut das Nebeneinander von Bebauung vor und nach dem Ersten Weltkrieg erkennen. Ein großes Areal zwischen Mecklenburgischer, Forckenbeck- und Cunostraße wurde bis heute von der Bebauung ausgespart. Seit Jahrzehnten ist hier Kleingartengelände.

Das große Gebäude Oeynhauser Strasse Nr. 1–5 wurde in den 20er Jahren als Rentnerheim vom Bezirk Wilmersdorf errichtet für verarmte Bürger, die ihre Miete nicht mehr bezahlen konnten. Es enthielt 51 Wohnungen. 1927 beschloss die Bezirksversammlung Wilmersdorf eine Erweiterung des Gebäudes um 35 Wohnungen zur Breite Straße hin für knapp 500.000 RM. Jünger ist der Wohnblock Cunostraße / Reichenhaller Straße / Friedrichshaller Straße. Die Siedlung

Kolberg-Süd ist das letzte Beispiel einer großflächigen Wohnbebauung in Schmargendorf, für die Kleingärten geopfert wurden. Sie wurde 1982 errichtet durch Henry Nielebock & Partner und das Büro Horst Zeil. Ihr fiel die Kleingartenkolonie Kolberg zum Opfer. Die Siedlung ist ein Beispiel für die Abkehr von großflächigen Trabantensiedlungen am Stadtrand hin zu überschaubaren, durchgrünten Wohnanlagen. Die Architekten übernahmen Strukturen der benachbarten Reichsbanksiedlung.

Die Friedrichshaller Straße parallel zur alten Dorfstraße wurde um die Jahrhundertwende von der Bautätigkeit erfasst. Von Nr. 12–13 leuchtet uns rot der Backsteinbau der ehemaligen Gemeindeschule entgegen. Am 15.4.1901 war der Neubau für die Gemeindeschule eingeweiht worden, der die alte Schule neben der Dorfkirche ersetzte. Architekt war Alfred Solbach. 1904 wurde eine Turnhalle mit Feuerwache an der Reichenhaller Straße angebaut. Hier wohnte in einer Dienstwohnung bis in den Zweiten Weltkrieg hinein Otto Mehlan (1879–1953), Rektor der 13. Volksschule in der Reichenhaller Straße. Verdient hat Mehlan sich durch die Gründung der Gartenarbeitsschule Wilmersdorf gemacht, die weit über die Grenzen Wilmersdorfs hinaus eine Vorreiterrolle in der Gartenarbeitsschulbewegung in ganz Deutschland spielte. Geboren in den Notzeiten nach dem Ersten Weltkrieg, beeinflusst von den schulreformerischen Bewegungen der 20er Jahre, hatte sich die bürgerliche Variante der Gartenarbeitsschulbewegung unter Mehlan nach 1933 jedoch sehr schnell bereitwillig der NS-Ideologie unterworfen. Ein weiterer wichtiger Pädagoge an dieser Schule war Erich Kloss (Jahrgang 1889), in den 30er bis 50er Jahren einem Millionenpublikum bekannt vor allem durch Tiergeschichten und Romane für Kinder und Jugendliche. Kloss hatte zunächst Lehrbücher für den Naturkundeunterricht geschrieben. Sein Anliegen war eine möglichst lebendige Gestaltung des Unterrichts. Daher engagierte er sich auch stark in der Gartenarbeitschule Wilmersdorf. Nebenbei war er ein beliebter Mitarbeiter für naturkundliche Vorträge und Hörspiele im Rundfunk. Der pädagogische Ruf eines weiteren Lehrers reichte ebenfalls weit über Schmargendorf hinaus: August Butzke (1883–1959) führte hier erstmals an einer Berliner Schule Werkunterricht ein, den er 25 Jahre lang selbst hielt. Ferner wirkte hier der Lehrer Erich Jänichen, der die erste Schmargendorfer Heimatschau zusammentrug, aus der später das Wilmersdorfer Heimatmuseum hervorging. Er hatte mit Schülern zusammen auch Ausgrabungen an der Krummen Lanke gemacht an der Stelle des wüst gefallenen Dorfes Krummensee. Seit 1937 war er offizieller Archivpfleger für Wilmersdorf. Er ist im Zweiten Weltkrieg gefallen. Ab 1929 wurde in wirtschaftlicher Zeit endlich die Erweiterung der Gemeindeschule in der Reichenhaller Straße 8 vollendet, die bereits 1907 geplant und vor dem Ersten Weltkrieg auch in Angriff genommen worden war. 1933 war der Erweiterungsbau von E. Körner fertiggestellt (Denkmalschutz). Verschwunden ist hier die alte Schmargendorfer Feuerwache, die 1904 mit einer Turnhalle für die Gemeindeschule in der Reichenhaller Straße erbaut worden war.

Doch zurück in die Friedrichshaller Straße. An Nr. 23 war vor einigen Jahren die Anbringung einer Gedenktafel für Lilly Wust geplant. Da Frau Wust noch lebt, wurde der Antrag in der Bezirksverordnetenversammlung Wilmersdorf abgelehnt. Ihr Schicksal wurde 1994 weiten Kreisen durch eine Buchveröffentlichung bekannt, die als Vorlage für einen 1999 erfolgreichen Film diente.[24] Als 29-jährige Hausfrau und Mutter von vier Söhnen – ihr Ehemann war Soldat – lernte sie 1942 die 21-jährige Felice Schragenheim kennen und lieben – eine Liebe (fast) auf den ersten Blick. 1943 zog Felice bei Lilly ein. Erst später erfuhr Lilly, dass Felice Jüdin ist. Das gefährliche Geheimnis band beide noch enger aneinander, Lilly ließ sich schließlich scheiden. Untergetauchte Juden aus dem Bekanntenkreis von Felice gingen schließlich hier ein und aus, der Soldatenhaushalt mit nicht zu übersehender Hitlerbüste stellte eine gute Tarnung dar. Am 21.8.1944 kamen Lilly und Felice von einem Ausflug wieder – die Gestapo wartete schon. Felice konnte zunächst flüchten, wurde dann aber von einem Hausbewohner verraten. Ein letztes Lebenszeichen erhielt Lilly von ihr Anfang 1945 aus dem KZ Groß-Rosen.

24 Erica Fischer 1994

Der Kolberger Platz beherbergt seit 1913 einen regelmäßigen Markt. In Nr. 3 wohnte der oben erwähnte Lehrer August Butzke. Ein Foto aus seinem Wohnhaus zeigt die noch weitgehend unbebaute Gegend bis zum Grunewald. Der Baublock zwischen Davoser Straße und Weinheimer Straße

Blick vom Kolberger Platz zum Rathaus Schmargendorf (Heimatverein für den Bezirks Wilmersdorf e.V.)

wurde um 1925 durch den Architekten Stephanowitz errichtet. Dieser entwarf einheitliche, nach außen unterschiedlich gestaltete Familienwohnhäuser mit wirkungsvoll abgestufter Dachausbildung. Dominierend sind klassizistische Putzfassaden in weißgrauer Farbgebung sowie breite Freitreppen und Pergolen. Im Haus Davoser Straße Nr. 1a befand sich spätestens seit 1938 ein SS-und Polizeigericht. Nach der Verschmelzung von staatlicher und parteilicher Polizeigewalt während des Krieges hatte hier ein Höherer SS- und Polizeiführer (HSSPF) seinen Sitz. U. a. wurden Dienstverfehlungen von SS-Leuten hart bestraft. Davoser Str. Nr.6 wohnte Max Leibrandt (Jahrgang 1882), Direktor bei der Deutschen Reichsbahn-Gesellschaft, der am 20. 01. 1942 an der sogenannten „Wannsee-Konferenz" teilnahm.

Das eindrucksvollste Gebäudeensemble in dieser Gegend ist die sogenannte „Reichsbanksiedlung". Auf einem vorher durch Kleingärten genutzten Gelände baute die Reichsbank für 259 bis dahin wohnungslose Beamtenfamilien eine große Wohnanlage nach einem Entwurf von Regierungsbaumeister Werner March. Die letzten Wohnungen waren 1925 fertiggestellt, die Kosten beliefen sich auf 4 Millionen RM. Die Bauleitung lag bei Reichsbank-Baudirektor Paul Nitze, der1903 bis 1912 Magistratsbaurat von Wilmersdorf war. Die ebenfalls vermutlich von Werner March stammenden Gartenanlagen und der Kissinger Platz stehen wie die Gebäude unter Denkmalschutz. In der Kissinger Strasse 60 wohnte der Komponist Theo Mackeben (Gedenktafel). Mackeben schrieb zahlreiche Operetten und Filmmusik.

Machen wir nun einen Sprung zur Auguste-Viktora-Straße. Die Mietshausgruppe Nr. 62–67 wurde 1912–13 von Max Welsch errichtet. Sie gehörte zu den repräsentativen Wohnanlagen, die die Berliner Handelsgesellschaft für Grundbesitz am neuangelegten Hohenzollerndamm errichten ließ (Denkmalschutz). Nach dem Ende des Zweiten Weltkrieges befand sich an der Ecke zur Kissinger Straße die sowjetische Bezirkskommandantur, Sitz von Marschall Seizeff. Die Wohnanlage Nr. 40–58 wurde 1926–28 von Otto Salvisberg errichtet. (Denkmalschutz). Ebenfalls unter Denkmalschutz steht die Wohnanlage Nr.49–55, errichtet von Bleier &Clement 1927–28. Nachdem 1930 auf dem Gelände der alten Feuerwache an der Reichenhaller Straße der Erweiterungsbau der Schule errichtet war, bezog die Freiwillige Feuerwehr Schmargendorf in der Auguste-Viktoria-Straße 57 einen Neubau. Am 24.4.1891 hatten sich 19 Handwerker und Gewerbetreibende im Restaurant „Deutsches Haus“ erstmals getroffen, um über die Gründung einer freiwilligen Feuerwehr zu beraten. Am 21.8.1891 wurde ein Gemeindestatut erlassen betr. Freiwillige Feuerwehr, erster Führer wurde Albert Wuhlert. Namhafte Spenden ermöglichten die Anschaffung von Geräten. Die Freiwillige Feuerwehr bestand in der ursprünglichen Form bis 1955. Fortan übernahm die Berufsfeuerwehr den normalen Feuerschutz.

Belebteste Straße im alten Ort ist heute neben der Breite Straße die Berkaer Straße. Sie hieß bis 1927 Spandauer Straße, weil sie früher durch die „Spandauer Heide“ Richtung Spandau führte. Dann wurde sie nach einem Bad in Thüringen benannt, analog der Benennung vieler Straßen in Schmargendorf nach Erholungsorten. Der Berkaer Platz hieß bereits seit seiner Anlage so. Lange Zeit stand auf dem Grundstück Berkaer Straße 1 noch ein kleines altes Bauernhaus, das 1907 Schlagzeilen machte.

Es ging um den Zaun zur Spandauer Straße. Der Rentier Friedrich Balz in Schmargendorf war vom Amtsvorsteher aufgefordert worden, bei Vermeidung von 150 M Geldstrafe einen alten, baufälligen Zaun auf dem Grundstück Spandauer Str. 1 zu entfernen und durch einen neuen zu ersetzen. Er erhob Klage beim Kreisausschuß des Kreises Teltow und behauptete auf Grund eines Gutachtens, der Zaun wäre noch gut. Aus diesem Grunde beantragte er die Aufhebung der polizeilichen Verfügung.

Der Kreisausschuß beschloß Beweisaufnahme durch Augenschein und betraute mit dieser Aufgabe den Bürgermeister Schulz zu Teltow. Als Zeuge sollte Baurat Sollbach geladen werden. Als es im Dezember zur mündlichen Verhandlung kam, erklärte der Kläger, dass der bewußte Zaun nicht mehr existiere, dass dessen Stelle nunmehr ein Drahtzaun einnehme. Aus diesem Grunde ziehe er den Klageantrag zurück. Der Gerichtshof setzte das Wertobjekt auf 150 M fest und verurteilte den Kläger Balz zur Tragung der Kosten.[25]

Der große Block Berkaer Straße Nr. 4–6 mit Läden, der bis zum Kolberger Platz herumreicht, wurde 1928 für die Handelsgesellschaft für Grundbesitz durch die Allgemeine Bau-Gesellschaft Lenz & Co. (Mecklenburgische Straße) nach einem Plan der Architekten Hugo und Otto Schellenberg errichtet. Die Berliner Handelsgesellschaft für Grundbesitz, die dem Bankier Fürstenberg gehörte, hatte in den 1890er Jahren den Schmargendorfer Bauern ihre Ländereien abgekauft. Auf einem noch unbebauten Gelände ließ sie dieses neue Einkaufszentrum für Schmargendorf errichten. Noch heute befinden sich einige der herausragenden Beispiele für Wohnbauten vor dem Ersten Weltkrieg in Schmargendorf im Besitz der Gesellschaft. Die rückwärtigen Gebäude des Blockes in der Reichenhaller Straße sollten am Beginn des Wiederaufbaues nach dem Ende des Zweiten Weltkrieges eine

25 Zeitungsberichte vom 8.10. und 3.12.1907, zitiert nach Schmargendorfer Kurzberichte, S. 578

besondere Rolle spielen. In seiner Wohnung Nr. 4 traf der Schauspieler Walter Franck auf einen russischen Offizier, der sich für Francks Bibliothek interessierte. Franck berichtet:

„Das ist ja ein ganzer Scheiterhaufen", meinte der Russe – er sprach akzentfrei und fließend deutsch – mit Beziehung auf die Autoren, deren Werke unter dem abgetretenen Regime verboten waren. (...) Er setzte sich an den Flügel und spielte Chopins „Revolutions-Etude". Es war für mich eine ganz eigenartige Atmosphäre entstanden. Draußen auf dem Platz stand eine

Stalinorgel, die ohne Unterbrechung feuerte und deren Feuer von Halensee her, wo sich deutsche Truppen befanden, erwidert wurde. Erstaunlich war, dass die Russen ein unglaubliches Wissen über die Berliner Verhältnisse aufwiesen. Sie kannten manche Dinge, die nur Eingeweihten bekannt waren, so z. B. die Rivalität der Goebbels und Göring unterstehenden Theater. (...) In den nächsten Tagen ging es auf der Straße vor dem Hause bunt zu. Asien in Schmargendorf! Gulaschkanonen standen auf der Straße, aber auch Nähmaschinen, auf denen sogar genäht wurde. Da meine Wohnung durch die Anwesenheit der sowjetischen Befehlsstelle geschützt war, sammelten sich viele gefährdete Frauen bei mir. Bis zu 18 Frauen schliefen bei mir in diesen Tagen auf dem Fußboden. Am 2. Mai zog die Kampftruppe ab. In den ersten Tagen des Monats erschien ein tschechischer Staatsangehöriger bei mir und forderte mich zur Mitarbeit in der städtischen Verwaltung auf. An künstlerische Ar-

beit war ja vorerst nicht zu denken. Durch handschriftlichen Anschlag wurde ich von der sowjetischen Kommandantur zum Bürgermeister von Schmargendorf ernannt.[26]

Unten im Haus etablierte sich die sich neu formierende Verwaltung in Schmargendorf, da das Rathaus zu stark zerstört war. Das alte Rathaus Schmargendorf ist heute noch weit sichtbar und weithin bekannt – vor allem durch die zahlreichen Prominenten-Trauungen. Versetzen wir uns in die Zeit des Baues 1900–1902, werden der gewaltige Anspruch dieses Gebäudes und die Veränderungen in Schmargendorf deutlich: Unten in der Breite Straße das alte Bauerndorf, das sich bereits erweitert hatte, u. a. in eine Villensiedlung zwischen Berkaer Straße und Hundekehlestraße, oben auf den Feldern in weitgehend unbebauter Umgebung das nagelneue Rathaus. Der Architekt Otto Kerwien entwarf wie bei seinem kurz zuvor errichteten Rathausbau für Steglitz ein Gebäude in Formen der märkischen Backsteingotik, mit dem die Gemeinde Schmargendorf – wenige Jahrzehnte zuvor noch ein armseliges Bauerndorf – offenbar an die Tradition der deutschen Stadt im Mittelalter anknüpfen wollte. Der Bau löste damals in der Tat Verwunderung aus, hatte Schmargendorf bei Baubeginn doch gerade einmal 3 000 Einwohner. Eine breite steinerne Treppe führt in das Vestibül mit seinen gotischen Spitzbögen und Pfeilern. Im Erdgeschoss befand sich ursprünglich das Dienstzimmer der Polizeibe-

26 Burkert u. a. 1985, S. 210f.

Von links: Ehemaliger Schuppen Sulzaer Straße, Berkaer Platz, Kissinger Platz, Kolberger Platz, Rathaus Schmargendorf, 1.9.1998 (Fotos: W. Homfeld)

hörde, im 1. Stock der repräsentative Sitzungssaal der Gemeindevertreter, der heute beliebter und bekannter Trausaal des Standesamtes ist. Nach der Eröffnung war hier im Rathaus die vor der Dorfkirche ausgegrabene Eichentruhe aufgestellt, die sich heute im Wilmersdorf Museum befindet. Im Rathaus befanden sich Wohnungen für den Amtsvorsteher, den Rektor der Gemeindeschule, mehrere Lehrer, zwei Sekretäre, den Polizeidiener, den Portier und den Gastwirt des Ratskellers, in diesem sollten sich in *lauschig und gemütlicher* Atmosphäre die *Herren Gemeindevertreter nach an-*

strengender Sitzung bei einem guten Tropfen erholen können. 1906 zog der Bürgermeister Alfred Bischoff (1872–1943) in die Dienstwohnung des Rathauses ein, er war ein Schwager des Wilmersdorfer Oberbürgermeisters Ernst Habermann und amtierte bis 1918. In dieser Zeit wurden das Gemeindegebiet für die Bebauung erschlossen, die letzten Straßen reguliert und das Goethe-Lyzeum sowie das Kleist-Realgymnasium erbaut. Am 9.11.1918 wurde auch auf dem Schmargendorfer Rathaus die rote Fahne gehisst. Bereits am 25.9.1920 fand die letzte Gemeindevertretersitzung in Schmargendorf statt, diese bewilligte noch Gelder für Notstandsarbeiten. Schmargendorf wurde Teil des Bezirks Wilmersdorf, in seinem Rathaus waren aber immer verschiedene Dienststellen des Bezirksamtes untergebracht. Lange Jahre hatte auch der hier gegründete Heimatverein für den Bezirk Wilmersdorf in dem Gebäude seinen Sitz.

Das große Schulgebäude der heutigen Carl-Orff-Grundschule Berkaer Straße 9–11 neben dem Rathaus wurde 1913 als Goethe-Lyzeum eingeweiht. Es ging auf die oben erwähnte Marie-Blanckenhorn-Schule zurück. 1938 wurde die Schule in Frau-Aja-Schule umbenannt (nach Goethes Mutter), da die Nationalsozialisten Mädchenschulen Frauennamen zuwiesen. Architekt war Alfred Sollbach (Denkmalschutz).

Von links: Rathaus Schmargendorf „im Spiegel", Posthof Elsterplatz, im Hintergrund das ehemalige Lyzeum, Schmargendorfer Wappen am Ratskeller, 1.9.1998 (Fotos: W. Homfeld)

6. DER HOHENZOLLERDAMM UND NEU-SCHMARGENDORF

Die alte Verbindung von Schmargendorf nach Wilmersdorf verlief – das wurde schon erwähnt – im Zuge der heutigen Mecklenburgischen Straße. Die Bebauungspläne für Wilmersdorf und Schmargendorf sahen Anfang der 1890er Jahre im wesentlichen Straßenzüge vor, die von West nach Ost und von Nord nach Süd verlaufen sollten. Als Beispiel für Schmargendorf seien hier Auguste-Viktoria-Allee und Kissinger Straße genannt, die sich in diesem ursprünglich vorgesehenen Raster befinden. Zur besseren Erschließung dieser Gebiete wurde dann nach dem Vorbild des Kurfürstendammes ein weiterer breiter Boulevard geplant, der an der breiten Prachtstraße, der Kaiserallee (Bundesallee) in Wilmersdorf, abzweigen und in Richtung Grunewald führen sollte. Maßgeblich beteiligt war sicher nicht ganz uneigennützig der Tiefbau-Ingenieur und Grundbesitzer Karl Neumeyer, der den Kurfürstendamm erbaut und die Bebauungspläne von Schmargendorf, Wilmersdorf und Grunewald aufgestellt hatte. Wichtig war diese Straße vor allem für Schmargendorf, da die Baugelände sich noch recht weit vor der Stadt befanden. So wurde der Schmargendorfer Teil auch bereits im Herbst 1901 abgeschlossen. Die Wilmersdorfer taten sich noch schwerer.

Ein Erfolg wurde die Straße vor allem durch die Anlegung der Ringbahnstation Hohenzollerndamm im Jahre 1910 durch die Handelsgesellschaft für Grundbesitz, die damit die von ihr bebauten Terrains in Neu-Schmargendorf erschloss.

Am südlichen Ende des Hohenzollerndammes entwickelte sich mit dem Roseneck ein neues Zentrum für Schmargendorf und vor allem Grunewald. Ursprünglich hatte sich hier ein Tor im Grunewaldgatter befunden, vor dem in einem ausrangierten Eisenbahnwaggon das Lokal „Zieten im Busch" entstand. In den 1880er Jahren erreichte die Dampfstraßenbahn vom Kurfürstendamm und von Wilmersdorf kommend diese Gegend. 1924–1925 und 1929 wurde hier zwischen Hohenzollerndamm, Karlsbader Straße und Teplitzer Straße das Haus Hähnel durch den Architekten Hans Altmann errichtet, das nach Beseitigung der schweren Kriegszerstörungen auch heute noch eine beliebte Einkaufsadresse ist. Allerdings haben in den letzten Jahren infolge Mieterhöhungen einige alteingesessene Geschäfte schließen müssen. Bekannt ist auch das Hochhaus am Roseneck, seinerzeit eines der ersten Wohnhochhäuser Berlins, ehe die Trabantensiedlungen am Stadtrand wie die Pilze aus dem Boden schossen. Zur Zeit seiner Entstehung Anfang der 50er Jahr wurde auch das Roseneck im Rahmen des Ausbaues des Hohenzollerndammes komplett umgestaltet. Dieser ist seither eine wichtige Ausfallstraße aus der Westberliner City geworden.

Bei einem Spaziergang entlang des Hohenzollerndammes vom Roseneck ausgehend finden wir zahlreiche denkmalgeschützte Bauten, meist Wohnanlagen wie Hohenzollerndamm 111–112/Marienbader Str. 11–12, 1909–1910 von Richard Preuß erbaut, und gegenüber Hohenzollerndamm 81–84/Franzensbader Straße 1–6 b sowie Ilmenauer Str. 9–12, eine interessante, durchgrünte Mietshausgruppe des Architekten Max Welsch, 1913–1915 erbaut. Als Einzelgebäude stehen hier unter Denkmalschutz Hohenzollerndamm 90–91 / Karlsbader Str. 1 (1904–05 von Heinrich Theising), 88–88 A (1929 von Siegfried Kaprowski), 87 / Egerstr. 12 (1912 von Otto Rudolf Salvisberg), 79–80 / Ilmenauer Str. 1–1 A (1938–39 von Otto Firle).

Der Elsterplatz ist durch das nach dem Krieg errichtete Postamt nach Osten eingefasst worden. Entlang der Berkaer Straße 31–35 steht ein heute vom Max-Bürger-Krankenhaus genutztes Gebäudeensemble. Errichtet wurde es 1930 von dem Architekten Alexander Beer (1873–1944) als Jüdisches Altersheim. Eine Gedenktafel erinnert an seine Geschichte. Im Frühjahr 1929 war Baubeginn auf dem 7 000 m^2 großen Gelände. Alexander Beer hatte auch die Synagoge in der Prinzregentenstraße entworfen. 1943 wurde er nach Theresienstadt deportiert, wo er am 8.5.1944 im Konzentrationslager ermordet wurde. In dem von ihm errichteten Altersheim fanden 200 Personen Unterkunft, die jüdische Gemeinde konnte mit diesem Heim ihre sozialen Institutionen vermehren. 1941 beschlagnahmte die SS das Grundstück. Bewohner und Pflegepersonal wurden deportiert und ermordet. In das Gebäude zog eine Dienststelle des Reichssicherheitshauptamtes ein, das Amt IV Auslands-Nachrichtendienst, Leiter bis 1942 Heinz Jost, der 1948 durch einen amerikanischen Militärgerichtshof zu lebenslanger Freiheitsstrafe verurteilt, 1951 vorzeitig entlassen wurde, ab 1942 Leiter Walter Schellenberg, 1949 zu sechs Jahren Freiheitsstrafe verurteilt, 1950 vorzeitig entlassen.

Ferner wird zu Beginn des Zweiten Weltkrieges in Nr. 31 die Firma Richard von Kehler und Sohn, Fallschirmbau, erwähnt.

Nach dem Zweiten Weltkrieg war das Gebäude zunächst eine Kaserne der britischen Besatzungsmacht, auf der Berkaer Straße marschierten die Soldaten. Es gelang der jüdischen Gemeinde nicht, das Altersheim wieder in Betrieb zu nehmen, es fiel in die Liquidationsmasse. 1955 zog ein Hospital der Bezirksverwaltung ein.

An der Forckenbeckstraße zieht die Kreuzkirche die Blicke auf sich. Sie ist Mittelpunkt eines aus den Gebäuden Hohenzollerndamm 67–76, 77–77a, 127–129 und 130–130A sowie der in den Nachbarstraßen befindlichen Wohnanlagen bestehenden und als Denkmalbereich geschützten Ensembles. Schon 1891 war absehbar, dass die Dorfkirche Schmargendorf auf Dauer nicht ausreichend sein würde. Doch erst am 3. Advent, dem 15.12.1929, konnte die Kreuzkirche, ein Werk der Architekten Ernst und Günther Paulus, geweiht werden. Vorangegangen waren schwierige Bauarbeiten, denn unmittelbar neben der Kirche verläuft, heute nur noch am Regenwasserrückhaltebecken erkennbar, die Verlängerung des Wilmersdorfer Talfenns, das schon aufwendig vom Hohenzollerndamm durchquert werden musste. Die vorhandene Senke wurde durch den unter dem Straßenniveau liegenden Gemeindesaal gefüllt, der Turm musste aus technischen Gründen vom Kirchenschiff getrennt errichtet werden. Insgesamt entstand eine eindrucksvolle und noch heute sehenswerte Anlage aus dunklem Backstein, das mit wuchtigem Turm, pagodenhaftem Eingang und Kreuzgang sich keinem der vertrauten Baustile unterordnet.

Auf der anderen Seite des Regenwasserrückhaltebeckens ragt der Turm des 1910–1912 von Otto Sollbach errichteten Heinrich-von-Kleist-Realgymnasiums Schmargendorf auf. Heute ist hier die Marienburg-Oberschule beheimatet.

Hinter der Cunostraße erreichen wir das Gelände der ehemaligen Gasanstalt Schmargendorf. Sie war 1890 entstanden und bildete den einzigen industriellen Bereich im späteren Bezirk Wilmersdorf. 1908 war sie in aller Munde als Startplatz der 23 Wettfahrtballons des internationalen Gordon-Bennet-Preises. Zehntausende Berliner pilgerten nach Schmargendorf, um das Spektakel zu beobachten. Noch heute künden zahllose Postkarten in den Archiven von diesem Ereignis. Jahrelang zogen sich die 1927 beginnenden Abbrucharbeiten der Gasanstalt hin. 1937 entstanden auf dem am Hohenzollerndamm gelegenden Teil die Bauten des nach dem Krieg von der AEG genutzten Bautenensembles. Errichtet allerdings als Wehrkreiskommando, Ausdruck der neuen Zeit und wuchtig von kommendem Unheil kündend. Es gibt uns Anlass, an die dunkelste Zeit in der Geschichte des Ortsteiles zu erinnern. Noch wenig erforscht und daher im Rahmen dieses Artikels kaum zu beschreiben ist die Zeit von 1933 bis 1945 in Schmargendorf.[27] Umso genauer kennen wir die Ereignisse am Ende des Krieges. In der Richtung, in der wir bisher den Hohenzollerndamm entlang gewandert sind, verlief die Eroberung des Ortsteiles Schmargendorf am 26. und 27. April 1945 durch russische Truppen. Nach schweren Kämpfen am Wilden Eber stießen russische Panzer entlang des Hohenzollerndammes vor. Nachdem der alte Ort rasch erobert war, blieb der Vorstoß vor dem Wehrkreiskommando liegen, das noch stark verteidigt wurde, da es noch bis zum 26. April das Oberkommando des Verteidigungsbereiches Berlin beherbergte. Die Ringbahn bildete zudem den inneren Verteidigungsbereich Berlins. Russische Panzer wurden in die engen Straßen westlich des Hohenzollerndammes abgedrängt, wo es zu heftigen Kämpfen kam. Erschütternd sind die Berichte derer, die dieses Inferno überlebten. Auf dem Schmargendorfer Friedhof befinden sich Gräber derer, die hier im Kugelhagel wenige Tage vor Kriegsende umkamen. Auf dem Gelände der ehemaligen Gasanstalt entstand rund um den bereits vor dem Krieg angelegten Sportplatz aus den Trümmern der zerstörten Wilmersdorfer Häuser ein Sportzentrum aus Stadion, Sommerbad und schließlich Eisstadion. Doch waren es die vielen Trümmerfrauen und nicht der hier mit einem Gedenkstein geehrte damalige Baustadtrat, die aus dem ehemaligen Fenn eine hüglige Landschaft schufen. An der Forckenbeckstraße ist mit dem Gebäude Nr. 16/17 nur noch das ehemalige Verwaltungsgebäude der Gasanstalt erhalten, daneben auch die Verwaltungsgebäude des ehemaligen Kraftwerkes Südwest, das im Zuge des Baues der Wilmersdorfer U-Bahn entstand und in den 70er Jahren durch ein modernes Spitzenlastkraftwerk ersetzt wurde. Auch die ehemaligen Anlagen der Wilmersdorfer Stadtreinigung wurden jüngst durch moderne Neubauten ersetzt bzw. ergänzt.

27 verwiesen sei in diesem Zusammenhang auf den Beitrag von Horst Hoppe

7. MECKLENBURGISCHE STRASSE

Damit sind wir an den Ausgangspunkt unserer Streifzüge durch Schmargendorf zurückgekommen. Die Mecklenburgische Straße macht einen ganz anderen Eindruck als der Hohenzollerndamm. Die vielen neueren Bauten und das insgesamt sehr uneinheitliche Erscheinungsbild zeigen an, dass hier die Entwicklung lange Zeit stehen geblieben war. Während hinter dem Heidelberger Platz östlich der Mecklenburgischen Straße die modernen Gebäude der Gartenstadt Wilmersdorf entstanden, hat sich auf dem Schmargendorfer Teil um die Forckenbeckstraße ein eher gewerblich genutztes Gebiet entwickelt mit Autofirmen und Baumarkt. Bis zum eigentlichen Ort gab es eigentlich immer nur Kleingärten auf dem Schmargendorfer Teil. Heute führt hier der Steglitzer Abzweig der Stadtautobahn über die Mecklenburgische Straße, daneben erhebt sich die Anlage der Reemtsma-Zigarettenfabrik, die einzige nennenswerte Wilmersdorfer Industrieansiedlung überhaupt. Erst an der Friedrichshaller Straße erreichen wir wieder das alte Schmargendorf, jedoch ersetzte z.B. der moderne Bau Mecklenburgische Straße 48 in den 60er Jahren das kleine Büdnerhäuschen, das hier ursprünglich stand.

Die Grenze zwischen dem Wilmersdorfer Südgelände und Schmargendorf verlief übrigens ursprünglich geradlinig von Süd nach Nord im Zuge der Norderneyer Straße. Noch heute zeigt sie sich eindrucksvoll im Stadtbild: der östlich davon liegende ehemalige Wilmersdorfer Teil ist durchgehend bebaut (ehemaliges Boschgelände, Reemtsma, Mossestift), während der ehemalige Schmargendorfer Teil heute noch meist unbebaut ist (Sommerbad, Kleingärten, Reichelt mit Parkplatz). Heute verläuft die Grenze entlang der Mecklenburgischen Straße und der Zoppoter Straße, so dass die Schmargendorfer Wohnsiedlungen aus den 20er Jahren heute zu Wilmersdorf gehören.

Schmargendorf und Wilmersdorf sind baulich also gar nicht so zusammengewachsen, wie man es sich vorstellen könnte, und mancher Schmargendorfer soll sich selten nach Wilmersdorf verirren. Das ändert jedoch nichts daran, dass die Wilmersdorfer sich gerne mit den – wie wir gesehen haben – durchaus sehenswerten Schmargendorfer Bauten schmücken.

Überschwemmung Mecklenburgische Ecke Wiesbadener Straße in den 1950er Jahren (Heimatverein für den Bezirk Wilmersdorf e.V.)

Literatur:

H.-D. Burkert, K. Matußek, D. Obernitzki: Zerstört – besiegt – befreit. 2. Auflage. Berlin 1985

Denkmalschutz in Wilmersdorf. Hrsg. Bezirksamt Wilmersdorf, Berlin 1998

Erica Fischer: Aimée&Jaguar. Eine Liebesgeschichte Berlin 1943. Berlin 1994

Wolfgang Homfeld: Otto Mehlan. Gründer und Leiter der Gartenarbeitsschule Wilmersdorf 1921-1944, in: Lernen im Garten. 70 Jahre Gartenarbeitsschule Wilmersdorf 1921-1991. Hrsg. Bezirksamt Wilmersdorf, Abt. Volksbildung. Berlin 1991, S.15 ff.

Gabriele Jäger: Wilmersdorfer Porträts. Hrsg. Bezirksamt Wilmersdorf von Berlin. Berlin 1990

Hildegard Kloss: Erich Kloss. Pädagoge und Kinderbuchautor, in: Lernen im Garten. 70 Jahre Gartenarbeitsschule Wilmersdorf 1921-1991. Hrsg. Bezirksamt Wilmersdorf, Abt. Volksbildung. Berlin 1991, S.18f.

Karl-Heinz Metzger: Wilmersdorf im Spiegel literarischer Texte vom 19. Jahrhundert bis 1933. Hrsg. Bezirksamt Wilmersdorf von Berlin. Berlin 1985

Erich Schmidt: Die Dynastie der Schmidts. Unveröffentlichtes Manuskript, Berlin, o.J., Kopie im Heimatverein Wilmersdorf

Schmargendorfer Kurzberichte aus acht Jahrhunderten, gesammelt von Robert Wehlitz, handschriftliches Manuskript

750 Jahre Schmargendorf. Festschrift aus Anlaß des Stadtjubiläums. Hrsg. Bezirksamt Wilmersdorf von Berlin. Berlin 1955

Horst Hoppe

ZUM BEISPIEL: AGATHE SARA LASCH

„Das Bewusstsein deutsch zu empfinden, kann mir ja keiner nehmen"

ZUR GESCHICHTE SCHMARGENDORFER JUDEN

Wilmersdorf ist stolz darauf, nach 1930 der Bezirk mit dem prozentual größten Anteil jüdischer Mitbürger in Berlin zu sein. Ebenso stolz ist man auf die vielen bedeutenden jüdischen, oft langjährigen Bewohner der ehemaligen Villen-Kolonie Grunewald. Eine ganze Reihe von Gedenktafeln halten die Erinnerung an sie wach.

Aber stolz auf Schmargendorf? Dort wird lediglich an einige, allerdings herausragende Einrichtungen erinnert, an den Architekten Alexander Beer und das von ihm erbaute jüdische Altersheim in der Berkaer Straße, an Dr. Leonore Goldschmidt und ihre jüdische Privatschule, Hohenzollerndamm 110 a, und an die Synagoge in der Franzensbader Straße.

Allein Julius Morgenroth war es vergönnt, dass – vor 1945 – eine Straße in Schmargendorf nach ihm benannt worden war (vom 23.11.1931 bis zum 17.9.1938). Julius Morgenroth (1871–1924) war Arzt und Bakteriologe, er leitete ab 1919 bis zu seinem Tode die Abteilung der Chemotherapie am Robert-Koch-Institut und entwickelte Medikamente gegen Wundinfektion und die sogenannte Schlafkrankheit. Als die Nazionalsozialisten alle Straßen, die die Namen von Juden trugen, umbenannten, erhielt die Morgenrothstraße 1938 den Namen Dünkelbergsteig. Um den Wissenschaftler wieder zu ehren, benannte das Wilmersdorfer Bezirksamt am 2. September 1996 den Platz an der Ecke Hohenzollerndamm und Brienner Straße nach Morgenroth und stellte eine Gedenktafel auf.

Wie Carolin Brühl in der „Berliner Morgenpost“ vom 4. Juni 2000 berichtete, hat sich eine Tochter Morgenroths aus Hamilton (Ohio) gemeldet, die heute 91-Jährige musste damals gemeinsam mit ihrem Bruder vor den Nazis fliehen.

Aber gibt es sonst keine nennenswerten Schmargendorfer Juden? Nehmen wir zum Beispiel Agathe Lasch und Simon Dubnow.

Etwa zu Beginn des Ersten Weltkriegs zog Siegbert Lasch, der Vater von Agathe, Elsbeth und Margarete Lasch, nach Wilmersdorf, in die Seesener Straße 29, in unmittelbarer Nähe des S-Bahnhofs Halensee. Seine Lederhandlung en gros und das Lederabfallgeschäft betrieb er in C 54, Rosenthalerstraße 45.

1939 sind die Töchter noch einmal umgezogen, Elsbeth Lasch (Jahrgang 1877), Agathe Lasch (Jahrgang 1879) und Margarete Lasch (Jahrgang 1890), alle drei in Berlin geboren und alle drei mit dem zweiten Namen Sara gebrandmarkt, denn sie waren Jüdinnen. Sie zogen praktisch nur auf die andere Seite der S-Bahn, von der Halenseer Seesener Straße 29 in den Schmargendorfer Teil der Caspar-Theyß-Straße, in das Haus mit der Nummer 26, gegenüber vom Martin-Luther-Krankenhaus. Es sollte ihre letzte Berliner Adresse sein, denn am 15. August 1942 mussten sie Abschied nehmen von Schmargendorf, von Berlin, von Deutschland. An diesem Tag wurden 938 jüdische Bürger mit dem 18. Ost-Transport der Deutschen Reichsbahn nach Riga deportiert. Von diesen 938 Deportierten waren 171 aus Wilmersdorf, davon 16 aus Schmargendorf und davon wieder 7 aus dem Hause Caspar-Theyß-Straße 26. Zahl der Überlebenden dieses Transports laut Gedenkbuch (=GB) Berlin: 0.

Das Haus Caspar-Theyß-Straße 26 stellte sich im Verlauf dieser Untersuchung als ein trauriges Paradebeispiel der Vernichtung jüdischen bürgerlichen Lebens in Wilmersdorf heraus. Bis jetzt sind vier jüdische Familien aus diesem Hause bekannt – die GB Nummer bezieht sich auf das Verzeichnis der Wilmersdorfer Opfer –:

Familie Hugo und Rosa Bütow mit den Kindern Eva, Judith und Kurt, wobei für Kurt Bütow als Deportations-Adresse die Motzstraße genannt wird. Judith Bütow wohnte zur Zeit der Volkszählung 1939 in der Ruhlaer Str. 24, kam aber am 1.9.1939 in die Caspar-Theyß-Straße zurück; die zum evangelischen Glauben konvertierte Familie Katzenellenbogen, deren Kinder ab 15. Juni 1939 in der Caspar-Theyß-Straße 26 bei Kaulisch wohnten, und die drei Schwestern Lasch, die 1939 hier wieder zusammengezogen waren. Nach einigen Unterlagen war Agathe Lasch schon 1937 in dieses Haus gezogen.

Eine weitere jüdische Mitbewohnerin des Hauses, Else Rosendahl geb. Levy (geb. 30.8.1889 in Jewer), hatte sich am 1. April 1942 das Leben genommen. Ihr Grab ist auf dem Friedhof in Weissensee zu finden, Grabnummer 108096. (GB 6110)

Emigrieren konnten von den Bewohnern nur:

Katzenellenbogen, Heinz,
ab 15.6.1939 Caspar-Theyß-Str. 26 bei Kaulisch. Schulwechsel Ostern 1939, Schule verlassen Juli 1940, Emigration nach Großbritannien.
Katzenellenbogen, Ursula-Eva,
geb. 1.10.1921 in Groß Mandelkow, Kreis Soldin, Brandenburg. Schmargendorf, Marienbader Straße 9, ab 15.6.1939 Caspar-Theyß-Str. 26 bei Kaulisch, Schulwechsel 1939, Schule verlassen Juli 1940, Emigration nach Großbritannien.

Mit dem 3. Transport am 27. Oktober 1941 (nach Lodz) wurden deportiert:

Katzenellenbogen, Eva-Lucie,
geb. 16.11.1929 in Groß Mandelkow, Kreis Soldin, Brandenburg. Adresse 1939 (Volkszählung) Schmargendorf, Marienbader Straße 9, ab 15.6.1939 Caspar-Theyß-Str. 26 bei Kaulisch; Sammellager Levetzowstraße, in Litzmannstadt verschollen. (GB 3652).
Katzenellenbogen, Manfred-Günther,
geb. 15.7.1924 in Groß Mandelkow, Kreis Soldin, Brandenburg. Adresse 1939 (Volkszählung), Schmargendorf, Marienbader Straße 9, ab 15.6.1939 Caspar-Theyß-Str. 26 bei Kaulisch, letzte Beschäftigung: Hilfsarbeiter bei der Mützenfabrik Dr.Halfar, Prinzenallee 74. Sammellager Levetzowstraße, in Litzmannstadt ermordet, für tot erklärt. (GB 3656).

Vater: **Katzenellenbogen, Manfred,**
geb. 15.8.1881 in Krotoschin, Posen. Adresse 1939 (Volkszählung), Schmargendorf, Marienbader Straße 9, in Litzmannstadt verschollen. (GB 3655).
Mutter: **Katzenellenbogen, Gertrud, geb.Friedlaender,**
geb. 19.12.1897 in Berlin. Adresse 1939 (Volkszählung), Schmargendorf, Marienbader Straße 9, in Litzmannstadt verschollen. (GB 3654).

Mit dem 18. Transport am 15. August 1942 (nach Riga) wurden verschleppt:

Bütow, Eva,
geb. 7.12.1928 in Allenstein, Ostpreußen. Adresse 1939 (Volkszählung) und vor der Deportation Caspar-Theyß-Straße 26, Schulwechsel Oktober 1939, in Riga verschollen. (GB 1023).
Bütow, Hugo,
geb. 19.4.1889 in Döbern, Ostpreußen. Adresse 1939 (Volkszählung) und vor der Deportation Caspar-Theyß-Straße 26, in Riga für tot erklärt. (GB 1025).
Bütow, Judith,
geb. 3.12.1922 in Allenstein, Ostpreußen. Adresse 1939 (Volkszählung) Ruhlaer Str. 24, Adresse vor der Deportation Caspar-Theyß-Straße 26 bei Bütow. (seit dem 1.9.1939), in Riga verschollen. (GB 1026).
Bütow, Rosa, geb. Alexander,
geb. 24.12.1899 in Bartenstein, Ostpreußen. Adresse 1939 (Volkszählung) und vor der Deportation Caspar-Theyß-Straße 26, in Riga verschollen. (GB 1029).
Lasch, Agathe Dr.,
geb. 4.7.1879 in Berlin. Professorin an der Universität Hamburg. Seit 1937 Wohnsitz wieder in Berlin.
Vermögenserklärung 13.8.1942.
Lasch, Elsbeth,
geb. 23. oder 25.10.1877 in Berlin. Letzte Beschäftigung: Arbeiterin bei Riedel & de Haen.
Vermögenserklärung 13.8.1942.

Lasch, Margarete Hermine Jenny,
geb. 17.9.1890 oder 17.8.1880 in Berlin. Beruf: Lehrerin, letzte Beschäftigung: Hortleiterin (?), Leiterin der Hilfsschule bei der JKV Berlin (1.9.1941).
Vermögenserklärung 13.8.1942.

Jörg H. Fehrs erwähnt in seinem Buch über die jüdischen Schulen (1993) Elsbeth und Margarete Lasch. Die erwähnte Hilfsschule wurde 1939 in der Choriner Straße 74 eröffnet. Die Leiterin Margarete Lasch war ab 1942 nur noch als teilbesoldete Lehrkraft angestellt. Zu den spärlichen Nachrichten über die Schule gehört ein Bericht der Leiterin Margarete Lasch. Ihre Bilanz nach über einem Jahr Arbeit fällt positiv aus. Anfängliche Schwierigkeiten mit mißtrauischen Eltern schienen beseitigt, und die Kinder gingen wohl gern zur Schule: *Es herrscht Freiheit, aber doch Zucht und Ordnung. ‚Liebe mit Strenge gepaart' das ist unsere Devise.*

Mit dem 27. Transport wurde am 29.1.1943 (nach Auschwitz) deportiert:

Bütow, Kurt,
geb. 2.8.1924 in Allenstein, Ostpreußen. Adresse 1939 (Volkszählung), Schmargendorf, Caspar-Theyß-Straße 26; vor der Deportation W 50, Motzstraße 86 bei Stübel. Letzte Beschäftigung: Schlosser bei Josef Ehrt, Weberstraße 3. Vermögenserklärung 22.1.1943. Sammellager: Große Hamburger Straße 27, in Auschwitz verschollen. (GB 1027).

Heute steht auf dem Platz des Hauses Nr. 26 ein Neubau.

WARUM NUN ABER GERADE AGATHE LASCH?

Die erste Antwort gibt der Hamburger Professor Dr. Jürgen Meier in Band 13 der Neuen Deutschen Biographie:

Lasch, Agathe, Philologin 4.7.1879 Berlin gest. nach 15.8.1942 (isr.). Aus einer der 50 Familien, die der Große Kurfürst ins Land rief, um den darniederliegenden Handel zu beleben.

Lasch wurde zunächst Lehrerin an höheren Schulen in Berlin und Halle / Saale. Nach ihrem gleichzeitig vorbereiteten Abitur begann sie in Halle unter dem besonderen Einfluß des Phonetikers und Mundartforschers O. Bremer Philologie zu studieren. Bremer lenkte ihr Interesse auf Geschichte und Grammatik des Niederdeutschen. Seit 1907 studierte sie in Heidelberg und wurde zwei Jahre später bei W. Braune mit dem ersten Teil ihrer „Geschichte der Schriftsprache in Berlin bis zur Mitte des 16. Jh." promoviert. Die gute Aufnahme des ganzen Buches (1910, Nachdruck 1972), das mit seiner engen Verbindung von Sprachgeschichte und soziokultureller Entwicklung zum Vorbild für weitere lokale Sprachgeschichten des niederdeutschen Sprachraums wurde, verschaffte ihr 1910 eine Stelle als Associate in Teutonic Philology and German am Bryn Mawr College in Pennsylvania (USA) (Associate Professor 1913). Hier entstand auch ihr Hauptwerk, die nach junggrammatischem Muster angelegte, mit der Berücksichtigung auch lokal gebundener gebrauchssprachlicher Quellen richtungsweisende „Mittelniederdeutsche Grammatik" (1914, 2. A. 1974)

1917, kurz vor Eintritt der USA in den Krieg, kehrte Lasch auf eigenen Wunsch nach Deutschland zurück, wo C. Borchling sie als Assistentin ans Deutsche Seminar in Hamburg holte. Nach der Habilitation 1919 wurde sie 1923 als erste Frau an der Hamburger Universität zum Professor ernannt und 1926 auf ein planmäßiges Extraordinariat für niederdeutsche Philologie berufen. Sie begründete in ihren Hamburger Jahren zwei großangelegte Wörterbuchunternehmen: das „Hamburgische Wörterbuch" und – zusammen mit Borchling – das „Mittelniederdeutsche Handwörterbuch". Ein weiterer Forschungsschwerpunkt war die niederdeutsche Sprache des 17.und 18. Jh. (...)

Als Jüdin wurde Lasch trotz mehrerer Petitionen aus dem In- und Ausland 1934 aus dem Staatsdienst entlassen und der Möglichkeit, wissenschaftlich zu arbeiten und zu publizieren, nach und nach beraubt. Ihre letzten Arbeiten konnten, soweit sie nicht in Finnland erschienen, nicht mehr veröffentlicht werden. Die Annahme von Berufungen an ausländische Universitäten verhinderten deutsche Behörden. Am 13.8.1942 wurde Lasch in Berlin, wo sie seit 1937 wieder lebte, verhaftet und blieb seitdem verschollen.

Eine weitere Antwort gibt der Osnabrücker Professor Dr. Utz Maas in seiner Arbeit: „Die vom Faschismus verdrängten Sprachwissenschaftler“, veröffentlicht in „Die Künste und die Wissenschaften im Exil 1933–1945“, Gerlingen, 1992, Seite 447–453.

Agathe Lasch ist zwar über den Bereich ihrer engeren Disziplin, der niederdeutschen Philologie, hinaus kaum bekannt geworden. Hier war es aber ihre persönliche Leistung, dass diese mit modernen sprachwissenschaftlichen Grundlagen gewissermaßen in ein wissenschaftliches Stadium getreten ist. Agathe Lasch war eine große Wissenschaftlerin, eine große Frau – und Jüdin.

Sie ist 1879 in Berlin geboren; der Vater war ein kleiner Kaufmann; sie wuchs in ökonomisch beschränkten Verhältnissen auf. Die Familienmitglieder waren praktizierende Juden. Sie legt die Lehrerinnenprüfung ab; u. a. als Turnlehrerin (!), bekommt aber an staatlichen Schulen keine Anstellung: Der Antisemitismus ist für sie eine lebensbestimmende Erfahrung – sie hat immer mit der (erneuten) Judenverfolgung gerechnet. Sie lebt zunächst von einer kümmerlichen Stelle an einer Privatschule; macht dann (1906) Abitur und beginnt ein Studium in Halle – in Berlin war es ihr nicht möglich, wo zwar die preußische Verfassung inzwischen das Studium von Frauen zuließ, aber der Berliner Germanist Gustav Roethe sich weigerte, die Frau Agathe Lasch zu seinen Seminaren zuzulassen (und mit dieser Weigerung Recht bekam). Agathe Lasch hat die Verhaltensweisen Roethes angefochten; Chauvinismus und reaktionäre Gesinnung, wie sie Roethe wie kaum ein anderer Germanist damals verkörperte, waren für sie früh bestimmende Erfahrungen, gegenüber denen sie ihr Recht einklagte. Schließlich studiert sie in Heidelberg bei Wilhelm Braune, bei dem sie 1908 promoviert. Sie legt dann noch die Gymnasialprüfung ab – was ihr aber weiterhin aus den genannten Gründen zu keiner Stelle verhilft. Ihren Lebensunterhalt verdient sie sich mit verschiedenen ‚Jobs‘: Sie lebt für die Wissenschaft, nicht von ihr. Erst 1912 bekommt sie eine Stelle als Dozentin für

Deutsch in den USA, an dem (damaligen) privaten College für 'höhere Töchter', Brayn Mawr in Philadelphia (inzwischen eine reguläre Hochschule mit Promotionsrecht). Dort schließt sie 1914 ihre Arbeit an einer „Mittelniederdeutschen Grammatik" ab, die bis heute maßgeblich ist.

Als die USA 1917 in den Krieg eintreten, kehrt Agathe Lasch mehr oder weniger freiwillig nach Deutschland zurück. Sie war gegenüber der in ihrem Gastland wachsenden Fremden-, vor allem aber Deutschenfeindlichkeit engagiert und geradezu patriotisch für Deutschland eingetreten. Auch später, in den Zeiten schlimmster Einschränkungen und des Wartens auf den Abtransport in das KZ, hat sie sich immer als Deutsche gefühlt; aus dieser Zeit, einer Situation, in der inzwischen auch ihre private Bibliothek beschlagnahmt worden war, ist ein Ausspruch von ihr überliefert: ‚Das Bewußtsein deutsch zu empfinden, kann mir ja keiner nehmen'.

In Hamburg bekommt sie eine Stelle am Hamburgischen Wörterbuchunternehmen bei Conrad Borchling. Als in Hamburg 1919 eine Universität gegründet wird, habilitiert sie sich dort und wird am Germanischen Seminar schließlich auch zur Professorin ernannt. 1934 wird sie aber wegen ‚nichtarischer Herkunft' zwangspensioniert.

Zunächst kann sie noch privat ungestört weiter arbeiten; bis 1939 kann sie jedenfalls publizieren.

Versuche, sie an eine Stelle im Ausland zu vermitteln, scheitern.

Agathe Lasch selbst erwartet offensichtlich das Ende, vor allem nachdem ihr auch durch die Konfiszierung ihrer Bibliothek die Arbeit unmöglich gemacht wird. 1942 wird sie mit ihren Schwestern, mit denen sie inzwischen in Berlin zusammenwohnte, ins KZ nach Lodz abtransportiert. Ihre letzten Arbeiten, die sie z. T. noch im Manuskript abschloß, sind verschollen.

Die Tragik im Schicksal von Agathe Lasch besteht darin, dass sie vor dem Faschismus emigrierte – im Faschismus aber der rassistischen Verfolgung nicht mehr durch eine erneute Emigration entgehen konnte.

Auch der Verlauf ihrer Emigration selbst ist aufschlußreich – er war durchaus von den Problemen des Antisemitismus in Deutschland geprägt. Aber für Agathe Lasch war es kein politisches Exil: Sie verstand sich ausdrücklich immer als deutsche ‚Patriotin', die zwar unter dem Antisemitismus litt, aber nicht in Opposition zu den politischen Machtverhältnissen stand. Insofern ist sie sicher typisch für die Mehrzahl der deutschen Juden, deren Organisationen mehrheitlich konservativ-nationalistisch orientiert waren – und daher nach der ‚Gleichschaltung' der großen konservativen und nationalistischen Verbände nach 1933 völlig hilf- und orientierungslos reagierten. Für die Mehrzahl der politisch engagierten Juden bot denn auch nicht der Anschluß an den Widerstand bzw. die (Rest-) Organisationen der Arbeiterbewegung eine neue Orientierung, sondern die Hinwendung zum bzw. die Entdeckung des Zionismus, die angestrebte Auswanderung nach Palästina.

Man kann das Leben der Agathe Lasch und ihrer Vorfahren als beispielhaft für ein jüdisch-preußisch-deutsches Leben ansehen. Vom Großen Kurfürsten ins Land geholt, trugen ihre Vorfahren ihren Teil zum Aufstieg Preußens bei; sie selbst – eine bewußt jüdisch-deutsche Frau – hat sich erfolgreich der Geschichte der deutschen Sprache angenommen. Den Nationalsozialisten blieb es dann vorbehalten, diese Familie auszurotten. Ein jüdisches Schicksal, ein deutsches Schicksal. Das Werk von Agathe Lasch lebt heute noch, sie selber gerät in Vergessenheit. Es würde Wilmersdorf und damit Berlin gut anstehen, ihr eine Gedenkstätte zu widmen. Wie wäre es, wenn man der kleinen Anlage Kurfürstendamm/Ecke Johann-Georg- und Joachim Friedrich-Straße den Namen „Agathe Lasch-Anlage" gäbe?

ODER NEHMEN WIR DEN „ASYLANTEN"
SIMON DUBNOW

Semon Markowitsch (dt. Simon) Dubnow war ein russisch-jüdischer Historiker, geb. am 10.9.1860 in Mstislawl.
Ab 1917 Professor in Petrogard, emigrierte er 1922 nach Berlin, 1933 nach Riga, wo er während der deutschen Besetzung ermordet wurde. Seine soziologische Betrachtungs-

weise und nationaljüdische Einstellung sah im Autonomismus die Triebkraft jüdischer Geschichte. Er schrieb auf dieser Basis die erste gesamtjüdische Geschichte nach H. Graetz (dt. 10 Bände, 1925–1929).[1]

1 Lexikon des Judentums, 1967 und Meyers Univ.-Lexikon, 1981

Seine erste Berliner Wohnung nahm er Anfang September 1922 in einer *stillen Ecke im lauten Babylon*, in einem Gartenhaus in der Halberstädter Straße, nicht weit vom Kurfürstendamm. Anfang des Winters mietete sich Dubnow bei einer Witwe in der Charlottenbrunner Straße ein. Im März 1924 zog er in eine Wohnung am Roseneck, 1925 erneut in die Charlottenbrunner Straße, wo er fünf Jahre blieb. Da er dort seine inzwischen aus Kaunas eingetroffene, 5 000 Bände umfassende Bibliothek nicht unterbringen konnte, überließ er sie der Gemeindebibliothek. Im August 1930 bezog er seine letzte Berliner Wohnung in der Ruhlaer Straße 8.

Der Ort wird zum Unterpfand seiner Produktivität. Dazu gehören die *göttliche Stille* und die ausgedehnten Spaziergänge Im Dol, am Kissinger Platz und in der Cäcilien-Allee (…). An der Dreizimmerwohnung in der Ruhlaer Straße rühmt er nicht nur die Abgeschiedenheit, sondern auch die Nähe zum Stadtzentrum, das er in zwanzig Minuten erreichen kann, um seine Verlagsgeschäfte zu erledigen oder seinen Vortragsverpflichtungen nachzukommen.

In Berlin ist das ganze Spektrum der vorrevolutionären russischen Parteien anzutreffen. Dubnow wird von den Vertretern der jüdischen Organisationen um Rat gefragt und zu Symposien eingeladen. Er ist der gesuchte Hauptredner bei Jubiläen, Geburtstagen und Totenfeiern. Im Jahr 1933 notiert Dubnow: *Viele verlassen Berlin. Ringsum alles auf der Flucht. Unser Berliner Zentrum, das zehn Jahre lang sich gehalten hat, wird zerstört.* Am 23. August 1933 verlassen die Dubnows Berlin, den Ort, *der mit elf Jahren meines Lebens verbunden ist, vielleicht den allerfruchtbarsten, (…) gehe ich nach Riga. Das Milieu ist näher, näher zu den Kindern in Polen und Rußland.* Riga hatte eine große russische und jüdische Gemeinde, zum Teil alteingesessen, zum Teil nach der russischen Revolution erst niedergelassen.

Im Sommer 1940 wurde Lettland gezwungen, der Sowjetunion beizutreten. Als ein Jahr später die Deutschen Riga besetzen, waren die Tage jüdischen Lebens gezählt. Riga wurde am 1. Juli 1941 von der Wehrmacht eingenommen, am 29. November begannen die Evakuierungen, in Wahrheit Massentötungen in unmittelbarer Nähe, in den Wäldern von Rumbula und Bikernieki (Bickern).

Die zweite Evakuierung fand am 8. Dezember 1941 statt. Einer der Betroffenen war Simon Dubnow. Aus seiner Wohnung im Vorort Kaiserwald war Dubnow geflohen und hielt sich in der Stadt versteckt. Die Gestapo spürte ihn jedoch auf, er wurde ins Ghetto überführt. Augenzeugenberichten zufolge wurde Dubnow bei der Evakuierung von Johann Siebert, der ihn persönlich von seinen Vorlesungen in Heidelberg kannte, ermordet.

Seine in Warschau lebende Tochter Sofja konnte sich mit ihren Söhnen Alexander und Victor über Rußland und Japan nach Amerika retten, während ihr Mann im Mai 1942 im Gefängnis Selbstmord beging.[2]

2 Karl Schlögel, Berlin Ostbahnhof Europas, Berlin 1999, Seite 218–228

DIE SCHMARGENDORFER MITGLIEDER DER JÜDISCHEN GEMEINDE BERLINS

In den Adressbüchern der jüdischen Gemeinde aus den Jahren 1929/1930 und 1931 haben wir bis heute 555 in Schmargendorf wohnende Mitglieder der Berliner jüdischen Gemeinde, im Gedenkbuch Berlins für die jüdischen Opfer des Nationalsozialismus bislang 307 Schmargendorfer – 83 Männer und 224 Frauen – und 246 Grunewalder gefunden. Insgesamt sind es über 8 100 Wilmersdorfer Opfer.

Die folgenden Aufstellungen ergeben betreffend der Adressen der Gemeindemitglieder also nur den Stand der Jahre 1929 / 1931. Das Gedenkbuch dagegen beruht auf den Adressen der Volkszählung von 1939, die jedoch mit den Deportationsadressen oft nicht übereinstimmen. Eine endgültige Klärung ist oft nicht mehr möglich. In den Adressbüchern wie im Gedenkbuch sind einige Schmargendorfer Straßen noch unter der damaligen Ortsangabe Grunewald oder Dahlem aufgeführt. Unsere Zuordnung erfolgte an Hand der Angaben in „Kauperts Straßenführer durch Berlin“, Ausgabe 1997.

Hohenzollern-damm Nr.	Name	Vorname
50	Kantorowicz	Hermann
54	Münz	Adolf
54	Popkoff	Michael
55	Bing	Hugo
55 bei Ring	Paretzki	Mowae
57-58	Luria	Trude
57-58	Cohnreich	William
62 bei Fritze	Fleissig	Wilhelm
63	Fabian	Martin
63	Hodenberg	Hugo
63	Segall	Ernst
64	Prager	Fritz
65	Davids	Fritz
81	Boschwitz	Ely
81	Rawitscher	Hugo
81	Schiff	Fritz
81	Wiesenthal	Herbert
82	Peysack	Arno
82	Weinberg	Arnold
82	Wisztyniecki	Helene
83	Czempin	Arnold
84	Gutherz	Hugo
84	Heimann	Anna
84	Heimann	Charlotte
84	Lindenberg	Willy
84	Löwisohn	Franz
84	Löwisohn	Hanne
84	Schweitzer	Salo
85	Cracauer	Bruno
86	Meisel	Regina
86	Dr.Meisel	Stefan
86	Prager	Fritz
86	Prager	Sigmund
91	Dr.Aron	Fritz
91	Epstein-Silz	Rosa
91	Hennius	Clara
91	Dr. Lewandowski	Alfred
91	Marcus	Selmar
95	Skiarz	Leon
96	Aschenheim	Fränze

Hohenzollern-damm Nr.	Name	Vorname
105-110	Grötzinger	Bertha
105-110	Dr. Grötzinger	Louis
111	Schürmann	Louis
112	Dr. Birnbaum	Bruno
112	Jaffé	Alice
112	Jaffé	Georg
112	Loewy	Ida
112	Mandel	Rosa
112	Schlesinger	Johanna Annie
123	Frank	Max
123	Katz	Berthold
125	Heine	Artur
125-126	Heymann	Hans
125-126	Stern	Adolf
127	Dr. Martin	Gertrud
127	Rosenberg	Gustav
128	Gramm	Alfred
128	Merländer	Gretel
129	Dr. Schachnow	Felix
129	Trautner	Thea
137	Kiewe	Arthur
139 bei Dr.Schmidt	Dr. Halpern	Georg
140	Bonnin	Ernst
140	Freund	Leo
140	Friedmann	Walter
141	Dr.-Ing. Lesser	Willy
142	Grossbart	Jacques
142	Schatzki	Erich
143	Auerbach	Kurt
143	Benjamin	Fritz
143 a	Kaminski	Eugen
143 a	Loening	Fritz
65 Wohnte 1931 in der Berliner Straße 30	Bandmann	Erich

Zusammen 73

Seite 150:
Tabelle 1
Mitglieder der Jüdischen Gemeinde aus dem Schmargendorfer Teil des Hohenzollerndamms

Tabelle 2
Ermordete Juden aus dem Schmargendorfer Teil des Hohenzollerndamms

Adresse	Hausnr.	Nachname	Vorname	Jüd. Gemeinde
Hohenzollerndamm	65	Bandmann	Erich	1931: Mitglied
Hohenzollerndamm	77 a	Baruch	Marianne	
Hohenzollerndamm	123	Benjamin	Ida	
Hohenzollerndamm	63	Berliner	Else	
Hohenzollerndamm	93	Blum	Luise	
Hohenzollerndamm	93	Chaim	Rebecka	
Hohenzollerndamm	65	Cohn	Margarete	
Hohenzollerndamm	65	Cohn	Ella	
Hohenzollerndamm	91	Fajans	Flora	
Hohenzollerndamm	65	Knoller	Gerhard	
Hohenzollerndamm	77	Pieck	Olga	
Hohenzollerndamm	63	Segall	Gertrud	Familienangehörige
Hohenzollerndamm	63	Segall	Ernst	1931: Mitglied
Hohenzollerndamm	111	Wedell	Margarete	

Hohenzollerndamm 102:

Das 1903 errichtete Einfamilienhaus wurde von der Privatschule Goldschmidt für die unteren Klassen der höheren Schule und das Internat der älteren Knaben hinzugenommen[3].

3 Jörg H. Fehrs, Von der Heidereutergasse zum Roseneck, Berlin 1993, Seite 319

Hohenzollerndamm 105/110:

1923 Errichtung einer schloßartigen Villa durch die *Roseneck-Terraingesellschaft*. Hauseigentümer wird Dr. phil. h. c. Louis Grötzinger. 1936 Einrichtung von Unterrichtsräumen durch die Privatschule Goldschmidt.

Das 10.500 m² umfassende Grundstück, für das sich Ernst Goldschmidt schon seit 1935 interessierte, lag an einem bevorzugten Platz Schmargendorfs. Zum Zeitpunkt der Bebauung gab es hier noch keine öffentlichen Verkehrsmittel, aber das Roseneck hatte sich innerhalb kurzer Zeit zu einem verkehrsreichen Knotenpunkt entwickelt, auf den sieben Straßenbahnlinien und bald auch Autobuslinien führten.[4]

4 ebd. Seite 317

In dem Verzeichnis der Judengrundstücke der Bewertungsstelle der Wilmersdorfer Finanzämter aus dem Jahre 1942 wird das Grundstück Hohenzollerndamm 112/Marienbader Straße 11 aufgeführt, Besitzer Dr. Kurt Bomonti, Bern.

Die weiter oben erwähnten Schwierigkeiten lassen sich gut am Beispiel des Schmargendorfer Teils des Hohenzollerndamms (Hausnummern 50–94 und 99–152), der Straße mit dem höchsten jüdischen Bevölkerungsanteil in Schmargendorf, erläutern.

In *Tabelle 1* haben wir an Hand der Adressbücher der jüdischen Gemeinde der Jahre 1929/1930 und 1931insgesamt 72 dort wohnende Mitglieder der Gemeinde aufgeführt plus 1 Mitglied, das nach 1931 zugezogen war. Im Gedenkbuch Berlins sind von diesen 73 Bewohnern „nur“ 14 Opfer noch unter Hohenzollerndamm aufgeführt – *Tabelle 2* –. Von diesen waren aber wiederum nur drei Mitglieder der jüdischen Gemeinde bzw. Familienangehörige. Dank der Hilfe der Archivarinnen des Archivs des Centrum Judaicum konnte das Schicksal einer Reihe weiterer Bewohner aufgeklärt, bei Namensgleichheit aber auch das Gegenteil erreicht werden. An dieser Stelle sei für die Hilfe herzlich gedankt.

Die Ursachen für die Unsicherheiten waren z. B.;

Umzug und / oder Namensgleichheit:

Benjamin, Fritz, geb. 13.10.1888 in Berlin. Adresse 1939: Wilmersdorf, Fasanenstr. 38. Überlebender, lebte zunächst in Wilmersdorf, Emigration am 22.3.1948

oder: **Benjamin, Fritz**, geb. 29.4.1888 in Berlin. Adresse 1939: Wilmersdorf, Prinzregentenstr. 6 bei Tarrosch (RSA: bei Pehlow). Adresse 1939: W 30, Münchener Str. 38 bei Pehlow. Deportation 12./13. Transport vom 2.4.1942 nach Trawniki, verschollen. Weitere Wilmersdorfer Adresse: Bamberger Str. 26.
Ehefrau **Isolde, geb, Heine**, „arisch“.

Freund, Leo, geb. 9.8.1882 in Berlin. Adresse 1939: SW 61, Johanniterstr. 9, Deportation: 37.Transport vom19.4.1943 nach Auschwitz, dort verschollen.

Gutherz, Hugo, geb. 14.9.1872 in Kattowitz. Adresse 1939: Wilmersdorf, Rudolstädter Str. 24. Transportnummer A 816, Schicksal ungeklärt.

Heimann, Charlotte, geb. 2.9.1909 in Wuppertal-Elberfeld. Adresse 1939: Grunewald, Koenigsallee 6.

Lewandowski, Alfred, geb. 30.11.1869 in Strzalkowo, Posen, Kreis Wreschen. Adresse 1939: N 58 Prenzlauer Berg, Weißenburger Str. 28. Adresse vor der Deportation: N 54, Elsässer Str. 85, bei Heim. Deportation: 4 gr. Alterstransport vom 17.3.1943 nach Theresienstadt, dort ermordet im Mai 1944.

Lindenberg, Willy, geb. am 28.1.1883 in Gadebusch, Mecklenburg-Schwerin. Adresse 1939: Schmargendorf, Ruhlaer Str.14. Adresse vor Deportation: Wilmersdorf, Trautenaustr. 9 oder Charlottenburg, Dahlmannstr. 9. Deportation: 5.Transport vom 14.11.1941 nach Minsk, dort verschollen. Textil-Handelsvertreter, eigene Firma: Siegmund Bernhardt, Leipziger Str. 94. Vermögenserklärung 8.11.1941.

Loewy, Ida, geb. Jastrow, geb. am 29.12.1871 in Rogasen, Posen, Kreis Obornik. Adresse 1939: Tiergarten Altonaer Str. 11 bei Jastrow. Deportation am 27.7.1942, 30. Alterstransport nach Theresienstadt. Sterbeort Minsk, verschollen. Datum der Vermögenserklärung 6.7.1942. Sammellager Große Hamburger Str. 26.

Popkoff, Michael, geb, 22.10.1869 in Charkow, Ukraine. Adresse 1939: Wilmersdorf, Spichernstr. 4. Zwangsarbeit in Heimarbeit, Arbeitgeber Wehrmacht. Beruf: Kürschner. Vermögenserklärung 15.4.1943. Sammellager N 4, Auguststr. 17. Staatsangehörigkeit: staatenlos, davor russische. (auch unter Poppkoff). Adresse vor Deportation W 15, Fasanenstr. 59 (seit 1939). Deportation am 19.4.1943 nach Theresienstadt, dort ermordet im Mai 1943.

Austritt aus der Gemeinde:

Frank, Max, geb. 26.3.1873 in Berlin. Hohenzollerndamm 115-117, Kursmakler. Austritt dem Judentum: 2.1.1939.

Friedmann, Walter, geb. 8.3.1880 in Glogau, Schlesien. Gest. 23.10.1943. Adresse 1939: Wilmersdorf Xantener Str. (1939). Austritt aus der Gemeinde: 27.12.1932.
Ehefrau **Margarethe, geb. Kegel**, geb. 14.10.1898, „arisch".

Emigration:

Katz, Berthold, geb, 28.6.84 in Giessen. Adresse 1939: Schmargendorf, Auguste-Viktoria-Str. 63 bei Fraenkel, 6.3. 1938 Emigration nach Karlsbad, Tschechoslowakei, später Frankreich, 1939 nach Jerusalem, Palästina. Kaufmann

oder: **Katz, Berthold,**
geb. 2.1.1873 in Jesberg, Kreis Fritzlar, Reg.Bez. Kassel. Adresse 1939: Schmargendorf, Ruhlaerstr. 8. Weitere Adresse: Wilmersdorf, Motzstr. 94 bei Katz. Emigration nach Jerusalem, Palästina am 1.2.1934 (lt.R.-Sippenamt), nach Haifa, Palästina am 24.7.1938 (lt.Gestapo).

... andere sind zwischenzeitlich verstorben und u.a. auf dem Friedhof Weissensee bestattet worden:
(wenn nicht anders angegeben, war ihre letzte Adresse der Hohenzollerndamm)

Bing, Hugo Israel, geb. 28.7.1877, gest. 20.12.1940. Letzte Adresse: Kaiserallee 221. Grabnr.104602

Fabian, Martin Israel, geb. 8.7.1865, gest. 29.2.1940. Letzte Adresse: Schönhauser Allee 22 Grabnr. 102656

Gramm, Alfred, geb. 6.5.1892, gest. 12.9.1933. Friedhof Weissensee, Grabnr. 88098 – J/III/5

Grötzinger, Bella, geb. Elsässer, geb. 22.5.1878, gest. 27.6.1934, Grabnr. 89807 – H/III – Erbbegräbnis 3645

Grötzinger, Louis, Kaufmännischer Direktor, geb. 2.5.1871, gest,.30.6.1929. Grabnr. 78512 – H/III – Erbbegräbnis 3645

Heimann, Anna Sara geb. Landsberger, geb. 22.5.1857, gest. 22.7.1940. Letzte Adresse: Sächsische Straße 67.

Jaffé, Georg, geb. 4.1.1865, gest. 29.4.1930. Kaufmann, Friedhof Weissensee, Grabnr. 80392 – J/VI Erbbegräbnis 3698.

Wo wohnten nun die deportierten Juden und die Mitglieder der jüdischen Gemeinde? Erste Antworten soll die folgende Tabelle geben.

Tabelle 3

Straße	Gedenkbuch zusammen	Gedenkbuch Männer	Gedenkbuch Frauen	Gedenkbuch Kinder ab Jahrgang 1925	Gemeinde Mitglieder Nach Adressbuch 1929/1930, 1931
Auguste-Viktoria-Str.	8	2	6	–	31 Männer; 12 Frauen
Berkaer Straße	104	17	87	–	Nicht zu ermitteln
Breite Straße	1		1		5 Männer; 4 Frauen
Caspar-Theyß-Straße	14	4	9	1 M 1928	10 Männer; 5 Frauen
Charlottenbrunner Str.	7	2	3	1 J 1929, 1 M 1928	33 Männer; 16 Frauen
Cunostraße	26	9	14	3 M 1925, 1928,1929	37 Männer; 11 Frauen
Davoser Straße	2	–	2		8 Männer; 1 Frau
Egerstraße	–	–	–	–	6 Männer; 2 Frauen
Elgersburger Straße	1	1	–	–	–
Falkensteiner Straße	–	–	–	–	1 Mann
Forckenbeckstraße	2	1	1		3 Männer
Franzensbader Straße	7	4	3		11 Männer; 5 Frauen
Friedrichshaller Straße	5	2	1	2 M 1928, 1929	1 Mann
Friedrichsruher Straße	13	4	8	1 M 1927	36 Männer; 11 Frauen
Heiligendammer Straße	1	1			2 Männer; 1 Frau
Helgolandstraße	–	–	–	–	2 Männer; 2 Frauen
Hohenzollerndamm	14	3	11		56 Männer; 19 Frauen
Hohmannstraße	–	–	–	–	2 Frauen
Hundekehlestraße	8	–	8		2 Männer; 4 Frauen
Ilmenauer Straße	3	2	1		22 Männer; 5 Frauen
Karlsbader Straße	–	–	–	–	7 Männer; 3 Frauen
Kissinger Straße	2	1	1		8 Männer; 1 Frau
Kolberger Platz	–	–	–	–	1 Mann; 1 Frau
Kösener Straße	–	–	–	–	2 Männer; 4 Frauen
Krampasplatz	6	1	5		3 Männer; 4 Frauen
Kudowastraße	6	1	5	–	7 Männer; 5 Frauen
Landecker Straße	–	–	–	–	4 Männer; 1 Frau
Luciusstraße	2	–	2	–	–
Marienbader Straße	10	3	6	1 M 1929	9 Männer; 2 Frauen
Mecklenburgische Str.	2	–	2	–	–
Misdroyer Straße	1	–	1		1 Mann; 1 Frau
Oeynhauser Straße	–	–	–	–	1 Mann
Orber Straße	7	3	4		16 Männer; 8 Frauen
Plöner Straße	1	1	–	–	3 Männer
Reichenhaller Straße	–	–	–	–	4 Männer; 1 Frau

noch: Tabelle 3

Straße	**Gedenkbuch** zusammen	**Gedenkbuch** Männer	**Gedenkbuch** Frauen	**Gedenkbuch** Kinder ab Jahrgang 1925	**Gemeinde** Mitglieder Nach Adressbuch 1929/1930, 1931
Reinerzstraße	–	–	–	–	2 Frauen
Rheinbabenallee	1	1	–	–	–
Ruhlaer Straße	12	2	9	1 M 1925	3 Männer; 2 Frauen
Salzbrunner Straße	9	2	7		14 Männer; 3 Frauen
Schellendorffstraße	5	2	1	1 J 1925; 1 M 1930	–
Sulzaer Straße	4	2	2		8 Männer; 4 Frauen
Teplitzer Straße	16	7	9		10 Männer; 4 Frauen
Tölzer Straße	–	–	–	–	1 Mann; 2 Frauen
Warmbrunner Straße	6	3	3		15 Männer; 4 Frauen
Warnemünder Straße	–	–	–	–	4 Männer
Weinheimer Straße	–	–	–	–	3 Männer
Zoppoter Straße	–	–	–	–	1 Mann
				Zusammen	**307**

Schwerpunkte mit zusammen fast der Hälfte aller Schmargendorfer Juden waren der Schmargendorfer Abschnitt des Hohenzollerndamms und die Auguste-Viktoria-, Charlottenbrunner-, Cuno- und die Friedrichsruher Straße.

Wer wohnte nun in Schmargendorf? Die Berufe, soweit man sie heute überhaupt noch feststellen kann, waren weit gefächert, aber wohl dem heutigen Querschnitt ähnlich. Auffällig der hohe Anteil von Akademikern: 13,52 %. Am häufigsten aufgeführt: Kaufmann. Leider ist diese Berufsbezeichnung in den Jüdischen Adressbüchern nicht näher erläutert und nur selten aus den damaligen Telefonbüchern und anderen Quellen zu ergänzen, so dass er nur unverbindliche Andeutung ist, es befinden sich z. B. Bankdirektoren und der „Gewerbetreibende um die Ecke" darunter. Die Modebranche war häufiger vertreten, z. B. mit Max Fabian (Auguste-Viktoria-Straße 5), i. Fa. Fabian & Heinrich, Schneiderei für engl. Damen- und Herrenkost., Unter den Linden 12–13.

Tabelle 4
Altersstruktur der ermordeten Schmargendorfer Juden

Jahrgang	Anzahl	Jahrgang	Anzahl	Jahrgang	Anzahl	Jahrgang	Anzahl
1847	1	1870	5	1888	6	1910	1
1853	1	1871	6	1889	8	1911	2
1854	1	1872	8	1890	3	1912	2
1855	1	1873	7	1891	2	1916	1
1856	3	1874	8	1892	8	1917	1
1857	1	1875	10	1893	4	1920	1
1858	1	1876	7	1894	6	1921	1
1859	5	1877	7	1895	4	1922	3
1860	8	1878	10	1896	2	1924	3
1861	3	1879	5	1897	3	1925	4
1862	12	1880	7	1898	2	1927	1
1863	10	1881	7	1899	4	1928	4
1864	13	1882	5	1900	5	1929	4
1865	5	1883	6	1902	2	1930	1
1866	7	1884	3	1903	1		
1867	15	1885	7	1904	5		
1868	6	1886	4	1907	1		
1869	5	1887	3	1908	2	**Zusammen**	**310**

HERKUNFT DER SCHMARGENDORFER OPFER

Die meisten Opfer wurden in Berlin geboren (83), es folgen die Provinzen Posen (50) und Schlesien (36). Schon erheblich weniger kamen aus Ostpreußen (19), Brandenburg (14), dem Rheinland (13), Westpreußen (11) und Pommern (10). Nur vereinzelt wurden die restlichen Provinzen und das Ausland als Geburtsprovinz angegeben.

In Schmargendorf lassen sich bis jetzt drei Schwerpunkte jüdischen Lebens in Wilmersdorf feststellen:

> die Synagoge Grunewald – aus dem Jahr 1923 – in der Franzensbader Straße,
> das jüdische Altersheim in der Berkaer Straße – aus dem Jahr 1931 –,
> die jüdischen Privatschulen – seit 1932 – am Roseneck,

alle nur einige hundert Meter auseinander gelegen. Das Altersheim und die Synagoge sind eine logische Folge der bedeutenden jüdischen Westwanderung innerhalb Berlins in diesen Jahren, die Privatschulen dagegen sind eine erzwungene Antwort auf die Ausgliederung der jüdischen Schüler aus den öffentlichen Schulen durch die Nationalsozialisten.

DIE SYNAGOGE GRUNEWALD-ROSENECK IN DER FRANZENSBADER STRASSE 7–8.

Architekten: B. und O. Neubauer.
Entwurf: 1923;
Bauausführung: 1923;
Anzahl der Plätze: 400;
Einweihung: Rosch Haschanah 1923 (= 9. September, 1. Jüdischer Neujahrstag).
Beschädigung / Zerstörung: 9. / 10. November 1938 (ausgebrannt);
Abbruch: 1941
Heutige Situation: Neubebauung.

Der nach dem ersten Weltkrieg gegründete „Synagogenverein Grunewald" hielt seine im konservativem Ritus gehaltenen Gottesdienste anfangs in dem Hause des 1. Vorsitzenden Willy Abramczyk in der Jagowstraße 34 ab.

1923 konnte das Grundstück Franzensbader Straße 7–8 (Elgersburger Straße 20–24) erworben werden. Das darauf befindliche Tanz- und Ausflugslokal wurde zur Synagoge umgebaut (Synagoge Grunewald-Roseneck).

Am Rosch Haschanah 1923 fand die Einweihung statt. Rabbiner war Emil Cohn. Am 5. Mai 1929 übernahm die Jüdische Gemeinde Berlin die Synagoge, der Synagogenverein blieb bestehen und übernahm die allgemeine Wahrnehmung jüdischer Interessen in Grunewald, Schmargendorf und Dahlem, insbesondere in der Fürsorge für regelmäßigen Gottesdienst. Die Synagoge brannte am 9. / 10. November 1938 weitgehend aus und wurde 1941 zum Abriss freigegeben.

Die Pläne zum Bau des ursprünglichen Gartenlokals wurden 1891 eingereicht, bis 1896 folgten mehrere Nachträge für Um- und Erweiterungsbauten. Sie stammten im wesentlichen von Regierungsbaumeister C. Lange und dem Schmargendorfer Maurermeister G. M. Müller. Das Gebäude im ländlichen Villenhausstil mit Fachwerk und Holzverzierung diente bis 1918 als Gaststätte und Tanzlokal. 1923 wurde es nach den Entwürfen der Regierungsbaumeister B. und O. Neubauer zu einer 400 Plätze fassenden Synagoge umgestaltet, die sich in dem ehemaligen eingeschossigen Tanzcafe befand, während das zweigeschossige Hauptgebäude im Erdgeschoss Rabbiner-, Vereins- und Sitzungsräume sowie im Ober- und ausgebauten Dachgeschoss Wohnungen enthielt. Der sechseckige Almemor befand sich in der Mitte der Synagoge, über seine Gestaltung wie über die des Tora-Schreines liegen in den Akten keine Angaben vor [5].

5 Synagogen in Berlin, Teil 2. Berlin 1983, S. 43-46

Am 16.9.1923 schrieb das Grunewald-Echo über die Einweihung der Synagoge:

Eine ebenso schöne wie erhebende Feier vereinigte Sonntag, den 9. September von 3 Uhr nachmittags an unsere bekanntesten jüdischen Mitbürger aus Grunewald, Dahlem und Schmargendorf mit den Vertretern der kommunalen Behörden, der Kirchen und Schulen unserer Kolonie zur Einweihung der vom Synagogenverein Grunewald auf dem ihm gehörigen Grundstück Franzensbader Straße 7 (früher Franzensbader Garten) erbauten Synagoge.

Melodisch vollendete Vorträge des Kantors der neuen Synagoge, Herrn B. Casper, sowie Chorgesänge umrahmten die Feier, die bei allen Teilnehmern, Juden wie Nichtjuden – auch Herr Pfarrer Priebe wohnte der Einweihung bei – den erhebendsten Eindruck zurückließ.

Mögen von dem neuen Gotteshaus die edelsten und nachhaltigsten Wirkungen auf die ganze Gemeinde ausgehen! [6]

6 Metzger, Karl-Heinz: Kirchen in Wilmersdorf, Hrsg. Bezirksamt Wilmersdorf, Berlin 1986

Bis zum November 1938 fanden hier regelmäßige Gottesdienste statt. In der Pogromnacht vom 9. zum 10. November 1938 wurde die Synagoge von Nationalsozialisten angezündet und brannte weitgehend aus.

Die Zerstörungen dieser Nacht sind im Jahre 1940 folgendermaßen beschrieben worden: *Der Synagogenteil ist bis auf die stehengebliebenen Umfassungswände mit den hohen Fenster-*

öffnungen völlig zerstört; die Holzkonstruktionen des Daches und der Decke sind verbrannt und ins Innere gestürzt. Von dem zweigeschossigen Bauteil ist ein Teil des Daches und des Bodenraumes vom Brand zerstört. Die Räume im Erdgeschoß und die Wohnungen sind geräumt, sämtliche Fensterscheiben sind zerschlagen, die Fensterflügel fehlen zur Zeit. Das Grundstück steht unbenutzt. Ein kleines Nebengebäude auf dem Grundstück, die ehemalige Kaffeeküche sowie Pferdestall und Remise, zuletzt als Lagerraum und Unterstellraum dienend, ist teilweise zerstört.

Eine Wiederherstellung des Synagogenteils für gewerbliche Zweck erscheint unwirtschaftlich, da höchstens ein Neuaufbau auf dem vorhandenen Fundament in Frage kommen dürfte.

Die Brandruine wirkt stark störend auf das Straßenbild und stellt somit eine das Interesse der Allgemeinheit besonders schädigende Verunstaltung dar.

Aus einem Aktenvermerk geht hervor, dass der Kreisleiter der NSDAP gegenüber dem Bezirksbürgermeister von Wilmersdorf anregte, nach Möglichkeit für den baldigen Abriss zu sorgen.

Die erste Maßnahme gegen den bebauten und unbebauten Grundbesitz der Jüdischen Gemeinde in Berlin nach der Reichskristallnacht war, einen Treuhänder einzusetzen, wodurch der Gemeinde die Verfügungsgewalt entzogen wurde. Danach wurden zur Mithaftung von gewährten Darlehen an die Jüdische Gemeinde durch zwei große deutsche Bankgesellschaften auf eine Reihe von Grundstücken Sicherungshypotheken als Belastung eingetragen.

Am 2. Februar 1939 wurde eine weitere größere Zahl von unbelasteten und teilweise belasteten Grundstücken eingetragen, zum Beispiel Franzensbader Straße 7–8. Diese vorangegangenen Belastungen mussten von der Jüdischen Gemeinde so rasch wie möglich getilgt werden; im Falle der Franzensbader Straße 7–8 geschah dies am 24. Juli 1939. Im Januar 1941 wurde das Grundstück auf Grund der „Verordnung über den Einsatz des jüdischen Vermögens vom 3.12.1938“ eingezogen. Im Februar 1941 wurde das Grundstück mit der darauf stehenden Ruine an eine Berliner Wohnbau-GmbH verkauft, und diese Gesellschaft stellte sofort einen Antrag zum ‚Abbruch des ausgebrannten Synagogengebäudes' an den Generalbauinspektor für die Reichshauptstadt Berlin, dem Antrag wurde stattgegeben. Im April 1941 wurde auf dem Gelände ein Gemüsestand errichtet, ‚die benötigten Materialien erwirbt die Händlerin vom dortigen Abbruch'.

Obgleich die Sicherungshypothek einer der beiden Gesellschaften in Höhe von 4 200 000.– RM ‚infolge Zahlung der ihr zu Grunde liegenden Forderung gegenstandslos geworden' und Löschungsbewilligung bereits unter dem 29.November 1940 ausgestellt war, blieben die Sicherungshypotheken auf einer größeren Anzahl von Grundstücken der Jüdischen Gemeinde bis über das Jahr 1940 hinaus bestehen. Durch diese Prozedur konnte fast der gesamte Grundbesitz der Gemeinde ‚legal' enteignet, übertragen oder (zwangs-) verkauft werden. Einige wenige der mithaftenden, dann durch Beschlagnahme oder Zwangsverkauf enteigneten Grundstücke finden sich in einer Liste des Stadtpräsidenten der Reichshauptstadt Berlin wieder.

In der Liste ist erwähnt: Berkaer Straße 18 –20 (Altersheim).[7]

7 heute Nr. 31-36

Die Jüdische Gemeinde und eine jüdische Nachfolgeorganisation meldeten nach dem Krieg Ansprüche auf Rückerstattung des Eigentums an. Das Grundstück ging im Rahmen eines Globalvertrages auf Berlin über. Berlin verkaufte einige Flächen an eine Wohnstättengesellschaft mit der Auflage, dort Wohngebäude für Bundesbedienstete zu errichten. Die Wohnstättengesellschaft erwarb außerdem die Nachbargrundstücke, die der Arbeitsdienst in den 40er Jahren erworben hatte. An einem dieser Wohnhäuser befindet sich heute eine Gedenktafel.[8]

8 Synagogen in Berlin, Teil 2. Berlin 1983, S. 86, 94, 95

Der erste Gemeinderabbiner Dr. Emil Bernhard Cohn, Ilmenauer Straße 11, geboren am 18.2.1881 in Steglitz, gehörte seinerzeit zu den hervorragenden jüdischen Persönlichkeiten Berlins. Unter dem Pseudonym Emil Bernhard veröffentlichte er Reihe von Trauer- und Schauspielen. So u. a. 1919 Briefe des Uria; 1920 Herr Johann Wittenberg; 1921

Mirabeau; ebenfalls 1921 Anna Boleyn; 1924 Die Jagd Gottes; 1931 Hotel Eden. Auch als Übersetzer aus dem Hebräischen machte er sich einen Namen.

DAS ALTERSHEIM IN DER BERKAER STRASSE 31–35

Eine Gedenktafel am heutigen Max-Bürger-Krankenhaus Berkaer Straße 32 erinnert an Alexander Beer, den jüdischen Architekten und Gemeindebaumeister, der am 8.Mai 1944 im Konzentrationslager Theresienstadt ermordet wurde. Er hatte 1930 das Gebäude entworfen, das 1931 bis 1941 als jüdisches Altersheim genutzt wurde und eine Synagoge hatte. Die SS beschlagnahmte es 1941 und ließ alle Bewohner und das Pflegepersonal in Vernichtungslager deportieren und umbringen. Das Haus wurde nach 1945 von der britischen Armee genutzt und 1954 an das Land Berlin verkauft.

Text einer Gedenktafel am Eingang zur geriatrischen Abteilung: „Die jüdische Gemeinde zu Berlin erbaute im Jahre 1930 dieses Haus als Altersheim. Die Nationalsozialisten nahmen im Jahre 1941 widerrechtlich von ihm Besitz und vertrieben seine Bewohner. Das freie Berlin beseitigte die Folgen des Unrechts, erwarb das Haus im Jahr 1954 und gab es kranken Mitbürgern als Heimstatt" – ein Beispiel unerlaubter Beschönigung. Nicht vertrieben wurden die Bewohner, sondern deportiert und ermordet, und unklar ist, was mit Beseitigung der Folgen des Unrechts gemeint ist.[9]

9 Eckhardt, Ulrich, Nachama, Andreas: Jüdische Orte in Berlin. Berlin 1996, S. 118

Der Regierungsbaumeister Alexander Beer, geb. 1873, kam aus dem hessischen Staatsdienst, wo ihm die Restaurierung von Staatsgebäuden und Denkmälern unterstand, zur jüdischen Gemeinde nach Berlin und baute hier unter anderem die Synagoge in der Prinzregentenstraße in Wilmersdorf und das Altersheim in Schmargendorf. Neben anderen Bauten unterstanden ihm auch die Gebäude der Gemeinde, für deren baulichen Zustand er verantwortlich war. Beer wurde von den Nazis nach Theresienstadt deportiert und starb dort im Mai 1944.[10]

10 Christoffel, Udo: Berlin Wilmersdorf, Die Juden Leben und Leiden, hrsg. von. Kunstamt Wilmersdorf, Berlin 1987, S. 126

Alexander Beer, geb. 10.9.1873, in Hammerstein, Westpreußen, Tiergarten, Blumes Hof 15, 4. großer Alterstransport vom 17.4.1943 nach Theresienstadt, Todesort Theresienstadt, Todesdatum 8.5.1944.[11]

11 Gedenkbuch Berlins, Berlin 1995

Schreiben des Vorstandes vom 29.3.1932. *Im Jahr 1931 wurde das von A. Beer entworfene jüdische Altersheim an der Berkaer Straße eingeweiht, es enthielt im 3. Obergeschoß des rechten Seitenrisalits einen großen Betsaal;*

Der Bau ist noch erhalten. Umbauplanungen 1980 im Gange, unter Wahrung des Äußeren.

Bauakten im Bauaufsichtsamt Wilmersdorf enthalten.[12]

12 Synagogen in Berlin, Teil 1. Berlin 1983, S. 70

Jüdische Kulturvereinigung

III S 174/35
Dr. Bl/Mc

7. April 1941.

An die
V i c t o r i a
Feuer-Versicherungs-Actien-Gesellschaft
B e r l i n SW 68
Lindenstrasse 20-25

Betrifft unsere Haftpflichtversicherung 677297

Zu obiger Haftpflichtversicherung teilen wir ergebenst mit, dass das Risiko betreffend das Altersheim Berlin – Schmargendorf, Berkaerstrasse 32-35, weggefallen ist.

Das Grundstück Berkaerstr. 32-35 ist an das Deutsche Reich (Polizeiverwaltung), vertreten durch den Herrn Reichsführer SS und Chef der Deutschen Polizei im Reichsministerium des Innern, Berlin SW 11, Prinz Albrechtstr. 8 verkauft. Das Deutsche Reich (Polizeiverwaltung) ist auf Grund der Auflassung vom 12.3.1941 am 14.3.1941 als Eigentümer im Grundbuch eingetragen worden.

Hochachtungsvoll
Jüdische Kulturvereinigung
Jüdische Gemeinde zu Berlin e.V.
Der Vorstand
i.A.

Schreiben der Jüdischen Kulturvereinigung vom 7.4.1941 (Centrum Judaicum)

In das geräumte Altersheim zog das Reichssicherheitshauptamt mit folgenden Referaten:

Amtschef VI (SD-Ausland)Auslandsnachrichtendienst
Geschäftsstelle VI

Die Referate

VI A	Organisation des Auslandsnachrichtendienstes
VI B	Nachrichtendienst in Westeuropa
VI C	Nachrichtendienst in russisch-japanischem Einflussgebiet
VI D	Nachrichtendienst in Nord- und Südamerika, England und Skandinavien
VI G	Wissenschaftlich-methodischer Forschungsdienst
VI Wi	Einbau der Wirtschaft in den Auslandsnachrichtendienst[13]

13 Rürup, Reinhard (Hrsg.): Topographie des Terrors, Berlin 1987

Eins haben Schmargendorf und das Altersheim gemeinsam: beide wurden gerne als Wohnsitz für den Ruhestand gewählt. Schmargendorf war ein bevorzugtes Ziel für unverheiratete ältere Damen und Witwen, sie kamen – soweit überhaupt noch nachzuvollziehen – aus Wilmersdorf, den umliegenden Bezirken wie Charlottenburg und Schöneberg, aber auch aus Moabit und Kreuzberg.

Die Insassen des Altersheims gehörten wohl meist der etwas weniger vermögenden Klasse an. Sofort nach der Regierungsübernahme Hitlers begann die Lage des Heimes sich schlagartig zu verschlechtern. War es bis zu diesem Zeitpunkt üblich, auch nicht im Heim wohnenden jüdischen Bürgern ein Mittagessen bzw. einen Abendtisch preiswert oder gar umsonst abzugeben, war das danach nicht mehr möglich. Im Archiv des Centrum Judaicum in der Oranienburger Straße 28/30 finden sich einige Unterlagen darüber.[14]

14 Signatur 75 A Be 2 Nr. 10

13. Februar 1933[15]
Frau Dr. Clara Grünbaum,
Schmargendorf, Davoserstraße 17

In Beantwortung Ihres Schreibens vom 30. v. Mts. bedauern wir, Ihnen einen freien Abendtisch nicht bewilligen zu können.

15 ebd. Bl. 106

Auch der freie Mittagstisch kann über den 1. April d. Jhrs. hinaus nicht gewährt werden. Sie müssen vom 1. April d. Jhrs. ab hierfür monatlich RM. 12.– zahlen. Die finanziellen Verhältnisse der Gemeinde sind so angespannt, dass wir leider nicht in der Lage sind, wie bisher, freies Essen bewilligen zu können.
Hochachtungsvoll gez. R.

3. August 1933 [16]

16 ebd. Bl.108 in Kopie

4. September 1933 [17]
Berlin-Schmargendorf,
Sulzaerstr. 8 bei Schreiber
Herrn Rosenthal
Vorsteher des Altersheims Berlin-Schmargendorf
der jüdischen Gemeinde. Berlin N.

17 ebd. Blatt 104

Sehr geehrter Herr Rosenthal!
Wie Ihnen vielleicht schon berichtet wurde, verlasse ich meinen Verpflegungsplatz im Altersheim am 12. September. Fast ausschliesslich seelische Gründe sind der Anlass dafür, dass ich nun doch unter Überwindung gewisser Schwierigkeiten mit in den Haushalt meines Sohnes gehe.

Ich möchte bei dieser Gelegenheit Ihnen nochmals meinen Dank aussprechen für die grossen Bemühungen, die Sie s. Zt. wegen meiner Unterbringung übernommen hatten.
Hochachtungsvoll
Siegmund Gottfurcht.

(Anm.: Siegmund Gottfurcht wurde am 17.8.1942 nach Theresienstadt deportiert und dort am 31.8.1942 ermordet).

12. September 1933 [18]
Frau Johanna Jurick,
Schmargendorf, Auguste-Viktoria-Straße 52c

18 ebd. Blatt 134

In Beantwortung Ihres Schreibens vom 1. d. Mts. müssen wir Ihnen zu unserem Bedauern mitteilen, dass die Verhältnisse der Gemeinde es nicht gestatten, Ihnen das Essen ohne Zuzahlung zu bewilligen. Der von Ihnen eingezahlte Betrag

bringt monatlich RM. 15.– Zinsen, während uns das Essen selbst RM 33.– monatlich kostet.
Hochachtungsvoll Der Vorstand gez. R.

Aber auch die monatlichen Unterbringungskosten konnten oft nicht mehr aufgebracht werden:

19 ebd. Blatt 178

23. April 1933 [19]
Herrn Sanitätsrat Dr. Erich Levy,
Wilmersdorf, Güntzelstr. 49

Sehr geehrter Herr Sanitätsrat!
Wir bestätigen den Eingang Ihres Schreibens vom 20. d. Mts. Es ist ausserordentlich traurig, dass wir für Frl. Herzer keine Zahlung von Ihnen mehr erhalten sollen. Die Jüdische Gemeinde hat in dieser Zeit so grosse Aufgaben und so wenig Einnahmen, dass sie mit jeder Mark rechnen muss. Wir werden Frl. Herzer vorläufig im Heim behalten und bitten Sie, dafür zu sorgen, dass irgend eine Summe für Frl. Herzer gezahlt wird.
Hochachtungsvoll
Der Vorstand.
Gez. Rosenthal

Tabelle 5
Wahlergebnisse
Durch einen Bericht im „Grunewald Echo" sind wir in der Lage, auch das Wahlverhalten der Insassen anlässlich der im März 1933 abgehaltenen Reichstags- und Landtagswahl nachvollziehen zu können. Das Altersheim bildete seinerzeit den Unterwahlkreis 101K. An dem Erfolg der Staatspartei in Schmargendorf hatten die Wähler des Altersheims einen beträchtlichen Anteil.

Gewählte Partei	Landkreiswahl Altersheim	Schmargendorf insgesamt	Reichstagswahl Altersheim	Schmargendorf insgesamt
NSDAP	1	6108	1	6173
Ver. Vaterl. Verb.	–	161		
SPD	19	2358	20	2434
KPD	5	1268	4	1283
Zentrum	32	1065	33	1126
Preuss. Mittelstand	1	23		
Kampffront Schwarz-Weiss-Rot	4	3525	4	3664
Radikal. Mittelst.	–	14		
Dt. Volkspartei	–	342	–	335
Christl. soz. Verband	–	112	–	104
Staatspartei	108	680	110	670
Wahlberechtigt	180	17 315	180	17 315
Ungültig	2	171	1	
Gültige Stimmen	170	15 662	172	15 793

DIE LETZTEN BEWOHNER UND MITARBEITER DES ALTERSHEIMES IN DER BERKAER STRASSE 32–35 Tabelle 6

Nachname	Vorname	Geb.-name	Jg.	Geburtsort	Datum	Ziel / Todesort	Todestag
Abel	Rosette	Loewenstein	1875	Ossendorf / Westfalen	17.8.1942	Theresienstadt	27.8.1942
Abrahamsohn	Julius		1887	Trachenberg / Schlesien	18.5.1943	Theresienstadt / Auschwitz	verschollen
Abrahamsohn	Gertrud	Heymann	1895	Berlin	18.5.1943	Theresienstadt / Auschwitz	verschollen
Angress	Louis		1861	Sanem / Schlesien	14.7.1942	Theresienstadt / Minsk	verschollen
Apolant	Bertha		1854	Jastrow / Westpreußen	17.8.1942	Theresienstadt / Minsk	verschollen
Ballhorn	Lucie		1916	Berlin	14.10.1943	Auschwitz	verschollen
Baum	Eva		1904	Berlin-Schöneberg	9.12.1942	Auschwitz	verschollen
Behrendt	Mathilde		1857	Brandenburg	17.8.1942	Theresienstadt	3.9.1942
Beigel	Irma		1911	Berlin	2.3.1943	Auschwitz	verschollen
Berliner	Hildegard		1904	Katschen / Schlesien	12.1.1943	Auschwitz	verschollen
Birnbaum	Pessel	Rappaport	1862	Drohobycz / Galizien	17.8.1942	Theresienstadt / Minsk	verschollen
Bloch	Agnes	Wolffheim	1860	Stettin / Pommern	14.9.1942	Theresienstadt	20.11.1942
Blochert	Paula	Wall	1871	Samter / Posen	17.8.1942	Theresienstadt	6.10.1942
Blum	Hugo		1867	Strehlen / Schlesien	6.6.1942	Theresienstadt	16.9.1942
Böhm	Philippine	Lachmann	1862	Schubin / Posen	17.8.1942	Theresienstadt	2.9.1942
Borchardt	Margarete	Plaum	1864	Berlin	21.7.1942	Theresienstadt	18.11.1942
Bornstein	Alma	Mosler	1867	Hultschin / Schlesien	6.6.1942	Theresienstadt	13.7.1942
Bramson	Rosa	Fleck	1869	Düsseldorf / Rheinprovinz	17.8.1942	Theresienstadt	27.12.1942
Brandes	Natalie	Reich	1860	Posen / Posen	14.7.1942	Theresienstadt / Minsk	verschollen
Bud	Moritz		1856	Neuwedell / Brandenburg	17.8.1942	Theresienstadt	21.9.1942
Cohn	Jeanette	Koppel	1871	Eschweiler / Rheinprovinz	17.8.1942	Theresienstadt / Minsk	verschollen
Cohn	Hulda		1866	Demmin / Pommern	17.8.1942	Theresienstadt	verschollen
Cohn	Cäcilie		1859	Demmin / Pommern	17.8.1942	Theresienstadt	3.9.1942
Cohn	Alexander		1865	Kamin / Westpreußen	17.8.1942	Theresienstadt	6.9.1942
Daniel	Rosalie	Mayer	1864	Prenzlau / Brandenburg	17.8.1942	Theresienstadt / Minsk	verschollen
Elias	Rosalie	Presser	1862	Miloslaw / Posen	14.7.1942	Theresienstadt	29.10.1942
Feibusch	Johanna		1864	Königsberg / Ostpreußen	19.6.1942	Theresienstadt / Minsk	verschollen
Friedländer	Frieda	Jakob	1862	Rogowo / Posen	17.8.1942	Theresienstadt	30.9.1942

noch: Tabelle 6

Nachname	Vorname	Geb.-name	Jg.	Geburtsort	Datum	Ziel / Todesort	Todestag
Friedländer	Johanna		1862	Landeck / Westpreußen	17.8.1942	Theresienstadt / Minsk	verschollen
Fürstenthal	Rosa	Swarsenski	1866	Marienfliess / Pommern	6.6.1942	Theresienstadt	9.10.1942
Gappe	Rosa	Jacks	1867	Schlochau / Westpreußen	17.8.1942	Theresienstadt	März 1943
Gelbart	Cäcilie	Elias	1881	Berlin	14.7.1942	Theresienstadt	8.10.1942
Gerechter	Sara	Staub	1867	Myslowitz / Schlesien	17.8.1942	Theresienstadt / Minsk	verschollen
Glogauer	Bianca	Doctor	1863	Kommerau / Böhmen	17.8.1942	Theresienstadt / Minsk	verschollen
Goerke	Flora	Karfunkelstein	1864	Laurahütte / Schlesien	17.8.1942	Theresienstadt / Minsk	verschollen
Goldschmidt	Ernestine	Oettinger	1862	Neustadt / Posen	28.5.1943	Theresienstadt / Minsk	Okt.1943
Gotthilf	Gertrud		1922	Schneidemühl / Posen	1.3.1943	Auschwitz	verschollen
Gumpel	Johanna	Baruch	1847	Deutsch-Krone / Westpr.	6.6.1942	Theresienstadt	29.11.1942
Gumpel	Sale	Laser	1856	Ostrowo / Posen	23.6.1942	Theresienstadt	6.7.1942
Havelland	Thekla		1874	Hamburg	25.1.1942	Riga	verschollen
Hirschfeld	Alice		1875	Berlin	2.4.1942	Trawniki	verschollen
Hirschfeld	Beate	Elkan	1872	Berlin	25.1.1942	Riga	verschollen
Hirschfeld	Jenny		1875	Danzig	25.1.1942	Riga	verschollen
Itzkowski	Eva		1870	Berlin	17.8.1942	Theresienstadt / Minsk	verschollen
Jacoby	Hermann		1855	Rokitten / Posen	6.6.1942	Theresienstadt	17.2.1943
Jaruslawsky	Hedwig	Frankenstein	1864	Allenstein / Ostpreußen	17.8.1942	Theresienstadt	1.9.1942
Jonas	Leo		1853	Rügenwalde / Pommern	6.7.1942	Theresienstadt	25.7.1942
Katz	Hildegard Ruth		1904	Berlin	29.11.1942	Auschwitz	verschollen
Kern	Gertrud		1912	Heilbronn / Württemb.	28.3.1942	Trawniki / Majdanek	verschollen
Königsberger	Leo		1866	Fürth / Bayern	21.7.1942	Theresienstadt	3.8.1942
Krisch	Leopoldine	Hollaender	1859	Leobschütz / Schlesien	6.6.1942	Theresienstadt	12.6.1942
Krutz	Gerda		1908	Zalzinke / Posen			verschollen
Lewinsky	Leo		1902	Fischhausen / Ostpreußen	29.1.1943	Auschwitz	verschollen
Lewinsohn	Selma	Levy	1867	Berlin	17.8.1942	Theresienstadt	3.9.1942
Lewy	Wally	Wolff	1900	Rodewisch / Sachsen	15.8.1942	Riga	verschollen
Loewenthal	Minna		1862	Posen / Posen	30.6.1942	Theresienstadt / Minsk	verschollen
Loose	Jenny		1867	Königsberg / Ostpreußen	17.8.1942	Theresienstadt	Dez. 1942
Löwenstein	Rosa	Weyl	1877	Bocholt / Westfalen	19.1.1942	Riga	f. tot erklärt

noch: Tabelle 6

Nachname	Vorname	Geb.-name	Jg.	Geburtsort	Datum	Ziel / Todesort	Todestag
Lychenheim	Herta		1925	Berlin	9.12.1942	Auschwitz	verschollen
Manasse	Carola	Kissinger	1883	Bad Kissingen / Bayern	25.1.1942	Riga	verschollen
Mannheim	Hildegard		1863	Berlin	3.8.1942	Theresienstadt	1.12.1942
Markel	Jenny	Goldschmidt	1872	Kosten / Posen	17.8.1942	Theresienstadt / Minsk	verschollen
Messow	Emma	Fürstenthal	1863	Groß-Freden / Hannover	17.8.1942	Theresienstadt	13.9.1942
Meyer	Fanny	Rosenthal	1868	Steinhausen / Westfalen	14.7.1942	Theresienstadt	13.8.1942
Michaelis	Maria	Weiss	1858	Preußisch-Stargard Westp.	17.8.1942	Theresienstadt	6.9.1942
Moses	Jenny	Ettisch	1870	Samter / Posen	17.8.1942	Theresienstadt / Minsk	verschollen
Müller	Clara	Kayser	1860	Jarotschin / Posen	6.6.1942	Theresienstadt	17.11.1942
Oettinger	Bona	Rost	1878	Stuttgart / Württemb.	25.1.1942	Riga	verschollen
Oppenheimer	Georg		1862	Sprottau / Schlesien	14.7.1942	Theresienstadt	12.8.1942
Opprower	Flora	Loewy	1873	Danzig	13.1.1942	Riga	verschollen
Pincus	Regina	Brasch	1869	Berlin	14.7.1942	Theresienstadt	6.1.1943
Preuss	Julius		1865	Krotoschin / Posen	17.8.1942	Theresienstadt / Minsk	verschollen
Preuss	Natalie	Bucki	1870	Steinau / Schlesien	17.8.1942	Theresienstadt / Minsk	für tot erklärt
Rapp	Elli		1892	Quedlinburg/Prov. Sachs.	3.10.1942	Osten / Reval	verschollen
Rausch	Eduard		1861	Rogasen / Posen	13.7.1942	Theresienstadt	24.8.1942
Rausch	Lena	Wreszynski	1867	Gnesen / Posen	13.7.1942	Theresienstadt / Minsk	verschollen
Reich	Agnes	Joachim	1862	Neustadt / Posen	17.8.1942	Theresienstadt / Minsk	verschollen
Rosenthal	Marie	Markiwiecz	1860	Mewe / Westpreußen	9.7.1942	Theresienstadt	6.8.1942
Ruhemann	Emma		1865	Berlin	3.7.1942	Theresienstadt	22.8.1942
Ruhemann	Margarete	Lebensheim	1863	Bromberg / Posen	6.6.1942	Theresienstadt / Minsk	verschollen
Samolewitz	Georg		1870	Berlin	17.8.1942	Theresienstadt	30.8.1942
Samolewitz	Rosalie	Jacobis	1869	Berlin	17.8.1942	Theresienstadt / Minsk	verschollen
Scherek	Malwine		1863	Posen / Posen	6.6.1942	Theresienstadt	verschollen
Scherek	Johanna		1856	Posen / Posen	6.6.1942	Theresienstadt	1.7.1942
Schnitzer	Anna		1873	Berlin	25.1.1942	Riga	verschollen
Schoenberg	Georg		1867	Buckow / Brandenburg	9.6.1942	Theresienstadt / Minsk	verschollen
Schoenfeld	Toni	Borck	1873	Posen / Posen	17.8.1942	Theresienstadt / Minsk	verschollen

noch: Tabelle 6

Nachname	Vorname	Geb.-name	Jg.	Geburtsort	Datum	Ziel / Todesort	Todestag
Schottländer	Fanny	Holz	1865	Posen / Posen	8.9.1942	Theresienstadt	26.11.1942
Silberberg	Laura	Schüler	1860	Fürstenberg/Brandenb.	21.7.1942	Theresienstadt	19.10.1942
Silberstein	Selma	Holzbock	1868	Schroda / Posen	17.8.1942	Theresienstadt	26.8.1942
Simonstein	Selma	Anschel	1882	Gornitz / Posen	13.6.1942	Osten / Majdanek	verschollen
Sinasohn	Julius		1866	Aschersleben Prov. Sachs.	28.5.1943	Theresienstadt	1.1.1945
Stern	Salo		1859	Katscher / Schlesien	17.8.1942	Theresienstadt / Minsk	verschollen
Sternfeld	Helene		1868	Bielefeld / Westfalen	8.9.1942	Theresienstadt	23.00.1942
Straus	Hannchen	Lohmann	1862	Baiersdorf / Bayern	17.8.1942	Theresienstadt	27.8.1942
Teppich	Flora		1862	Mohrungen / Ostpreußen	13.7.1942	Theresienstadt / Minsk	verschollen
Tuch	Aron		1864	Borek / Posen	17.8.1942	Theresienstadt	21.8.1942
Tuchler	Meta		1886	Groß-Bislaw / Westpreuß.	27.11.1941	Riga	verschollen
Westphal	Bertha	Mannheimer	1860	Fahrenwalde Brandenb.	17.8.1942	Theresienstadt	30.8.1942
Wittenberg	Jenny	Berger	1871	Berlin			30.5.1942
Wolff	Hertha		1899	Rodewisch / Sachsen	1.11.1941	Lodz / Litzmannstadt	verschollen
Wolff	Philippine	Henschke	1865	Kauernik / Westpreußen	14.9.1942	Theresienstadt	14.11.1942
Zander	Käthe		1904	Berlin	26.6.1942	Osten	verschollen

Tabelle 7
Zielorte der Deportation und Ort der Ermordung

Deportiert nach	Anzahl	Ermordet in	Anzahl	Weitertransport nach	Anzahl
Theresienstadt	77	Theresienstadt	49	Auschwitz	2
				Minsk	26
Riga	10	Riga	10		
Auschwitz	8	Auschwitz	8		
Osten	3	Osten	1	Majdanek	1
				Reval	1
Trawniki	2	Trawniki	1	Majdanek	1
Lodz	1	Lodz	1		
Unbekannter Zielort	2	Unbekannt	2		

DIE JÜDISCHEN PRIVATSCHULEN

Höhere Jüdische Privatschule, Dr. Leonore Goldschmidt.

Nach ihrer Entlassung als Studienassessorin an der städtischen Sophie-Charlotten-Schule (Charlottenburg) unterrichtete Leonore Goldschmidt (1897–1983) zunächst an der Lessler-Schule. Da sie keine Planstelle innegehabt hatte, stand ihr auch kein Ruhegehalt zu. Der wachsende Druck, den die nationalsozialistischen Machthaber im Hinblick auf eine stufenweise Aussonderung jüdischer Schüler aus öffentlichen Schulen (...) ausübten, bestärkte sie in der Idee, eine eigene Schule zu gründen. Ihr Ehemann, Ernst Goldschmidt, half ihr bei der Erlangung einer Schulgründungslizenz beim Berliner Stadtpräsidenten.

Nach ersten Anfängen in der Auguste-Viktoria-Straße 62 erfolgte am 1.5.1935 die offizielle Schulgründung durch eine Unterrichtsgemeinschaft und am 1.8.1935 der Umzug in das Haus Kronberger Straße 24. Am 9.1.1936 erfolgte die Genehmigung als Volksschule für Knaben und Mädchen und Reale Höhere Lehranstalt für Mädchen durch den Erlaß des Ministers für ... Volksbildung, am 24.2. folgte die Genehmigung zur Aufnahme von Knaben in die Höhere Lehranstalt. Da vielen Eltern aufgrund ihrer wirtschaftlichen Notlage eine Betreuung ihrer Kinder nur noch schwer möglich war, wurde ein Tagesheim mit der Schule verbunden, das ein Drittel der Schüler besuchte. Am 3.3.1936 wurden im Haus Hohenzollerndamm 105/110 Unterrichtsräume eingerichtet. Die Grundschule und das Internat verblieben im alten Haus.. Die Mädchen zogen bald darauf in das Wohnhaus Berkaer Straße 31 um. Von Juni bis Oktober 1936 stiegen die Schülerzahlen von 291 auf 327 (incl. 71 bzw. 78 Volksschüler/-innen).

Am 1.5.1937 folgte die Hinzunahme eines 1903 errichteten Einfamilienhauses (Hohenzollerndamm 102) für die unteren Klassen der Höheren Schule und das Internat der älteren Knaben. Im Mai 1938 war die Goldschmidt-Schule voll ausgebaut. Sie bestand aus dem Haupthaus Hohenzollerndamm 110, den beiden Filialen in der Kronberger Straße 24 und Hohenzollerndamm 102, sowie dem Mädcheninternat in der Berkaer Straße 31. Die Gesamtschülerzahl belief sich auf 546 Schüler/-innen. Im August 1938 endlich genehmigte das Erziehungsministerium den (...) Antrag auf das Recht zur Abnahme der Reifeprüfung.

Die Anstalt entwickelte sich zur größten jüdischen Privatschule Berlins. Allein schon durch die privilegierte Lage der Schule konnte der Charakter einer Oase entstehen und aufrecht erhalten werden. Der Kreis der Schüler setzte sich zunächst aus Berliner Familien des gehobenen Mittelstandes zusammen, doch mit der sich verschärfenden antijüdischen Gesetzgebung kam auch eine große Anzahl von Kindern aus allen Teilen des Reiches hinzu. Die Erziehung war nicht religiös, sondern bewahrte die Traditionen einer deutschen Schule, aber mit dem Ziel der Vorbereitung der Emigration ins englischsprachige Ausland.

1939 gründete Ernst Goldschmidt nach seiner Flucht im November 1938 eine Zweigstelle für die Schule in Folkstone (Kent). Am 19.4.1939 wird das Haus am Roseneck von der SS besetzt, die Schule mußte in die Villa Kronberger Straße 18 (Lessler-Schule) umziehen. Am 21.7.1939 flüchtet Leonore Goldschmidt aus Berlin. Dr. Kurt Lewent führt die Schule weiter, am 30.9.1939 wird der Schulbetrieb geschlossen.[20]

20 Jörg H. Fehrs, Von der Heidereutergasse zum Roseneck, Berlin, 1993, Seite 314–322

Soweit die erste Annährung an die Schmargendorfer jüdischen Mitbürger.

Wie schrieb doch Professor Utz Maas in seinem schon früher erwähnten Buch:

Der Gegenstand macht eine leidenschaftslose Betrachtung unmöglich.

In unmittelbarer Nähe der erwähnten ehemaligen jüdischen Zentren in Schmargendorf wird zur Zeit in der Augusta-Viktoria-Straße die Botschaft des Staates Israel in Berlin errichtet. Lasst uns versuchen, durch Erinnern ähnliche Schicksale in Deutschland in Zukunft zu verhindern.

Elvira Wadin-Herrmann

LAUSIGE ZEITEN
KRIEGSENDE AM HOHENZOLLERNDAMM *

* Die Autorin beschreibt in ihrem Bericht das Ende des Zweiten Weltkrieges, das sie in dem Wohnblock Hohenzollerndamm Ecke Flinsberger Platz schräg gegenüber der Kreuzkirche und der Marienburg-Oberschule erlebte. Die Herausgeber erhielten ihr Manuskript aufgrund der Veröffentlichung anderer Zeitzeugenberichte und Dokumente zum Kriegsende in Wilmersdorf: Arbeitskreis Geschichte Wilmersdorf (Hrsg.): Bleib übrig. Eine Dokumentation, Berlin 1999

Immer noch sah es am Hohenzollerndamm recht friedlich aus. Nun hatte Mutter wieder mehr Zeit, sich mit den Nachbarinnen zu beraten, was man alles im Notfall haben sollte und was man aus was als Ersatz herstellen konnte. Viele Nachbarn waren aber auch schon aus ihren Wohnungen in den Westen geflohen. Lieber von den Amerikanern überrannt werden. Von den Russen aus dem Osten hörte man Fürchterliches. Und im Übrigen wurden wir immer beruhigt, die Armee Wenk wird ja da sein, wenn es nötig wird.

Trotzdem, wir richteten uns auf die Katastrophe ein. Der Osten Berlins ging nun schon Stück für Stück verloren. Bei uns im Haus wohnte oben über uns der Blockwart, Herr T. Über oder neben ihm war der große Dachboden, und da brach er sich die Wand durch, als Fluchtweg über den Boden zu einem anderen Treppenhaus. Nun zeigte er es Gisela und mir, weil wir die beiden einzigen Mädchen in unserem Haus waren. Obwohl unsere Mütter ja auch erst Anfang 40 waren. Aber das zählte nicht so sehr.

Wir, Mutter und ich, holten nun alle nicht so guten Kleidungsstücke aus unseren Schränken und warfen sie unten in unseren Kellerverschlag auf die Kisten mit Eingemachtem. Auch Kinderzeug, Decken und Entbehrliches kam in den Keller. Viele Leute rannten an unseren Häusern vorbei, ihr bisschen Hab und Gut mitschleppend. Sie suchten im Westen der Stadt Zuflucht, weil der Osten schon verloren war. Und immer noch fuhren die Straßenbahnen an uns vorbei nach Roseneck. Irgendwann hörte man es deutlicher Schießen und Papa blieb bei uns zu Hause. Immer mehr deutsche Soldaten zogen mit klirrendem Kriegshandwerkszeug am Haus vorbei. Dann war es soweit. Wir verzogen uns allesamt hinunter in die Keller.

Ganz kurz, bevor wir da verschwanden, sagte Mutter: „Mein Gott, ich habe kein Salz mehr. Alles andere habe ich beisammen, aber kein Salz. Ohne Salz sind wir aufgeschmissen. Elvira, nimm Dir das Rad und sieh zu, dass Du noch irgendwo Salz bekommst. Und so fuhr ich los. Auf die paar

Die Autorin als Kind (Privatbesitz)

Geschäfte in Schmargendorf wollte ich mich nicht verlassen, lieber in Richtung Berliner Straße. Hinter dem Bahnhof Hohenzollerndamm kam der Beschuss von irgendwo weit vorne über die Straße, und ich fuhr an der Russischen Kirche vorbei. Die Straße war noch ruhig. Und nun kommt etwas Komisches. Ich bekam in einem Kaisers Kaffeegeschäft von zwei netten Damen eine Tüte Salz, die sich wunderten, dass ich da noch heil durchgekommen war. Und ich konnte mich später viele Jahre lang nicht mehr erinnern, wo ich das Salz bekommen hatte. Immer mal musste ich darüber nachdenken – nichts – es fiel mir nicht mehr ein. Sehr spät nach dem Krieg wurde eine große Ecke neu wieder aufgebaut, und erst als die dort stand, fiel es mir wie ein Schleier von den Augen. Da war das Geschäft, wo ich das Salz geholt hatte. Als der Krieg vorüber war, gähnte an der Stelle ein großes tiefes Loch, mit Grundwasser, und so erkannte ich es nie, wenn ich da vorbei kam. Es war der große Block Berliner Straße, Uhlandstraße, Blissestraße. Wundert sich da noch jemand, dass ich in Krisenzeiten auch heute noch genug Salz einkaufe?

Jetzt ging es aber ab in den Keller. Wir richteten uns für längere Zeit ein. Wie lange und ob wir überleben würden – keiner konnte es sagen. Den großen runden Familientisch mit den Stühlen und vorher die beiden Klappbetten brachten wir die Kellertreppe hinunter. Gleich rechts neben der Kellertür, in der Ecke, begann es jetzt wohnlicher zu werden. Auch eine Tischdecke zierte vorerst das Ganze. Und Mutti glänzte mit ihren Kirchenkerzen, wovon sie eine ganze Menge hatte. Große lange Kirchenkerzen, die immer schön in Seidenpapier gewickelt waren und, damit sie nicht verbogen, glatt im Schrank liegen mussten. Eine Menge Wassereimer wurde gefüllt und alles, was man an Küchenkram brauchen konnte, kam auch noch in den Keller.

Unser Haus hatte als Zentralheizungshaus in den Wohnungen Schornsteine für Notfälle. Durch unsere Wohnung gingen zwei Schornsteine, und so konnte man jetzt untern im Keller an den Schornstein einen kleinen Herd aus Ziegelsteinen aufbauen, was Papa machte. So dass zur Not ein Kochtopf dort stehen konnte. Nur klein, aber für die größte Not! Und die begann nun für uns.

Wir waren mit all den vielen Nachbarn unten, die noch nicht geflüchtet waren. Und standen noch in den Kellereingängen, da kamen mit Kampfgetümmel die ersten deutschen Soldaten zu uns hinein. Einer, der sich mit Gisela unter-

Häuser in der Franzensbader Straße nach einem Bombenangriff, 16.12.1943 (Privatbesitz)

hielt, wartete immer noch auf General Wenk. Nun müsste der jeden Moment mit frischen Truppen hier im Westen eintreffen. Wir beide waren gerade mit unseren Wassereimern beschäftigt. Der Lärm und die Einschläge wurden immer lauter und dichter, wir verkrochen uns unten in den Keller. Dann kam noch ein Schwung junger deutscher Soldaten hinunter und die sagten: „Nach uns kommen gleich die Russen, wo können wir weg?" Unten durch den Keller kam gleich ein Kellerausgang auf den Hof. Sie waren da kaum durchgeschleust durch die vielen Menschen, da waren die Russen auch schon vorne in unserem Keller und gingen den selben Weg hinterher, nur sehr viel langsamer.

Die hatten es nicht mehr eilig. Sie gingen durch ein Spalier von Menschen und riefen „Uri Uri Uri". Sie klapperten mit ihrem Kriegswerkzeug und dem ganzen Eisen und Blech, was so an ihnen hing. Und von allen Armen, die sich ihnen bereitwillig entgegenstreckten, brauchten sie die Armbanduhren, Armbänder und Ringe nur so abzupflücken. Die Menschen standen wie erstarrt. Das also war der schreckliche Feind, mit dem wir nun so viele Jahre im Krieg lagen. Nun war er also bis in unser Haus, bis hautnah an uns herangekommen. „Uri Uri" wurde leiser, und sie kletterten die Kellertreppe hinter den letzten deutschen Soldaten hinauf. Danach war ein Moment tiefes Schweigen, und gleich danach aufgeregtes Beraten, was man wie nun am Besten machen könnte. Und später kamen wieder Russen und suchten nach Soldaten und nach Waffen und nach „Uris".

In den folgenden zehn Tagen, in denen wir im Keller blieben, ging alles sehr hektisch durcheinander. Unter unserer Wohnung wohnte Frau Sukow, eine Weißrussin, und sie übersetzte, was die Russen uns sagen wollten. Fast gleich am Anfang setzten sich Russen da vorne in unser „Wohnzimmer". Es erschien ihnen dicht neben der Kellertür sehr passend und obendrein bestimmt sehr gemütlich. Wir mussten mit den Kindern und aller beweglichen Habe nun wieder in die Mitte des Blockes in unsere Luftschutzecke gehen. Da stand noch frei im Raum mein altes Luftschutzbett. Meine Eltern hatten ein Etagenbett für sich und die Kinder. Gisbert hatte seine Kinderkarre. Alles wurde nun unter die Betten gestopft und zwischendurch, wenn sie konnte, lief meine Mutter zurück zu ihrem kleinen Kochherd, um etwas für die Kinder warm zu machen. Doch sobald sie dieses Herdchen verlassen hatte, stopften irgendwelche Nachbarn Bücher, besonders „Mein Kampf" von Hitler, in dieses Feuerchen, was natürlich davon ausging. Bücher brennen nicht einfach so. Es war auch viel zu wenig Zug im Keller, also musste sie dort hocken bleiben und gegen „Mein Kampf" mit den dazugehörigen Nachbarn einen erbitterten Kleinkrieg führen.

Immerzu kamen nun einzelne Russen quer durch die langen Kellergänge. Links und rechts davon lagen die Privatkeller hinter Holzbrettern. Alle Schlösser wurden aufgebrochen oder die Krampen herausgestemmt. Und alles, was so in den Kellern lag, wurde immerzu nach Brauchbarem durchstöbert und immerzu um und um gedreht. Nun landeten schon Stoffe, Geschirr, Bücher, Eingemachtes in den Kellergängen, und jeder stiefelte querbeet durch.

Draußen, den Hohenzollerndamm entlang, wurde geschossen. Es war ein dumpfes Bollern und Dröhnen. In den Treppeneingängen standen Menschen zum Luftschnappen herum. Sie wurden von herein- und herausrennenden Russen hierhin und dahin gescheucht. Es dauerte so seine Zeit, bis gegen Abend schließlich jeder sein Plätzchen hatte. Zur Nacht versuchten alle, in die Mitte des Blocks in die schützenden Luftschutzkeller zu kommen. Alle Wohnungen oben standen leer und offen, und plündernde Soldaten verkrochen sich hinauf zum Schlafen.

Von Frau Sukow hörten wir, dass alle Russen meinten, unsere Wohnungen oben in den Häusern gehörten alle Menschen, die geflohen waren, und wir alle in den Kellern würden immer da unten leben. Wir waren sehr verwundert. Und jetzt, wo es wirklich viel zu spät war, vertraute sich diese russische Dame meinem Vater und Herrn Jakuzbig an. Ihr Keller, der ganz hinten in der letzten Ecke war, stand von unten bis an die Decke gestapelt voll mit Kisten des feinsten russischen Kirchenweines. Sie gehörte der hübschen russischen Kirche an, die in der Berliner Straße Ecke Hohenzollerndamm heute noch steht. Diese Kirche hatte Hitler mal in Friedenszeiten den Russen in Berlin geschenkt. Und dieser Wein für die hohen russischen Festtage in der Kirche stand ausgerechnet bei uns unten im Keller! Bis jetzt hatten die Soldaten nur mal hier und da eine Flasche Alkohol gefunden. Aber Frau Sukow sagte nun: „Es gibt eine Katastrophe, wenn diese Soldateska an diese Menge Wein gerät.“ Aber nun war es schon fast unmöglich, noch etwas zu tun. Die beiden Männer zogen sich also heimlich in die hinterste Kellerecke zurück, wo auch unsere eigenen Keller lagen. Und sie ließen so Flasche für Flasche und Kiste für Kiste irgendwo hin auslaufen. Es war ein großer Jammer, aber besser so.

Ein paar Flaschen retteten sie irgendwie rüber. So weiß ich, es war ein schwerer wunderbarer Wein. Den zwei Männern muss das Herz geblutet haben. Und Frau Sukow atmete erst auf, als dieses Geschäft erledigt war.

An einem der nächsten Tage, es sollte noch aus irgendwelchen Fenstern geschossen worden sein, hatten sich die Russen als Kugelfang Herrn R., den Verwalter des Hauses, herausgegriffen. Sie wollten ihn zwingen, über den beschossenen Hohenzollerndamm zu laufen, um zu sehen, von wo aus er beschossen würde. Es war eine entsetzliche Lage. Frau R. hing sich natürlich an ihren Mann und schrie und trat um sich. Sie verteidigte ihn gegen die Russen und zwar so lange, bis diese die Idee aufgaben und sich alles erschöpft zurückzog.

Man hatte in Richtung Bahnhof Hohenzollernplatz mehrere Häuser räumen müssen. Russische Soldaten scheuchten die Menschen auf die Straße, vielleicht, um besser plündern zu können, und unter dem Beschuss von beiden Seiten rannten sie nun auf unseren Block zu. Eine Frau wurde angeschossen. Sie fiel an ein Gebüsch und man hörte sie rufen: „Muss ich jetzt sterben?". Was aus ihr wurde, weiß ich nicht. Alle diese Menschen kamen also beim Flinsberger Platz in unseren Keller und wurden so am ganzen Hohenzollerndamm vorbei geschleust. Hinten liefen sie dann weiter über den Hof, durch die Gartentür in Richtung Schmargendorf. Viele blieben natürlich gleich bei uns im Haus.

Durch das Treiben der russischen Soldaten brannten viele Häuser, die bis dahin noch alles leidlich überstanden hatten, beim letzten Kriegsgeschehen aus. Die Russen trieben alle Leute heraus, da konnten sie Kramen und Plündern, obwohl es bis dahin wohl verboten war. Und überall ließen sie dabei ihre Kerzen stehen, die die verlassenen Häuser schließlich unbeaufsichtigt noch abbrennen ließen. Mutti allein hat in den Kellern an dem langen Gang bei uns vier kleinere Feuer zertreten und ausgeschlagen, die von solchen Kerzenresten in Brand geraten waren.

Plötzlich fiel Mutti ein, dass sie noch einmal nach oben in die Wohnung müsse, um einen von dem Drogisten Herrn G. geborgten Filmapparat in den Keller zu holen, damit ihm oben in der Wohnung nichts passiere. Aber auf der anderen Seite stand die Schule, in der Scharfschützen saßen, die unseren ganzen Block im Visier hatten. Der Apparat war im Schreibtisch, und so musste Mutti erst die große Mittelklappe herunterlassen. In dem sie da noch behutsam herumfummelte, machte es „klirr", und in der letzten Scheibe, die noch oben im Schrank war, war von jetzt an ein kleines rundes Loch. Es hätte auch in ihrem Kopf sein können. Aber es gelang ihr, den Apparat in den Keller zu holen.

Nun fing Klein-Gisbert an, große Sorgen zu machen. Er war zu der Zeit etwa ein Jahr und sieben Monate alt und hatte gerade eine Mittelohrentzündung überstanden. Aber er schrie und weinte bisweilen in unserer Kellerecke fürchterlich. Die Nächte zogen sich ins Uferlose. Es gab nur Kerzenlicht in den verschiedenen Ecken. Die Menschen hockten dicht nebeneinander in großer Angst. Die schweren Luftschutzkellertüren waren auf beiden Seiten fest verrammelt. Und vor diesen Türen standen viele Stunden lang, bis zum Morgen, die Russen, die hineinwollten. Tagsüber hatten sie schon mal einen Blick nach dieser oder jener Frau geworfen, die sich schnell noch mal etwas aus ihrer Wohnung in den Keller geholt hatten. Offiziell durften die Soldaten den Frauen nichts tun. Aber wer wollte sich darauf verlassen? So hockten sie nun Nächte lang vor den Kellertüren und beteuerten, sie wollten die Frauen nur sehen. Nein, sie täten keiner etwas, nur ansehen. Sie wären so schön und sie hätten so lange keine schöne Frau mehr gesehen. Übersetzt wurden diese Gespräche von Frau Korolenkow, die wohl auch aus Weißrussland kam und die mit ihrem Mann und ihrer jungen Tochter in unserem Hause wohnte. Und wenn nun mal eine Gruppe Russen dort abgezogen war und für eine Weile Totenstille herrschte, so dass jeder vor sich hin einschlief, schrie ganz plötzlich wieder unser kleiner Gisbert los und alle stürzten sich auf Mutter und Kind, damit er wieder still würde. Er schrie so hoch und schrill, dass die Krankenschwester, Frau Temlitz, die auch mit im Block wohnte, sagte, dass könnten nicht mehr die Ohren sein, weil die offen seien und schon liefen. Irgendetwas anderes müsse das Kind quälen. Am nächsten Tag schloss sie sich einem russischen Offizier an, der ihr versprach, den Tag darauf als Gegengabe für sie und das Kind einen russischen Krankenwagen zu schicken. Denn wir waren ja schon russisch besetzt, während das Martin-Luther-Krankenhaus immer noch auf der unbesetzten Seite lag. Dazwischen wurde heiß gekämpft. Und so geschah es. Nach der folgenden Nacht fuhr Frau Temlitz mit einem russischen Krankenwagen und unserem Gisbert durch die Kampfzone in das Martin-Luther-Krankenhaus.

Und Gisbert hatte Glück. Ein Spezialist wollte schon längst aus dem Hause sein. Aber dann hat er doch schnell noch das Kind operiert, der russische Krankenwagen wartete vor der Klinik. Gisbert hatte hinten am Hals einen sehr tiefliegenden Abszess, der wurde geöffnet. Und eine Glaskanüle, die mit Verbänden befestigt wurde, blieb dort drinnen. So konnte der Eiter abfließen. Nun liefen also die Ohren und dazu das andere aus der Glaskanüle. Und so in Verbände verpackt kam Gisbert wieder zurück in unseren dreckigen Keller, wo wir zu der Zeit nur noch Wasser aus den Heizungsrohren an der Decke heraus bekamen. Dieser Frau Temlitz mit ihrer bewussten Tat hat Gisbert sein Leben zu verdanken.

Der Hunger wurde auch immer schlimmer, und Papa und ich stritten um den letzten Kanten Brot. Papa hatte Ole und Frithjof auf seinem Schoß, die sich an ihn drückten und jammerten, sie hätten solch schrecklichen Hunger. Papa hatte den kleinen Kanten in den Händen, ich stand vor ihm und sagte: „Wir wissen doch gar nicht, wann wieder irgendwo etwas gebacken werden könnte“. Aber Papa sagte nur: „Du siehst doch“. Er zerbrach diesen letzten Kanten Brot und Ole und Frithjof machten sich darüber her.

In unserer Kellerecke war noch ein zweites Kleinkind, noch ein Säugling. Die eine der Schwestern, die früher immer die SS-Männer im Keller hatten, hatte nun dieses Baby. Aber das war so still. Beide Schwestern kümmerten sich darum.

Aber man sah und hörte kaum etwas aus dieser Ecke. Dann war da gleich am Fußende unseres Doppelbettes ein Bett, dort lag die ganze Zeit fest und fast versteckt von seiner Frau und einer Freundin ein jüngerer Mann. Er trug eine schwarze Augenklappe und wird wohl ein nach Hause gekommener Soldat gewesen sein, den beide Frauen zu schützen suchten.

Immer wieder, manchmal dicht hintereinander, kamen russische Soldaten unten durch die Keller und scheuchten alle hoch, um zwischen den vielen Bündeln, Hausratgegenständen und übrigem Gepäck nach versteckten Waffen und Munition zu suchen. Diese ewigen Razzien waren sehr zermürbend, weil alle befürchteten, dass die Russen dabei vielleicht selbst Waffen verstecken würden, um sie dann bei der nächsten Durchsuchung zu finden und uns alle daraufhin aus dem Haus scheuchen zu können.

An der Kirche drüben soll einmal ein Panzer gestanden haben, der den ohrenbetäubenden Lärm machte. Den habe ich selbst nicht gesehen. Aber seine Ketten hatten die kleine Pflasterung vor der Kirche herausgedrückt und verschoben. Ein anderer Panzer war quer durch die Fliederhecke am Flinsberger Platz gerollt und hatte die Schmalseite plattgewalzt. Diese Lücke brauchte ein paar Jahre, um wieder nachzuwachsen.

In unseren Kellern waren eine ganze Reihe kleiner Kinder, die den Erwachsenen in dieser ewigen Dunkelheit sehr lästig wurden. Und weil ich meine beiden Brüder mit meinen Märchenerzählungen beschäftigte, fand sich schließlich eine Gruppe all dieser quengelnden gelangweilten Kinder bei mir ein. So wurde ich für die nächsten Tage mit diesen Kindern buchstäblich zugeschüttet.

An der Fensterseite, ein Fenster gab es hier nicht, stand auf dem Boden ein Autositz, ohne Beine natürlich, da saß ich drauf, und auf Mänteln, Decken, Kissen und was weiß ich noch hockten alle diese Kinder, deren Namen ich nicht weiß, zwischen meinen ausgestreckten Beinen oder darauf. Um eine Zahl zu sagen: vielleicht waren es etwa acht, es können aber auch mehr gewesen sein. Und denen erzählte ich meine Märchen. Und weil ich schließlich ein 18-jähriges Mädchen, also auch eine Frau, war, warfen die zwei jungen Frauen, die ihren Mann dort beschützten, immer wenn Russen kamen, eine große Decke über mich und die Kinderschar, so dass wir nicht gleich zu sehen waren. Ein paar Mal wurden wir auch dort hinausgescheucht. Und ich erzählte und erzählte mir die Seele aus dem Leib und war immer ganz erschossen, wenn die Mütter ihre Gören mal abholten. Damals besaß ich noch einen großen Schatz Grimms und Andersens Märchen in meinem Kopf, die ich wie bei einem Computer, den es noch gar nicht gab, bei mir abfragen konnte. Da ich die Märchen mit ihrem Sing Sang an Worten selbst liebte, fesselte ich damit mein kleines Publikum ohne Mühe einige Tage. Sie gingen sehr ungern von mir weg. Und flogen wieder auf mich drauf, wenn man sie ließ. Immer wenn ich mit einer Geschichte fertig war und fragte: „Was wollt ihr jetzt hören?", riefen sie fast alle im Chor: „Rotkäppchen!" Das war langweilig, so schummelte ich Schneewittchen, Dornröschen, den Froschkönig und auch anderes dazwischen. Und wenn ich danach wieder fragte, was wollt ihr jetzt, dann war das garantiert wieder Rotkäppchen. Und so zählte ich mal für mich allein, dass an einem Tag das geliebte Rotkäppchen, wirklich von Anfang bis Ende erzählt, 16 Mal vorkam. Zwischen meinem übrigen Repertoire. Vielleicht, weil man sich auf einen Haufen gedrängelt unter einer alles zudeckenden Decke besonders schön gruseln konnte. Jedenfalls war Rotkäppchen der große Renner.

Mutter versuchte, uns mit Brei verschiedener Art zu ernähren, den sie auf dem kleinen Herd mit dem kleinen Kochtopf bereitete. Und sonst gab es noch die Gläser eingemachtes Obst unter meinem Bett. Aber nur mal Wasserbrei aus Heizungswasser und Obst oder Marmelade ohne Brot, ohne Kartoffeln, alles ohne Fett, tagelang. Da war uns schon etwas flau im Magen. Noch ein Glas saure Gurken war da, an die ich mich immer wieder erinnere.

Und immer wieder rissen die Russen an Frauen herum, die sie sich aus dem Keller voller Menschen holen wollten. Alles schrie dann nach Frau Korolenkow, und sie übersetzte Tag und Nacht und rettete hier und beschützte da. Unermüdlich setzte sie sich für uns alle ein. Sie muss am Ende Fransen im Mund gehabt haben. Die Soldaten versuchten ihre Plünderung nach „Uris“ oder Goldsachen natürlich ohne Ende. Oder es ging mal ein Mantel mit, eine Decke oder Töpfe, was weiß ich, und alles schrie dann immer gemeinsam „Frau Korolenkow“. Das war etwa eine Art Schlachtruf im Keller an einer „Brandstelle“, wo es heiß herging – „Frau Korolenkow!“

Mitten in diesem Chaos ohne Ende verabschiedeten sich in aller Stille ein paar alte Leute aus dem Leben. Still waren sie weggestorben ohne erkennbare Zeichen, eingeschlafen, aus! Neben der Kirche drüben, etwas höher als die Straße, gab es eine Bäckerei. Und die Frau lebte auch bei uns im Haus und hatte ihren alten Vater zu sich geholt. Dieser musste bei Alarmen immer in den Keller getragen werden und war nun klein und gebrechlich einfach nicht mehr aufgewacht. Alle Toten, die es in unserem Haus gab, ich glaube, am Ende waren es sieben, trugen die Männer nach vorn zu unserem Eingang. Die Wohnung neben Jakubzik stand leer, und dort wurden sie erst einmal abgelegt. Es wurde immer noch erbittert gekämpft. Ich weiß nicht, wo noch deutsche Soldaten verteidigten. Wir waren jedenfalls nur einmal eingenommen worden.

Natürlich war es nicht zu umgehen, manchmal musste man hinaus. Meistens gingen wir hinten durch die Tür zum Hof. Aber irgendwie kam ich da hinten mal nicht durch und so ging ich zum Hohenzollerndamm nach vorne hinaus. Das helle Tageslicht ließ einen fast erblinden, es dauerte etwas, bis ich wieder etwas sehen konnte. Auf der anderen Seite des Hohenzollerndammes stand im hellen Sonnenschein irgendein russisches Geschütz, war es eine Stalinorgel? Etwas zum Kurbeln jedenfalls. Ein junger, anscheinend fröhlicher tatkräftiger Mann bediente diese Maschinerie. Zwischendurch pfiff er sich eins und steckte sich eine neue Zigarette an. Seine Hände griffen zielbewusst, und geschickt verrichtete er sein Handwerk. Wie ein gut ausgebildeter junger Mann, der mit sich und der Welt zufrieden ist. Dem seine Arbeit gut durch die Hände läuft, der ein ordentliches Tagewerk vollbringt. Dieser Anblick war, neben unserer tiefsten menschlichen Finsternis, in unserem in den Kellern eingeschlossenem Dasein, von dem wir nicht wissen konnten, wie es enden würde, so verwirrend und merkwürdig und prägte sich so fest bei mir ein. Das also war der Tod: ein fröhlicher zufriedener junger Mann, den man im hellen Sonnenlicht unter strahlend blauem Himmel durch die maigrünen Bäume auf der anderen Promenadenseite sein grausiges Kriegshandwerk verrichten sehen konnte.

Einmal, ich saß nichttuend – nichts denkend allein auf meinem Bett, hörte ich an der Kellertür hinter meinem Rücken lautes Schreien und Hin- und Hergezerre zwischen einem Russen und der jungen Frau, die das Baby hatte. Sie war mal draußen gewesen und ein Soldat hatte sie gesehen und geschnappt. So zog sie ihn schreiend hinter sich her in den Keller. Hinter beiden erschien ein Offizier und erschoss den jungen Russen, der fiel wie ohne Knochen neben mir in sich zusammen und die junge Frau rettete sich zu ihrer Schwester und dem Baby in der Ecke. Sie weinte noch lange. Und ich saß wie erstarrt neben dem toten Russen und hoffte, sie würden ihn da nicht liegen lassen. Er wurde auch bald abgeholt; für uns in der Ecke war das schon ein Schock. Noch heute begreife ich nicht ganz, wie schnell der einfach tot war, wo er doch eine Minute vorher noch für solchen Wirbel sorgen konnte.

Der Dreck um uns herum war unbeschreiblich. Alles, was unter die vielen Füße geraten war, blieb da liegen und wurde zum Fußboden. Wie der kleine kranke Gisbert das überlebte, grenzte an ein Wunder. Die Rotkreuzschwester betreute ihn rührend. Sie hatte aber auch sonst alle Hände voll zu tun. Das waren die wirklichen Helden in dieser Zeit. Aber merkwürdiger Weise halfen sich all die vielen Menschen gegenseitig. Es war eine klaglose und sehr stille Zeit da unten in den Kellern. Zehn Tage mit den dazugehörigen langen lauernden Nächten, mit näherem und weiter klingendem Kampfgetöse zogen so an uns vorbei. Der Hunger dämpfte die Tatkraft. Manche lagen einfach nur noch herum. Uns hielten die Kinder wach, die immer etwas wollten.

War das, was ich jetzt erzähle, in einer Feuerpause oder schon danach – ich weiß es nicht mehr. Jedenfalls durften wir zur Kreuzkirche hinübergehen und hinten auf der Rückseite in der Krypta unsere Wassereimer füllen. Merkwürdiger Weise durften wir nicht direkt über den Hohenzollerndamm, sondern hinten über den Hof durch die kleine Zauntüre, dann von dort über den Hohenzollerndamm zur Krypta hinunter und mit vollen Wassereimern den ganzen Weg zurück. Und so denke ich mir, dass wir doch noch im Keller waren. Am Gartentürchen lag ein toter Mann auf dem Rücken, seine blank geputzten Schuhe standen aufrecht, graue Socken, graue Hose, alles sehr ordentlich, aber tot. Und man erzählte sich, indem man über diese Beine stieg, die fast direkt im Gartentor lagen, es sei jemand aus unserem Block. Den hatten die Russen irgendetwas gefragt und er sagte ihnen: „Ich bin Zivilist“. Und sie hatten verstanden: „Ich bin Syphilist”, und ihn sofort erschossen, weil sie davor fürchterliche Angst hatten. Der Mann blieb dort tagelang liegen, und jeder trat über seine Füße durch das Gartentor. Jemand hatte ihm wenigstens oben eine Decke übergelegt. Zum Wegtragen hat es aber nicht gereicht.

Auf einmal, als bald keiner mehr mit einer Veränderung gerechnet hatte, hieß es, wir könnten nun alle wieder hinaus und nach oben. Hier wäre der Kampf vorüber. Das war nun ein Packen, Laufen, Tragen, man schleppte den ganzen Krempel wieder in die Wohnungen. Aber als wir den ersten Blick in unsere Wohnung taten, standen wir doch festgewurzelt und erstarrt. Alle Schränke waren leer und in der Mitte des Wohnzimmers erhob sich so eine Art Feldherrnhügel aus Büchern, Bettzeug, Kleidungsstücken und zerbrochenen, klekkernden Einmachgläsern, Briefen, Fotos, Geschirrscherben – was auch alles – lag da übereinander. Und oben drauf hatte irgend ein sinniger Mensch, ob Freund, ob Feind, wer weiß es, einen wunderschönen alten Degen gesteckt. Senkrecht ragte der aus dem Hügel; der Griff war schön und schwankte im Wind. Fensterscheiben gab es nicht mehr. Auf einem kleinen leeren Schränkchen – die Kinderwäsche war herausgerissen worden – lag eine wunderschöne mit Elfenbein eingelegte Pistole. Beide Waffen kannten wir nicht, und es war unsere erste Tat, sie aus dem Fenster zu werfen, damit sie nicht bei uns gefunden werden konnten.

Die Wohnung sah sehr wüst aus. Kaum ein Gegenstand war auf seinem Platz. Aberwitziger Mutwille war hier am Werk gewesen. Und kaum ein Schrank stand noch an seiner Wand. Da hatten tatsächlich Wilde im Suff gehaust. Und in das kleine halbe Zimmer kam man überhaupt nicht mehr hinein. Da musste jemand, als er aus der Tür ging, einen Schrank von innen vor die Tür gekippt haben. Sie ging kaum zehn Zentimeter auf. Und das ließen wir in den ersten Tagen auch so. Wir alle hatten nun alle Hände voll zu tun, neben der Aufsicht für die Kinder. Strom und Wasser gab es nicht. Und ich rannte nun immer wieder mit zwei Wassereimern hinüber in den Kirchenkeller, wo inzwischen halb Schmargendorf anstand. Der kleine Wasserhahn lief und lief wohl Tag und Nacht; er lag ja sehr tief. Die Menschen standen geduldig und redeten sich ihre fürchterlichen Erlebnisse von der Seele, schlimme Geschichten. Hinter der Kirche war der größere See vom Wasserwerk, es ist, so glaube ich, der Abfluss für alle Gullys dort. Eine kleine Insel mit Weiden war in der Anlage. Eine junge Frau: „Dort wollte ich mich ertränken, als der Russe mit mir fertig war. Aber das Wasser ist ja ganz flach, man kann darin stehen.“ Bis dahin hatte ich das immer für einen See gehalten.

Bis ich schließlich die Wassereimer zum Flinsberger Platz geschleppt hatte, waren meine Arme so steif, dass ich sie kaum biegen konnte. Und die Schränke mussten wieder an ihre Plätze, und das mit dem Eingemachten verdreckte Zeug musste weg. An Waschen war ohne Wasser gar nicht zu denken. Papa brach im Schlafzimmer die Wand zum Schornstein durch und er holte aus einer Ruine mit Herrn Jakubzik das Unterteil eines Badeboilers. Das baute er mit Ziegeln aus Ruinen fest dort als kleinen Notherd in die Wand. Darauf legte er ein Stück Blech, in das Löcher für die Töpfe geschnitten wurden. Geheizt wurde mit Abfallholz, alten Brettern, zerbrochenen Möbelstücken und Kohlen aus irgendwelchen Ruinenkellern. Ein wenig komfortabler als unten im Keller war es schon. Zwei oder drei Töpfchen konnten dort wärmen, wenn vorne einer kochte. Das war ein Herdchen, das wir sehr lange benutzen mussten, weil an Strom aus der Steckdose keiner mehr glauben konnte.

Nun lag Berlin wirklich unter Schutt und Asche. Und alles, was bis dahin noch halbwegs nach deutscher Ordnung aussah und funktioniert hatte, gab es nun einfach nicht mehr. Die Russen hatten uns erobert, überall auf Autos waren ihre Lautsprecher und spielten ihre Lieblingsmelodie, immer dieselbe. Drei Tage bekamen sie nun absolute Plünderungsfreiheit. In der Schule gegenüber lag ihre Kommandantura. Jeder versuchte sich nun selbst zu schützen, so gut er konnte. Alle Frauen zogen sich die Kopftücher weit über das Gesicht. Wir liefen sowieso in Sack und Asche. Unsere abgetragenen Sachen hatte der Keller unten bewahrt, aber alles, was besser war, hatten wir ja in den Schränken hängen lassen. Muttis einziger weißer Wollmantel war auch weg, und die nächsten Jahre trug sie nun meinen Konfirmationsmantel. Erst 1951 bekam ich einen neuen Mantel. Bis dahin hatte ich in den schaurig kalten Wintern nur eine graue Jacke. Doch jetzt war erst der wunderschönste Frühling ausgebrochen, den Berlin je erlebte. Die Fliederhecke quoll über, und weil wir sonst nichts hatten, holten wir Flieder ins Haus.

Eines Tages kam Frau Sukow sehr aufgeregt zu Mutti. Sie könne Milch für die Kinder bekommen. Russen hätten auf dem Sportplatz an der Hubertusallee Kühe zusammengetrieben, und die schrieen nun, keiner könne sie melken und sie wollten nicht gleich alle abschlachten. So stürzte Mutti sofort mit Frau Sukow und ein paar Eimern los. Und sie molk alle Kühe aus, so gut sie es irgend konnte. Sie hatte es als Kind irgendwann gelernt. Jedenfalls kam sie ausgesprochen glücklich zurück. Sie hatte für die Kinder eine Kanne voll Milch ergattert und durfte am Tag darauf noch einmal zum Melken gehen. Danach waren die Kühe weg. Aber Frau Sukow brachte ihr noch einen Dank von den Russen nach. Eine blaugewürfelte Tischdecke, in der zwei schwere, fast blauschwarze Kommissbrote und ein Haufen zerbrochenes Brot drinnen lagen. So reichte das wieder für ein paar Tage.

Was ich schon erwähnte: die Hilfsbereitschaft unter der deutschen Bevölkerung war sehr, sehr groß. Alle halfen einander, keiner war damals so ganz alleine. So kam an einem dieser Tage die junge Frau aus der Kellerecke angerannt und rief schon von unten vor dem Haus: „Hallo, hallo, die Margarinefabrik wird gestürmt!“ Da griffen Papa und ich schnell nach den alten Familienkannen und rannten los, wobei uns aus der Salzbrunner Straße schon lauter Menschen mit vollen Eimern und Kannen entgegenkamen. Als wir beide hinkamen, schoben sich schon Hunderte von Menschen durch die Eingänge. Drinnen ging es ein paar Treppen hoch, aber die zu ersteigen war in dem Augenblick schon schwierig. Es floss uns in dicken gelben Strömen das Öl über die Stufen entgegen, als wäre es ein riesiger Wasserrohrbruch. In dem Saal, den wir schließlich mit allen anderen Menschen erreichten, herrschte ein fürchterliches Durcheinander. Viele Menschen hatten dort, jeder für sich, Öltonnen angestochen. Wenn sie ihre Kannen gefüllt hatten, gingen sie, aber das dicke Öl quoll weiter aus, bis ein nächster das laufende Fass entdeckte und sein Kännchen füllte. Eine ungeheure kopflose Verschwendung hatte eingesetzt. Papa jedenfalls erklomm einen Berg von Ölfässern und versuchte die Leute zu überreden, ein Fass nach dem andern zu öffnen und zu leeren, der Reihe nach. So reichte man ihm die Eimer und Kannen. Das ging anfangs auch gut, bis er sah, dass ihm selbst jemand mit unserer eigenen Kanne davon laufen wollte. So musste er schnell hinterher, und nach uns brach das Chaos wieder los.

Wir schleppten nun, was wir ergattert hatten, nach Hause, schütteten es in die Zinkbadewanne und gingen noch einmal los. Inzwischen aber rollten nun die Menschen schon die geschlossenen Fässer durch die Gegend. Und als ich mich wieder auf dem Hof einfand, ging es nicht mehr die Treppen hinauf. Die Leute quetschten sich dort kaputt. So ging ich lieber zu den kleinen Gruppen, die um aufrecht stehende Fässer standen, deren Deckel offen waren. Und jeder versuchte, das feste gelbe oder weiße Fett heraus und in den Eimer zu bekommen. Es war nicht so leicht. Das Fett war hart und talgig, und keiner hatte richtiges Werkzeug dafür. Aber etliche größere Brocken bekam ich doch von beidem ab. Auf einmal fuhr ein russisches Militärauto auf der Straße vor, wir wurden dort herausgescheucht und rannten schnell mit dem Ergatterten davon.

Überall wurde nun in der Stadt geplündert. Keiner wusste ja, wann man ordnungsgemäß wieder Irgendetwas bekommen würde. Papa nahm mich mit hinüber ins Generalkommando, um dort mal nachzusehen. Auf den Stufen lagen zwei tote Russen. Wir mussten an ihnen vorüber, und ihre Gesichter waren ganz schwarz. Als ich Papa fragte, warum sie so schwarz seien, sagte er: „Diese armen Teufel werden viele Wochen in vorderster Front gekämpft haben. Da kann man sich nicht waschen und hier, ganz zum Schluss, hat es sie doch noch erwischt." Uns beiden taten sie wirklich leid. Im Generalkommando waren auch allerlei Leute mit uns, die kramten unschlüssig zwischen den Papieren. Aber Papa suchte so lange, bis er eine Küche fand. Und dort standen zwei kleine Tönnchen mit Nährmittelpulver, und die nahmen wir unter den Arm. Und eine Schreibmaschine, die ihm später gute Dienste geleistet hat, und einen grauen Radmantel hängte er sich noch über. Er ging dann noch einmal ohne mich und brachte eine Schachtel voller Kämme. Da lachte ich doch: *„Kinder kauft Kämme, es kommen lausige Zeiten!"* Und das waren schon lausige Zeiten.

Werner Goldberg

VERNETZUNGEN

Auch in Schmargendorf begegnet sich das Erlebte und das Erzählte. Erst 1932 zogen wir in den Bereich Schmargendorfs, zuvor hatten meine Eltern eine Wohnung im Grunewald. Zwischen Grunewald und Schmargendorf gab es eine Gemeindegrenze, die in der Mitte der Teplitzer Straße verlief. An der Grundstücksgrenze des Kommerzienrates Deichsel stand noch in den dreißiger Jahren ein Grenzstein. Eine Beschriftung besagte „Gemarkung". Darunter befand sich ein senkrechter Strich. Rechts davon stand Schmargendorf, links Grunewald. Die Fortsetzung dieser Grenzgemarkung führt über die heutigen Grundstücke der katholischen Kirche und wird dann erneut erkennbar, weil die Grundschule in der Delbrückstraße nicht im rechten Winkel zur Straße gebaut ist, sondern die östliche Bauflucht genau dem Grenzverlauf folgt.

Zwischen der Kolonie Grunewald und Schmargendorf verlief die Spandauer Straße (heute Berkaer Straße) durch ein Waldstück. Sie war damals mit einem sehr holprigen Kopfsteinpflaster, den sog. Katzenköpfen, befestigt. Rechts und links waren unbefestigte Bürgersteige, von alten, großstämmigen Bäumen eingefasst. Zwischen den Bäumen und dem Rand der Bürgersteige hatten Fahrradbenutzer Radwege ausgefahren. Frauen wagten es zumeist nicht, alleine diesen Verbindungsweg von und nach Schmargendorf zu benutzen. Der Ortspolizist achtete streng darauf, dass die Radfahrer nicht auf den Bürgersteigen entlang fuhren. Dazu hat er sich häufig hinter einen der Bäume gestellt und trat dann einem überraschten „Sünder" aus dem Baumschatten entgegen.

Zweifellos waren es zwei Welten, der Grunewald und das Schmargendorf. Jenes Dorf, das ich bereits als Junge entdeckt und geliebt habe. Mein Vater war so gar nicht mit dieser Neigung einverstanden. Eines Tages fragte er mich, was mich denn nur immer wieder nach Schmargendorf zöge. Die Leute dort seien doch kein Verkehr für mich.

Ich besuchte die Grundschule in Grunewald und ab 1929 das Grunewald-Gymnasium. Dort hatte ich meine Schulkameraden, meine Freunde und auch die Gemeinschaft der Kirchengemeinde, in der ich getauft worden war und in der ich zum Kindergottesdienst ging. Dietrich Bonhoeffer war dort als Vikar bei Pfarrer Meumann tätig, und ich hörte gerne seine Legendenlesungen. Als Gymnasiast wurde ich in die Pfadfinderschaft des Stammes Königsmark im DPB aufgenommen.

Meine Begeisterung für die Pfadfinderei gab meinen Eltern ein wichtiges Mittel zum Ansporn bei einer Gefahr für die nächste Versetzung: Sie drohten mit der Versagung ihrer Zustimmung zur Teilnahme an den vielen Fahrten, die im Laufe jeden Jahres unternommen wurden. Das hat stets Wirkung gezeigt, für die ich noch heute Dankbarkeit empfinde.

Und dennoch blieb mir die Gesellschaft in der Kolonie Grunewald irgend wie fremd. Immer wieder zog es mich nach Schmargendorf. Manches war dort anders. Jeder kannte Jeden. Die Bewohner dort waren zumeist seit Generationen ansässig und damit untereinander anders verbunden, als es in unserem Wohnbezirk der Fall war. Wollte man mit den heutigen Begriffen eine Beschreibung dafür suchen, so würde man wahrscheinlich das neudeutsche Wort „vernetzt" anwenden. Sie waren vernetzt durch Verwandtschaft, durch Heirat untereinander, durch Grundbesitz und schließlich auch durch Vereinsmeierei. Schützenverein, Kriegerverein, Turnverein, Haus- und Grundbesitzerverein, Freiwillige Feuerwehr u. v. a. m. Äußerer Ausdruck solcher Vernetzung ist noch heute das protzige Rathaus, das die Schmargendorfer zur Jahrhundertwende gebaut haben. Daneben eine höhere Töchterschule als Lyzeum, die heutige Carl-Orff-Schule. Eine technische Vernetzung, deren Überreste noch heute dem aufmerksamen Spaziergänger sichtbar sind, war eine

Ringleitung, die zweikablig über die Dächer des Dorfes in die Wohnungen der Mitglieder der freiwilligen Feuerwehr führte. So konnten die Wehrmänner in der Nacht im Alarmfall ohne die Sirene gerufen werden. Die roten Isolatoren an einigen Häusern haben Kriegs- und Nachkriegszeit überstanden. Daraus wird erkennbar, dass es zur Familientradition gehörte, sich für den Dienst am Nächsten zu engagieren. „Gott zur Ehr, dem Nächsten zur Wehr" ist das Motto solchen Dienstes. Suchland, Wuhlert, Becker, Brüggemann (der eine Becker-Tochter geehelicht hatte), Werda, Jahnke, Vogt, Kienast, das sind einige der Namen, die mir dabei wieder einfallen.

Werner Goldberg mit Auto vor der Feuerwache Auguste-Viktoria-Straße (Privatbesitz)

Feuerwehr Schmargendorf 1948 (Privatbesitz)

Becker war von Beruf Schuhmacher. Bei einem Feuerwehreinsatz Anfang der 30er Jahre in der Friedrichsruher Straße verunglückte er tödlich durch einen herabstürzenden Schornstein. Werda konnte sich durch einen geistesgegenwärtigen Sprung zur Seite retten. Die hinterbliebene Witwe Beckers musste danach von Sozialhilfe leben, weil die Freiwilligen keinen Versicherungsschutz hatten.

Werda war nach dem II. Weltkrieg erneut als Wachhabender bei der Feuerwehr Schmargendorfs beamtet tätig. Einer seiner Söhne wechselte von der freiwilligen zur Berufsfeuerwehr und konnte dort eine Karriere bis zum Brandrat machen.

Der Vater erzählte mir einmal, wie seine Hochzeit durch einen Feueralarm gestört worden war. Dazu muss allerdings zunächst eine Vorgeschichte erzählt werden:

Der Inhaber des Hauses in der Breite Straße 24, das als Eckhaus gebaut worden ist, weil nach der Bauleitplanung die Warnemünder Straße in Richtung Kolberger Platz weitergeführt werden sollte, entstammte einer alten Wilmersdorfer Familie Haupt. Er unterhielt ein landwirtschaftliches Unternehmen mit Kuhstall und Schweinezucht. Dazu hatte er Pferdestallungen mit einem Fuhrbetrieb. Kremser, Transportwagen, Brautkutschen u.a. Ein Pferdegespann stand auch der Freiwilligen Feuerwehr zur Verfügung, denn die damaligen Fahrzeuge waren noch nicht motorisiert. Wenn die Alarmsirene über dem Dorf erschallte, mussten die Pferde eiligst in das Depot in der Friedrichshaller Straße gebracht

Übung der Freiwilligen Feuerwehr 1952 (Privatbesitz)

Freiwillige Feuerwehr bei einem Verkehrsunfall Davoser Ecke Kissinger Straße (Privatbesitz)

werden, wo sie vor die Feuerspritze gespannt wurden. Da Pferde sehr gelehrige Tiere sind, hatten sie bald begriffen, was der Sirenenton auch für sie bedeutete. Paul Haupt erzählte mir einmal, dass sie bei Alarm im Stall kaum zu halten waren, sich sogar selbst losrissen und ohne Begleitung zum Feuerwehrdepot trabten, sobald die Sirene heulte.

Am Hochzeitstag der Werdas zogen diese Pferde die Brautkutsche. Als sie gerade die Dorfkirche erreichten, ertönte plötzlich die Feuersirene. Sofort setzten sich die Rosse in Richtung Friedrichhaller Straße in Bewegung und nahmen Brautkutsche und das Brautpaar mit. Da der Bräutigam den Feuerdienst zu versehen hatte, blieb die Braut alleine zurück, und die Hochzeit musste verschoben werden. Das Brautpaar ging allerdings dann zur kirchlichen Trauung mit der Hochzeitsgesellschaft zu Fuß in die Dorfkirche.

Wie stark die Vernetzung Schmargendorfs war, soll eine andere Begebenheit beleuchten:

Am Berkaer Platz hatte ein Arzt eine Allgemeinpraxis. Er erfreute sich in Schmargendorf großer Beliebtheit, und seine Wartezimmer waren stets überfüllt. Er war ein Doktor, der die Verpflichtung für Äskulap sehr ernst nahm und so bei seinen Patienten ein großes Vertrauenspotenzial erzeugt hatte. Sobald jedoch die Feuersirene ertönte, ließ er wartende Patienten und seine Praxis im Stich, nahm ein bereit stehendes Köfferchen mit ärztlichen Utensilien und rannte stracks zur Feuerwache. Dort erkundigte er sich, ob ärztliche Hilfe benötigt werden würde, wozu er sich uneigennützig zur Verfügung stellte. Viele belächelten ihn deshalb. Aber er sah es als seine Lebensaufgabe an, Menschen zu helfen und sein erworbenes Wissen in den Dienst dafür zu stellen. Eines Tages war er nicht mehr da. Man erfuhr, dass er als Jude der Diskriminierung und Verfolgung preisgegeben worden war. Ich habe nie in Erfahrung bringen können, ob ihm die Flucht aus Deutschland geglückt ist und er so dem Schicksal der Verschleppung und Ermordung entgehen konnte.

Übung der Freiwilligen Feuerwehr 1952 (Privatbesitz)

Schmargendorf hatte – ich erwähnte es bereits – in Teilen des Ortes auch nach dem Zweiten Weltkrieg noch Gleichstromversorgung. Während der sowjetischen Blockade Berlin kam es zu Stromsperren, wovon auch das Gleichstromnetz betroffen war. Das Rathaus, die Feuerwache und somit auch die Sirene waren in den Sperrzeiten ohne Strom. Es gelang durch Verhandlungen mit der BEWAG zu einer Absprache zu kommen, dass im Alarmfall durch einen Anruf in der Relaisstelle des Kraftwerkes eine Einschaltung der Stromversorgung für den Zeitraum von 5 Minuten erfolgte. Damit konnte die Alarmierung und in den dunklen Tageszeiten auch das Ausrücken der Wehr bei Licht gesichert werden. Die Zeit von 5 Minuten war dabei relativ lang, denn zumeist konnte der Zug nach 2 Minuten die Unterkunft verlassen. Es trat hierbei aber noch ein anderer Nebeneffekt ein: die Feuerwehrmänner bekamen in ihren Wohnungen innerhalb der Sperrzeiten plötzlich Licht. Das signalisierte ihnen eine Alarmierung. So kam es, dass im Ort häufig behauptet wurde: Die schummeln! Manche sind bereits zur Wache gerannt, bevor die Sirene ertönte. In den der Wache gegenüberliegenden Wohnblocks gab es Leute, die mit Stoppuhren den Zeitraum zwischen der Alarmierung und dem Eintreffen der Wehrmänner ermittelten.

Natürlich gab es auch Beschwerden über das Sirenengeräusch. Aber nach dem 2. Weltkrieg war zunächst nicht daran zu denken, die alte stille Alarmierung wieder instand zu setzen. Einer der ärgsten Beschwerdeführer war ein Villenbesitzer in der Weinheimer Straße. An einem Wintertag brannte sein Haus lichterloh. Die Berufsfeuerwehr, die zusammen mit der Freiwilligen Wehr Schmargendorfs alarmiert worden war, hatte die kleine Straße erst gefunden, als der Brand fast gelöscht war. „Von mir aus können Sie zukünftig Tag und Nacht tuten“, erklärte der bisherige Kritiker dem Brandmeister Schmargendorfs. Die wertvolle Einrichtung seiner Villa konnte für ihn gerettet werden, weil das schnelle Eingreifen der Wehr eine weitere Ausbreitung des Feuers verhindert hatte. Und das, obwohl ein vor dem Haus befindlicher Hydrant so von Eis und Schnee verdeckt war, dass er unbenutzbar blieb und eine andere Wasserentnahmestelle gesucht werden musste. Der Eigner selber hatte es versäumt, den Hydranten frei zu halten.

Als ein weiteres Zeichen der Vernetzung in Schmargendorf soll noch der Hinweis auf die Stiftungsfeste dienen, die ab 1948 in jedem Jahr ihres Bestehens von der Wehr ausge-

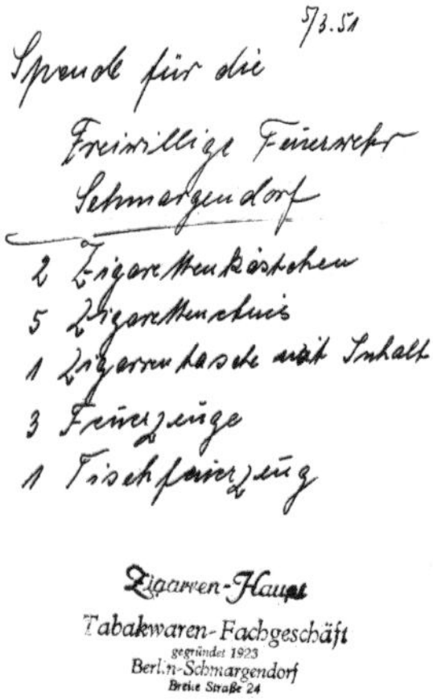
7.3.51

Spende für die Freiwillige Feuerwehr Schmargendorf

2 Zigarettenkästchen
5 Zigarettenetuis
1 Zigarrentasche mit Inhalt
3 Feuerzeuge
1 Tischfeuerzeug

Zigarren-Haupt
Tabakwaren-Fachgeschäft
gegründet 1923
Berlin-Schmargendorf
Breite Straße 24

richtet wurden. Zuerst im Deutschen Haus in der Breite Straße unter der Mitwirkung von Künstlern, die prominent waren oder es später wurden. Der Saal war so überfüllt, dass ein anderer Standort gesucht werden musste, damit alle besuchswilligen Freunde Zutritt haben konnten. Aber in Schmargendorf gab es inzwischen keinen Saal mehr, der dem Interesse an einer Teilnahme entsprechen konnte. So wurde das Grunewald-Casino an der Delbrückstraße/Ecke Hubertus-

Berliner-Feuerwehr F. Zug Schmargendorf

Ehrenkarte

zum 60-jährigen Stiftungsfest

am Sonnabend, dem 17. März 1951

Grunewald-Kasino · Berlin-Grunewald, Hubertusbader Straße 7/9

Beginn 20 Uhr **Ende 5 Uhr**

allee – dieser Bereich gehörte ja auch noch zu Schmargendorf – ausgewählt. Die baupolizeiliche Genehmigung wurde für 800 Personen erteilt. Über 1.200 Teilnehmer wurden jedoch gezählt. Das Engagement der Schmargendorfer war dabei auch an den so wertvollen Preisen abzulesen, die in jedem Jahr für die Tombola gestiftet würden. Das letzte Auftreten der Feuerwehr in Schmargendorf war die Heimatwoche im Jahre 1955. Ein mehrere Kilometer langer Festzug ließ die „Vernetzung", von der ich gesprochen habe, erkennen. Er war mit vielem Eifer und künstlerischem Gestaltungswillen, aber auch Können hergerichtet worden. In der

Märkische Margarinefabrik
G. M. B. H.
BERLIN-GRUNEWALD · SALZBRUNNER STRASSE 18+20
Fernsprecher Sammel-Nr. 97 40 42 · Bank-Konto-Nummer 8370 bei der
Telegramm-Adresse Märkmarga · Bezirksbank Wilmersdorf, Uhlandstr. 122
— Erfüllungsort für beide Teile Berlin-Charlottenburg —

Firma Freiwillige Feuerwehr
Berlin-Schmargendorf

Brigitte Mira auf dem Stiftungsfest der Feuerwehr im Deutschen Haus, 1948 (Privatbesitz)

Forckenbeckstraße erfolgte die Aufstellung des Zuges. Die Innungen, Schulen, Einzelhändler, Sportvereine und auch die Freiwillige Feuerwehr mit historischen Fahrzeugen und Uniformen prägten das Bild dieses Zuges, der mehr als ein Rosenmontagszug war. Leider verdunkelte sich der Himmel an diesem Tage zusehends, und beim Abmarsch begann ein Gewitter auf Schmargendorf niederzugehen, das die prächtige Ausstattung stark in Mitleidenschaft zog. In wenigen Minuten war die Arbeit von Wochen und Monaten dahin. Es zeichnete die Schmargendorfer und ihre Vernetzung jedoch aus, dass sie sich dadurch die gute Laune nicht verderben ließen. Es wurde zünftig eine ganze Woche weitergefeiert.

Werner Goldberg (rechts) mit Stadtrat Paul Kollmann im Rathaus Schmargendorf (Privatbesitz)

Die Breite Straße im Festschmuck zur Heimatwoche 1955 (Privatbesitz)

Hier sei nun noch eine Geschichte erwähnt, die der Vergessenheit entrissen werden muss: nachdem der Firma Reemtsma in der Mecklenburgischen Straße das Fabrikgelände verschafft worden war und die Fabrik arbeitete, wollte sie sich auch bei der Heimatwoche engagieren. Sie erklärte sich bereit, die im Krieg zerstörte Glocke der Rathausuhr wieder zu erneuern. Ein Werk in der Bundesrepublik hatte es übernommen, diese zu liefern und zu installieren. Bis zum Termin der Heimatwoche war die Fertigstellung und Funktionstüchtigkeit zugesagt worden. Eine Prüfung war jedoch problematisch, weil die Öffentlichkeit ja überrascht werden sollte. So wurde einmal in der Nacht eine Probe gefahren. Alles ging gut. Der Tag der offiziellen Einweihung mit geladenen Gästen und einem Aufruf, um 11 Uhr zum Rathaus zu kommen, um an der Einweihung teilzunehmen, waren ergangen. Eine Menschenmenge hatte sich auf dem Berkaer Platz versammelt. Da erschien der Hausmeister des Rathauses mit der Nachricht, dass die Glocke zwar um 10 geschlagen hätte, nun jedoch keinen Ton mehr von sich gebe. Verwirrung und Wut über die Lieferfirma konnten jedoch daran nichts ändern. Die Firmenmitarbeiter hatten Berlin bereits wieder verlassen. Also musste eine Notlösung gefunden werden. Diese bestand in einem Hammer und dem Stadtrat für Wirtschaft, Paul Kollmann. Er erstieg mit dem Hammer den Rathausturm, und um Punkt 11 Uhr ertönten 11 Schläge, denen sodann großer Beifall gezollt wurde. Natürlich waren die Schmargendorfer erstaunt, die um 12 Uhr keine Glocke mehr hörten. Nach der Heimatwoche wurde dann die Reparatur

Historische Feuerwehr beim Festumzug zur Heimatwoche Schmargendorf 1955 (Privatbesitz)

vorgenommen. Der Stadtrat Paul Kollmann wurde seitdem der „Glöckner von Schmargendorf" genannt.

Dann war da noch das Restaurant „10 Biere Brauns" an der Berkaer-/Ecke Kösener Straße Der Inhaber, Brauns, war eine aus Schmargendorf nicht wegzudenkende Type. Klein und rundlich, mit weiten Hosen und einer Weste über dem meist grau geschecktem Oberhemd. An der Seite hingen Handtücher am Hosengürtel bis fast auf die Erde. Auch er begab sich beim Ertönen der Feuersirene auf dem Rathaus, die vor dem Krieg in einer Zentrale im Rathaus von dem im Rollstuhl sitzenden Herrn Singer ausgelöst wurde, eilends zur Wache und sorgte dafür, dass die Tore geöffnet und nach dem Ausrücken der Wehr wieder geschlossen wurden. Die Attraktivität seines Lokals, das man niemals „Kneipe" nennen durfte, bestand – wie schon der Name sagte – aus dem großen Bierangebot verschiedenster Sorten. Hinzu kam, dass man sich das Bier telefonisch bestellen und durch Herrn Becker mittels Fahrrad ins Haus liefern lassen konnte. Dazu gab es Siphons mit 1 bis 5 Liter Inhalt, die jeweils nach der Bestellung frisch gezapft wurden. Der Wirt war streng mit seinen Gästen und sorgte dafür, dass Ordnung in seinem Lokal herrschte. Am Vormittag konnte man oft den Schornsteinfegermeister Sauer in der Destille vermuten. Er war ein besonders großer und starker Mann, der ein Zweietagenfahrrad fuhr, weil kein Normalrad ihn tragen konnte. Das stand dann vormittags an der Ecke vor dem Lokal von Braun. Viele Anwohner der näheren Umgebung kamen in Hauspantoffeln

Werner Goldberg und historischer Feuerwehrwagen, Festumzug zur Heimatwoche Schmargendorf 1955 (Privatbesitz)

„mal eben rüber", um ein Bier oder auch zwei zu trinken. Auch für den Appetit war stets gesorgt. Unterhaltung am Tresen und Stillen des Durstes und des Hungers waren immer möglich. Bis um Schlag 10 am Abend. Dann kam Braun hinter seinem Biertisch hervor, baute sich davor breitbeinig auf und verkündete mit Stentorstimme in langgezogenem Ton: „Feierabend ! ! !" Das war die Aufforderung, auszutrinken und die gastliche Stätte zu verlassen. Kurz vor seinem Tode war Braun in der Landecker Straße bei der Versicherungsanstalt, als im Keller ein Feuer ausgebrochen war. Die Schmargendorfer hatten gelöscht und sahen Braun, der am Eingang stand und dabei zusah, wie die Schläuche eingerollt und die Gerätschaften verstaut wurden. Er konnte nur noch schwer gehen, und sein Gesichtsausdruck verriet, dass er doch gerne einmal mit der Motorspritze mitfahren würde. Dieser Wunsch wurde Wirklichkeit, indem ihn zwei

Wehrmänner hochhoben und in das Fahrzeug setzten. Überglücklich wurde er vor seinem Lokal abgesetzt. Ein lang ersehnter Traum war wohl für ihn Wirklichkeit geworden. Er ließ sich daher auch nicht lumpen und lud die Männer zum Herrengedeck ein. Die Fahrt mit dem Feuerwehrwagen muss wohl eine Krönung seines Lebens gewesen sein.

Wenn man über Schmargendorf spricht und an Menschen erinnert, die dieses Dorf geprägt haben, wird man an Frau Falkenberg nicht vorbeigehen können, die am Kolberger Platz seit 1915 einen Marktstand betrieben hat. Frische Fische waren dort zu bekommen. Zu jeder Jahreszeit war sie pünktlich zur Stelle und konnte 1955 ihr 40-jähriges Geschäfts-Jubiläum bei Paul Meschke, einer Eisdiele und Cafe in der Reichenhaller Straße, mit Kunden und Geschäftsfreunden feiern. Und ein Fleischermeister fällt mir noch ein, der einen Stand am Kolberger Platz hatte. Sein Hauptgeschäft war in Charlottenburg. Richard Kunze war sein Name. Er hatte stets für Menschen gesorgt, die keine Lebensmittelmarken hatten oder, um sich einer Verfolgung zu entziehen, versteckt gelebt haben. Viele Leute in Schmargendorf haben sich um diese Diskriminierten und Geächteten während der Zeit der braunen Machthaber verdient gemacht. Sie konnten das jedoch nie alleine, sondern bedurften der Hilfe derer, die mit Lebensmitteln handelten. Da waren Leute wie Frau Falkenberg und Richard Kunze vom Markt hilfsbereit, obwohl sie sich selbst in Gefahr begaben. Aber auch Lenkersdorf, der Bäcker, oder Siedmann, der Fleischer, gehörten zu diesen hilfsbereiten Leuten. Es ist eine Pflicht, ihr Andenken dankbar in Ehren zu halten, weil sie Beispiele gesetzt haben. Beispiele für Solidarität , für Gemeinsamkeit und auch für menschliches, mitmenschliches Handeln. Vielleicht war es auch dieser Geist, der Schmargendorf zur Heimat werden ließ, dessen Erinnerung wie ein Kometschweif bis in die Gegenwart leuchtet. Auch wenn sich viel in diesem Dorf, das inzwischen Stadt wurde, geändert hat. Es ist also nicht nur Nostalgie, wenn man sich erinnert. Es ist vielmehr die Hereinnahme in eine Gegenwart, die gerne verdrängt und die inzwischen Menschen in Verantwortung berufen hat, die später geboren wurden und daher eigene Erinnerungen nicht mehr besitzen können.

Im Heimatverein gab es als Vorsitzenden Herrn Katt, der viele Geschichten aus Schmargendorf erzählen konnte. War er doch im alten Rathaus vor dem ersten Weltkrieg in der Bau- und Planungsabteilung tätig. Auch ihm sei ein Gedenken in diesem Zusammenhang gewidmet.

Bei Kriegsende stellte ich mich unfreiwillig für den Aufbau der Kommunalverwaltung zur Verfügung.[1] Ein mit russischen Soldaten besetztes Fahrzeug hielt neben mir am Straßenrand an, und man fragte mich: „Du Antifaschist?" Ich nickte und wurde aufgefordert einzusteigen. Ich wurde zur Reichenhaller Straße gebracht, wo bereits einige Frauen und Männer dabei waren, die ehemalige AOK-Geschäftsstelle für die Bürgermeisterei einzurichten. Ein schlanker, etwas abgehärmt aussehender Mann stellte sich mir vor: „Mein Name ist Thieben, ich bin mit der Wahrnehmung der Geschäfte des Bürgermeisters von der Kommandantur betraut." Dann fragte er mich nach meinem Schicksal in der jüngsten Vergangenheit und erzählte mir seine Lebenserfahrungen als ein aus rassischen Gründen Verfolgter. Nach den Aufräumungsarbeiten fanden wir uns zu einer Besprechung zusammen, bei der zunächst die Zuständigkeiten für die wichtigsten Vorhaben beschlossen wurden. Der Staatsschauspieler Walter Frank war inzwischen dazu gestoßen und wurde mit der Aufgabe des Bürgermeisterstellvertreters betraut. Ferner wurde Herr Laaser für die Sicherheit, Herr Frey für das Personalwesen und dann meine Person für die Lebensmittelversorgung bestimmt. Die Verbindung zur Kommandantur sollte Herr Thieben übernehmen, für die Ortkommandantur wurde diese Aufgabe mir übertragen. Natürlich mussten alle dienstlichen Schreiben oder auch Bescheinigungen mit einem Stempel versehen werden, ohne den man in Deutschland nicht auskommen kann. Da es keine Stempelfabriken gab, suchten wir uns anderweitig zu behelfen. Es wurde ein Stempel der Kinderlandverschickung gefunden, der politisch unverdächtig war und mit einem Stempelkissen durchaus dem unerlässlichen

1 Vgl. Werner Goldberg: Der Anfang in Schmargendorf, in: Arbeitskreis Geschichte Wilmersdorf (Hrsg.): Bleib übrig. Eine Dokumentation. Berlin, 1999, S. 97–106

Zweck zugeführt werden konnte. Dieses Unikat war von nun an in allen Abteilungen sehr begehrt und wanderte von Hand zu Hand. Es bekam die Würde eines Dienstsiegels: „Kinderlandverschickung".

In den internen Gesprächen wurde eine gemeinsame Überzeugung erkennbar: Ein Neuanfang darf nicht mit der Scheidung von Mitbürgern in „gute" und „schlechte" Deutsche belastet werden. In dieser großen Not, die Hitler hinterlassen hatte, kam es darauf an, gemeinsam zu handeln und alle Kräfte zu sammeln, die entschieden bereit waren, einen Neuanfang zu wagen. Natürlich ergab es sich, dass der Einfluss der sowjetischen Kommandantur sogenannte „Antifaschisten" bevorzugte. Aber woher konnte man in dem Chaos eigentlich wissen, wer dazu gehörte und wer nicht? Manche tarnten sich aus dem naturgegebenen Selbsterhaltungstrieb, andere behaupteten, aus dem KZ gekommen zu sein, wo sie – wie sich später herausstellte – als Angehörige der Bewachungsmannschaften tätig gewesen sind. Sie hatten ja nicht gelogen, als sie behaupteten, aus dem KZ gekommen zu sein. Denunzierung war in Mode gekommen: wer irgend jemanden eins auswischen wollte, denunzierte ihn einfach als Nazi oder Faschist!

Es gelang uns sehr bald, an die Kartei der beiden NSDAP-Ortsgruppen Schmargendorfs zu kommen, wo nicht nur Parteimitglieder, sondern straßenweise jeder Bewohner mit einer Begutachtung über sein persönliches Verhalten und seine Loyalität gegenüber den Machthabern verzeichnet war. Dies half uns die Spreu vom Weizen zu trennen und denjenigen, die sich in Schafspelze kleiden wollten, die Ansicht der NSDAP über sie vorzuhalten. Damit war eine Bresche in die Phalanx der feindlichen Brüder geschlagen. Lediglich diejenigen, die als Neuzugezogene galten, konnten nicht sogleich identifiziert werden. Es wurde einstimmig beschlossen, die als Parteimitglieder in der Kartei verzeichneten Personen zu einer Versammlung in das Rathaus einzuladen. Bürgermeister Thieben hielt vor dem überfüllten Haus eine Rede in der er sinngemäß ausführte, dass es ein Anliegen der neuen

Kommunalverwaltung sei, vergangene Diskriminierungen nicht zu wiederholen. Jeder, der sich von einer falschen Vergangenheit lossagte und zur Mitarbeit an einem Neuanfang bereit sei, würde mit offenen Armen aufgenommen werden. Man brauche alle Kräfte dazu, wie die Gesamtlage unserer gemeinsamen Not zeige. Den Willen zu einem Neuanfang könne jeder der ehemaligen Mitglieder der NSDAP dadurch unter Beweis stellen, dass er sich freiwillig zum Abräumen der Hinterlassenschaften des Regimes, das unser Volk in dieses Unglück gebracht habe, melde. Selbstverständlich werde für alle, die davon Gebrauch machen wollten und sich für die Abräumung der Straßensperren, Panzersperren und anderer Hinterlassenschaften des Kriegsgeschehens zur Verfügung stellten eine für die körperliche Schwerarbeit vorgesehene Lebensmittelkarte bereit gehalten. Thieben ließ aber auch keinen Zweifel daran, dass dies nicht etwa eine Generalamnestie bedeuten könne. Wer sich gegen Grundsätze von allgemeinen Gesetzen der Sitte und des Anstandes vergangen habe, der würde für begangene Verbrechen zur Rechenschaft gezogen werden. Es meldeten sich sofort viele, wobei sicher auch die höhere Lebensmittelkarte ihren Teil dazu beigetragen hat.

Aber sicher war sie nicht allein ausschlaggebend. Es war ja nun für jedermann sichtbar geworden, dass alle früheren Versprechungen und Hoffnungen in ein Nichts zerfallen waren. So hatte auch der Glaube an den Führer einen gewaltigen Sprung bekommen. Denen, die aus opportunistischen Gründen der Partei beigetreten waren, konnte das jeweils gleichgültig bleiben. So war wohl ein ganz wichtiger Anfang gemacht worden, der weitere, den Aufbau begünstigende Folgen zeitigen sollte.

Damit spreche ich die Neugründung politischer Parteien an, die in Berlin ihren Ausgang nahmen, schließlich aber dann durch andere Entwicklungen von Westdeutschland aus beeinflusst wurden. Wenigen ist es bewusst, dass die Tatsache eine Bedeutung hat, dass die Christlich Demokratische Union den Begriff „Partei" nicht in ihrem Namen führt. Union bedeutet Sammlungsbewegung. Das aber heißt Zusammenfassung, nicht Trennung in Interessenvereinigungen, die in der Weimarer Republik den Untergang der Demokratie mit bewirkt hatten. Dies kam wohl auch aus jenem Geist, der uns bei Beginn eines Neuanfangs bewogen hat, den Bogen zu spannen, den die Solidarität jedes Volkes benötigt, wenn es sich nicht in Bürgerkriegen zerfleischen will.

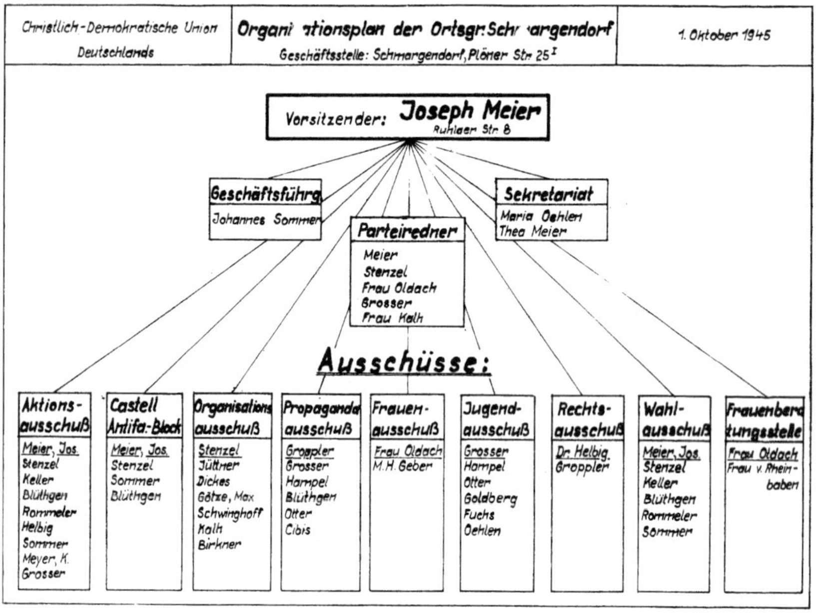

Organisationsplan der CDU-Ortsgruppe Schmargendorf, 1.10.1945 (Privatbesitz)

Irmgard Leder (†)

DAS GOETHE-LYZEUM

Wenn jemand wie ich – Einschulungsjahrgang 1919 – vor der Aufgabe steht, die Geschichte seiner Schule zusammenzustellen – übrigens eine sehr kurze Geschichte, deren Hauptteil zwischen zwei schrecklichen Kriegen verläuft –, dann muss er froh und dankbar sein, dass ihm für die Anfänge dieser Geschichte eine so gründliche Darstellung zur Verfügung steht, wie sie in der Rede des letzten Direktors der Schule, Dr. Hans Gille, zum 25-jährigen Jubiläum des Bestehens am 23. März 1938 vorliegt.[1]

Dabei ist es mit einem Rückblick auf die 25 Jahre ab der Eröffnung der Schule am 2. April 1913 nicht getan, denn das Lyzeum hatte einen Vorläufer, eine von Frau Marie Blanckenhorn gegründete Privatschule für Mädchen in ihrem Haus in der Heiligendammer Straße, das auch heute noch – jetzt schön renoviert – dort steht. Diese Schule begann ihre Tätigkeit am 8. Oktober 1894 zunächst mit zwei Schülerinnen, doch nach einem halben Jahr war die Zahl schon auf 37 gestiegen. Zu der weiteren Entwicklung heißt es bei Gille:

Im selben Jahr erhielt Frau Blanckenhorn, die eine geprüfte Schulvorsteherin war, die Berechtigung, ihren Privatschulzirkel in eine höhere Mädchenschule umzuwandeln und dieser auch eine dreiklassige Knabenvorschule anzugliedern. Rasch stieg die Schülerzahl über hundert. Es wurde in neun Klassen nach dem alten Mädchenschulstatut unterrichtet, das der höheren Mädchenbildung nur eine Mittelstellung zwischen der Volksschule und der höheren Knabenschule einräumte und das im Jahre 1908 auf Grund einer besonderen Mädchenschulreform durch andere Bestimmungen ersetzt wurde. Diese neuen Bestimmungen

1 25 Jahre Goethe-Oberlyzeum. Ein schulischer Rückblick auf Alt-Schmargendorf. Rede bei der Feier in der Aula am 23. März 1938, gehalten von Studiendirektor Dr. Hans Gille.

schufen das zehnstufige Lyzeum mit einem zum Teil akademischen Lehrerstand. Diese Neuerung erforderte den Aufwand höherer Mittel. Frau Blanckenhorn versuchte noch einige Jahre, mit erheblicher gemeindlicher Unterstützung ihre Anstalt, die sie 1909 im Anschluß an das alte Schmargendorfer, früher der Berliner Marienkirche unterstellte Gotteshaus „Marienschule" nannte, aufrechtzuerhalten. Die umliegenden höheren Schulen, vor allem unser Schmargendorfer Heinrich-von-Kleist-Realgymnasium und die Viktoria-Luise-Schule in Wilmersdorf,

***Sitzend:** Gang, Fr. Ebel, Fr. Ehrenberg, Fr. Schumann, Dr. Hartmann, Berger, Fr. Ebner; **stehend:** Fr. Woltmann, Fr. Bohm, Fr. Heuser, Dr. Asmus, Dr. Gr. Gottwald, Dr. Klehr, Fr. Dr. von Kohoutek, Dr. Ostwald, Fr. Thiele, ein der Autorin namentlich unbekannter Lehrer, Fr. Bochert. (um1923)*

halfen mit Lehrkräften aus. Die Leistungen der Marienschule waren auch durchaus befriedigend, und kein Geringerer als der damalige Direktor der Viktoria-Luise-Schule, Herr Geheimrat Dr. Gruber, hat, wie ich den Akten entnehme, damals in einem besonderen Schreiben anerkannt, dass die Schülerinnen der Blanckenhornschen Schule, die oft zur Wilmersdorfer Nachbarschule übergingen, nie seine Erwartungen enttäuscht hätten.

Inzwischen hatte die Gemeinde für die Jungen das Heinrich-von-Kleist-Realgymnasium in der Kranzer Straße errichtet, das 1912 eröffnet worden war. Für die Mädchen wurde dann auf einen Gemeindebeschluss vom 29. August 1910 hin von dem damaligen Gemeindebaumeister Solbach das schöne Gebäude an der heutigen Berkaer, damals Spandauer Straße erbaut, dessen Grundstein am 15. September 1911 gelegt und das am 1. März 1913 eröffnet wurde. Nach einem Gemeindebeschluss vom 5. Dezember1913 erhielt es den Namen „Goethe-Lyzeum"; eine große Büste des Namenspatrons stand innen dem Eingang gegenüber. Die Marienschule der Frau Blanckenhorn sollte auf Anordnung des Provinzialschulkollegiums möglichst als Ganzes in das Lyzeum übernommen werden. Ich erinnere mich, dass in meiner Schulzeit noch zwei Lehrkräfte, Frau Beyer und Frau Thiele, unterrichteten, die bereits in der Marienschule tätig gewesen waren. Die Leitung des Goethe-Lyzeums hatte Direktor Dr. Heinrich Hartmann, nach den Worten Gilles *ein erfahrener Pädagoge, der das so vielfältige deutsche Schulwesen in allen seinen Teilen aus eigener Erfahrung kannte, der bereits in Oberschöneweide eine höhere Schule geleitet hatte und der von dort her auch den größten Teil seiner Mitarbeiter an die neue Wirkungsstätte mit herüberzog.*

Von den 231 Schülerinnen der neuen Anstalt waren 152 aus der Marienschule gekommen. Zu den Mitgliedern des ersten Lehrerkollegiums gehörten Dr. Ostwald, Herr Berger, Frau Studier, Frau Ehrenberg und Frau Schumann. Frau Flammiger, Frau Ebel und Frau Ebner, damals noch mit ihrem Mädchennamen Gleiniger, und Frau Woltmann kamen während des Ersten Weltkrieges dazu. Auch der Musiklehrer Herr Gang muss schon vor Ausbruch des Krieges zum Lehrerkollegium gehört haben, denn Gille vermerkt, dass er ebenso wie Herr Berger und Dr. Ostwald eingezogen wurde, dazu auch Herr Kronbügel, der, soviel ich weiß, solange die Schule bestand, als allseitig geschätzter Hausmeister dort tätig war.

Nach dem Ausbruch des Ersten Weltkrieges war der Unterrichtsbetrieb erheblich gestört, und zwar nicht allein dadurch, dass die eingezogenen Mitglieder des Kollegiums fehlten. Es gab für die Schulgemeinschaft ganz neue Aufgaben: man packte und verschickte Feldpostpakete, Verwundete wurden in Lazaretten besucht und vom Schulchor oder einzelnen mit Gesang und anderen Vorträgen erfreut, Blumen und Bücher wurden gespendet. In der Aula der Schule wurden damals Gottesdienste abgehalten, weil die kleine Dorfkirche die Menge der Gottesdienstbesucher nicht mehr fasste. Im April 1917 wurden diese Gottesdienste dann in die Aula des Kleist-Gymnasiums verlegt.

Die Schulklasse der Autorin

Linke Bankreihe: *Lotte Franz, Ilse Engelhard Inge Hermann, Anneliese Baum Inge Gerdien, Emma Pade Erika Timm, Else Paul*

Mittlere Bankreihe: *Bärbel Krell, Lisa Schaar Erika Weber, Elli Göritz Irmgard Leder, Ilse Nagel Evi Redlich, Gerda von Winningen (?) Brigitte Elßmann, Lieselotte Möller* ***Hinten:*** *LehrerinFrau Thiele*

Rechte Bankreihe: *Hildegard Buchterkirchen, Lotte Lambeck, Helga Flach Elena Klatt Traute Hölter (?), Marlitt Kroll (?) Möller, Ruth Hoffahrt Hilde Kühn, Eva Schubert*

Im Laufe des Ersten Weltkrieges kehrte Dr. Ostwald nach schwerer Verwundung wieder in die Schule zurück, ebenso Herr Gang, der sich im Kriege ein Leiden zugezogen hatte und daraufhin aus dem Militärdienst entlassen worden war.

Am Ende des Krieges wurde die Schule von heimkehrenden Truppen belegt, die die Turnhalle zur Unterbringung der Soldaten und den Schulhof zum Abstellen der Wagen, ihrer militärischen Geräte und nicht zuletzt der Pferde benutzten.

Von der Novemberrevolution hat nach den Worten von Gille die Schule kaum etwas gespürt. Aber die Folgezeit brachte Strukturveränderungen: durch das 1919 erlassene Reichsgrundschulgesetz, das 1920 in Kraft trat, wurde die Vorschulausbildung, d.h. die drei unteren Klassen der höheren Schulen, für alle Schulen den Volksschulen übertragen. Die Bemühungen des Direktors Dr. Hartmann, seine dadurch nur noch siebenklassige Schule zur Oberschule auszubauen, waren damals erfolglos.

Mein Einschulungsjahrgang – 1919 – hat die Vorschulausbildung noch im Lyzeum mit 10., 9. und 8. Klasse absolviert. Obwohl mir der Schulbesuch Spaß machte – es gab damals je nach Leistung noch Plätze – fand ich es doch herrlich, dass in einem der ersten Nachkriegswinter der Unterricht für längere Zeit ausfiel, weil die Heizung reparaturbedürftig war. Schulfeiern, besonders der Schulchor, machten mir großen Eindruck. Im Unterricht schwärmten wir Kinder häufig für die jungen, oft nur vorübergehend tätigen Lehrerinnen, ebenso auch für Frau Dr. Von Kohoutek, die einige Jahre bei uns und zeitweilig unsere Klassenlehrerin war; sie ging vom Goethe-Lyzeum an das Königin-Luise-Stift in Dahlem.

Aufregend war es für uns, als in einer der unteren Klassen der Vetter einer Klassenkameradin, Rudolf Lambeck, der Fotograf war und sein Geschäft, soweit ich mich erinnere,

an der Cunostraße Ecke Hohenzollerndamm hatte, uns wie auch viele Jahrgänge nach uns mit unserer Lehrerin Frau Thiele fotografierte: alle Schülerinnen brav mit gefalteten Händen auf ihren Bänken, teilweise nach der damaligen Mode mit großen Haarschleifen geschmückt.

Die Schulklasse der Autorin *(siehe Seite 210)*

Von den pädagogischen Veränderungen in der Weimarer Republik spürten wir natürlich nichts. Bei Gille heißt es dazu:

Es erscheinen im Jahre 1924 die „Richtlinien“ als eine neue Basis unserer Erziehungsarbeit, im einzelnen höchst wertvoll, namentlich in didaktischer Beziehung, als Ganzes auch unstreitig sehr beachtenswert als geistvoller Versuch, das pädagogische Gesamtziel jener liberalen Zeit einheitlich darzustellen und mit der Gesamtbildung in inneren Einklang zu bringen.

1923 führte das Goethe-Lyzeum Englisch als erste Fremdsprache ein; es gehörte damit, wie Gille ausführt, zu den zunächst noch wenigen deutschen Schulen, die sich damals für diese heute allgemein üblich gewordene Regelung entschieden.

Im Kollegium gingen damals auch große Veränderungen vor sich: einige neu eintretende Lehrer wirkten dort nur kürzere Zeit, doch andere blieben bis zum Ende des Zweiten Weltkrieges und darüber hinaus, so Dr. Gottwald, Frau Ebel, Frau Bohm, Frau Heuser, Frau Delius, Frau Ebner, Frau Werner und Frau Munzer.

Wir Schüler erhielten einen guten Unterricht, und unsere Lehrer waren mit allen Eigenheiten für uns Respektspersonen, die allerdings auch fast alle ihre Spitznamen hatten. Auch der Sport wurde gefördert: neben dem Turnunterricht und den Turnspielen einmal wöchentlich nachmittags auf dem Hubertussportplatz gab es noch die Ruderriege mit ihrem Sitz am Kleinen Wannsee; außerdem übte jede Woche ein kleiner Turnverein, zu dem Frau Delius Verbindung hatte, und in dem auch einige von uns Mitglieder waren, in unserer Turnhalle.

In den 20er Jahren wurde die Aula des damaligen Goethe-Lyzeums einmal in der Woche für Filmaufführungen genutzt – Stummfilme, soweit ich mich erinnere, mit Begleitung durch einen Klavierspieler. Die Vorführungen hatten regen Zuspruch von Schülern und deren Eltern, und wir haben dort mit Begeisterung alle großen Filme der damaligen Zeit gesehen wie „Ben Hur“, „Die Zehn Gebote“, „Die Nibelungen“. Außerdem fanden einmal wöchentlich die Proben des von dem

Gesanglehrer Herrn Gang gegründeten Schubert-Chores in der Aula statt.

Während meiner Schulzeit gab es des öfteren Theateraufführungen der Schülerinnen und wunderschöne Feste, bei denen manchmal die Schülerinnen im Handarbeits- oder Kunstunterricht angefertigte Gegenstände verkauften oder aber die gesamte Schule völlig verwandelt wurde: in meinem letzten Schuljahr – 1931 – war unsere Oberprima eine friesische Teestube, in der wir in selbst zusammengebastelten Friesenkostümen die Besucher mit Tee und vermutlich von zu Hause gestiftetem Gebäck versorgten. Die Einnahmen aus diesen Festen kamen der Schule zugute.

Klassenfahrten, an die ich die schönsten Erinnerungen habe, begannen schon in den 20er Jahren. Zuerst ging es – noch in einer ziemlich niedrigen Klasse – bescheiden in die Mark, an den Stechlin; dann folgten, wohl schon in der Tertia, Fahrten nach Thüringen und ins Riesengebirge, und in der Untersekunda gab es eine Fahrt nach Dresden. In der Obersekunda machten wir eine erste große Fahrt mit unserem damaligen Klassenlehrer Dr. Hartmann nach Franken, und später erinnere ich mich an Fahrten nach Rügen und noch einmal ins Riesengebirge.

Aber hiermit habe ich vorgegriffen, denn inzwischen hatte die Schule 1929 dank der unaufhörlichen Bemühungen von Direktor Dr. Hartmann und – wie Gille mitteilt – auch einigen Elternbeiratsvorsitzenden endlich die fehlende Oberstufe erhalten. Ich gehörte zu den ersten Absolventen. Die erste Obersekunda war aus Schülerinnen der Züge a und b zusammengelegt, und es dauerte einige Zeit, bis wir – mit einigen Neuzugängen etwa 20 Schülerinnen – uns zusammengerauft hatten; ich weiß nicht, ob es überall so ist, dass sich die Klassen a und b so spinnefeind sind! Die Spannungen dauerten über die erste Klassenfahrt mit Dr. Hartmann nach Franken und sogar über seinen plötzlichen Tod am 2. Januar 1930 hinaus an, so dass dann der kommissarische Leiter der Schule, Dr. Ostwald, aus den gemäßigten Klassenmitgliedern eine regelrechte „Friedenskommission“ bildete, unter deren Einwirkungen sich die Beziehungen normalisierten.

Als Ostern 1931 Dr. Hans Gille die Leitung der Schule und die der ersten Oberprima übernahm und uns zum Abitur führte, das wir dann am 25. Februar 1932 ablegten, waren wir – jetzt noch 13 Schülerinnen, darunter zwei Jüdinnen – ein Herz und eine Seele.

Von da an war die Schule nun das Goethe-Oberlyzeum und als Vollanstalt anerkannt.

Im Rückblick bin ich sehr froh, dass ich in dieser liberalen Zeit zur Schule gegangen bin. Von Politik war im Unterricht nicht die Rede. Man wusste aus seinen Veröffentlichungen, dass Dr. Ostwald in der Deutschen Volkspartei war; sonst interessierte irgendeine Parteizugehörigkeit nicht. Wir feierten den Tag der Weimarer Verfassung am 11. August jeweils gemeinsam mit den anderen Wilmersdorfer Schulen mit einem Sportfest auf dem Hubertussportplatz. Die Ermordung Walther Rathenaus 1922 wurde aber im Unterricht besprochen.

Die gesamte Atmosphäre der Schule hat Gille mit treffenden Worten charakterisiert:

Unsere Schule ist die einzige höhere Mädchenschule in unserem Ortsteil. Daraus und aus der abgesonderten Lage unserer Wohngegend ergeben sich eigene Bedingungen und Aufgaben. Wir sind nur äußerlich Berliner und Großstädter, in Wirklichkeit sind wir in der übergroßen Mehrheit Schmargendorfer... Die größere Freiheit und Naturnähe, in der hier die Kinder aufwachsen, prägt sich äußerlich und innerlich in ihrem Wesen aus und unterscheidet sie unbedingt von den Insassen in anderen Großstadtschulen... Darum spielt aber hier auch noch die Schule bis zum gewissen Grade eine größere Rolle im Leben der Jugend, als das wohl sonst inmitten der Großstadt der Fall ist, wo des Mittags, wenn das Schultor hinter einem zuschlägt, die Welt der Schule mit einem Male versunken und vergessen ist. Wer unser Goethe-Oberlyzeum an einem Nachmittag, namentlich im Winter, betritt, wird erstaunt sein, dass er hier überall Schülerinnen antrifft, die immer irgend etwas zu tun haben. Ob sie nun im Schulorchester oder in der Blockflötengruppe üben, ob sie bei einer Studienreferendarin zusammen die Kurzschrift erlernen oder an den Übungsstunden des Schulturnvereins teilnehmen, ob sie Theaterproben abhalten oder am Webstuhl sitzen, ob sie sich zur Arbeitsgemeinschaft in Deutsch oder Kunstgeschichte, Englisch oder Französisch, Physik oder Photographie oder auch zu volksdeutscher VDA-Gruppenarbeit[2] *zusammenschließen, überall herrscht ein lebhaftes Gemeinschaftsleben …*

2 Verein für das Deutschtum im Ausland

Mit dem Jahr 1933 begannen schwierigere Zeiten. Die jüdischen Schülerinnen verschwanden nach und nach aus den Klassen. Das Kollegium machte große Veränderungen durch: neu hinzu kamen Frau Bayrhofer, Frau Brünecke, Frau Grimmert und Frau Grubert, ferner Frau Professor Schneider, der Maler Oskar Nerlinger und Herr Dr. Sturm; die drei letzteren kamen als den Nazis Missliebige gewissermaßen zur Degradierung an die Schule. Wer von den Obengenannten eventuell noch in diese Kategorie gehörte, weiß ich nicht.

Über sie alle hielt jedenfalls Dr. Gille seine schützende Hand und sorgte dafür, dass es nicht zu politischen Schwierigkeiten kam. Dass er Konzessionen machen mußte, ist seiner Rede von 1938 stellenweise durchaus anzumerken.

Es gab wieder eine Schulreform, die eine Abkehr von den Zielen äußerer Gleichartigkeit bedeutete, wie sie in den „Richtlinien“ des – wie Gille formulierte – „Zwischenreiches“ angestrebt wurde. Die Bildung der Mädchen sollte sich grundsätzlich von der der Jungen unterscheiden und von der Tatsache ausgehen, dass die Mutter die wichtigste Staatsbürgerin sei.

Vorbedingung für die Ablegung des Abiturs war nun die Zugehörigkeit zu einer NS-Organisation. Aus dem Abitur-

Jahrgang 1939 mussten Teile der betreffenden Klasse, darunter auch meine Schwester, weil sie nicht im BDM (Bund Deutscher Mädchen) noch sonst einer Organisation waren, noch kurz vor dem Abitur in eine Gruppe, die „Glaube und Schönheit" hieß, eintreten. Später waren die Schülerinnen dann wohl automatisch im BDM.

Die Tradition der Klassenfahrten setzte sich fort, aber die Fahrten bekamen einen betont nationalen Charakter: man fuhr nach Ostpreußen und auf das Schlachtfeld von Tannenberg, und einzelne Gruppen nahmen auch an VDA-Tagungen in Danzig, Passau, Trier und Königsberg teil. Außerdem konnte das Goethe-Oberlyzeum durch das freundliche Entgegenkommen des Arndt-Gymnasiums (Dahlem) das Landschulheim „Heidehaus" in Nahmitz am Lehniner Klostersee mitbenutzen. Von den Aufenthalten dort schwärmten alle, die sie erlebt haben.

Die Umbenennung des Goethe-Oberlyzeums in „Frau-Aja-Oberschule" muß zwischen Frühjahr 1938 und Frühjahr 1939 erfolgt sein. Gille spricht im März 1938 noch vom Goethe-Oberlyzeum; die Abiturzeugnisse des Abitur-Jahrganges 1939 – darunter meine Schwester – sind von der Frau-Aja-Oberschule ausgestellt.

Der Ausbruch des Zweiten Weltkrieges änderte die Unterrichtsverhältnisse wieder stark, zunächst dadurch, dass ein Teil der Lehrer eingezogen wurde. Außerdem gab es aus Ersparnisgründen zeitweilig Nachmittagsunterricht im Kleist-Realgymnasium. Der an sich starke Abitur-Jahrgang 1941 – es waren zwei Unterprimen zusammengelegt worden – erhielt dazu noch weitere Verstärkung durch einige Schülerinnen aus einem aufgelösten Prominenten-Internat in Luxemburg, so dass 1941 die stattliche Zahl von 28 Abiturientinnen die Schule verließ.

Im Herbst 1942 wurde Dr. Gille als Verbindungsoffizier zwischen Wehrmacht und Schule zum Generalkommando Posen eingezogen. Kommissarischer Leiter wurde Herr Wernecke, der etwa seit 1939/40 an der Schule tätig gewesen sein muss.

Auch etwa seit Herbst 1942 wurden Lehrer und Schülerinnen zum Luftschutzdienst eingesetzt, und damals wurde auch der Reinigungsdienst in der Schule von den Schülerinnen übernommen.

Durch die Zunahme der alliierten Luftangriffe wurde der Unterrichtsbetrieb dann zunehmend erschwert: oft mußten die ersten Unterrichtsstunden wegen der nächtlichen Alarme ausfallen, Lehrer und Schüler waren übermüdet. Aus diesen Gründen, wohl auch wegen der Beschädigung vieler Schulen, wurde schließlich in Berlin im Herbst 1943 der Schulbetrieb gänzlich eingestellt und auch die Frau-Aja-Schule, nachdem sie im August 1943 noch einen Bombentreffer erhalten hatte, geschlossen. Die Schülerinnen kamen, soweit sie nicht im übrigen Reich Angehörige hatten, wo ihnen Schulbesuch möglich war, über die sogenannte Kinderlandverschickung zusammen mit Schülerinnen des Gertrauden-Lyzeums aus Dahlem nach Podiebrad in der damaligen Tschechoslowakei oder wurden in einzelnen Fällen zusammen mit Teilen anderer Schulen an Orte verschickt, die für sicherer galten. Eine der Oberprimen des Abitur-Jahrgangs 1944 hat über die Geschicke der einzelnen Schülerinnen im Zusammenhang mit ihrer Abschlussprüfung unter so verschiedenartigen ungewöhnlichen Umständen eine Dokumentation in Briefform angelegt.

Nach Beendigung des Krieges wurde unsere alte Mädchenschule in eine Grundschule umgewandelt, die den Namen Carl-Orff-Schule erhielt. Die Tradition der Frau-Aja-Oberschule übernahm das nach dem Krieg in „Hildegard-Wegscheider-Schule“ umbenannte frühere Bismarck-Lyzeum in der Lassenstraße.

Wie sehr wohl alle ehemaligen Schülerinnen an ihrer alten Schule in der Berkaer Straße gehangen haben, beweist die rege Teilnahme an den Schultreffen nach dem Kriege 1963, 1968 und 1973.

Das Treffen 1973 – in der Carl-Orff-Schule von den damaligen Schülern mit Musik und Tanz hübsch ausgestaltet – brachte für eine ehemalige Klassenkameradin und mich noch ein originelles Erlebnis. Dazu muss ich etwas weiter ausholen und eine unserer Untaten aus den 20er Jahren gestehen – wir mögen etwa 13 Jahre alt gewesen sein. Wir hatten damals Geschichtsunterricht bei dem allseitig beliebten Dr. Ostwald, der aber die nicht ganz so beliebte Eigenschaft hatte, jeweils kurz vor der Zeugniserteilung einigen seiner Schülerin „auf den historischen Zahn zu fühlen". Nun hatten wir eine sowohl temperament- wie phantasievolle Mitschülerin – meine Begleiterin –, der an einer guten Zensur in Geschichte lag, die sich aber an dem betreffenden Tag nicht gut vorbereitet fühlte. Da gerade zu der Zeit unser Klassenlehrer krank war und von einem Vertreter das Klassenbuch nicht so sorgfältig geführt wurde, kam dieses Mädchen auf die Idee, für die betreffende Stunde im Klassenschrank zu verschwinden. Das Unternehmen glückte und fand Nachahmer, so dass in einigen Stunden bis zu drei Schülerinnen in dem Schrank standen, der noch nicht einmal schloss und dessen Tür manchmal von innen mit einem Zeigefinger ganz leise zurückgeholt wurde. Die übrige Klasse amüsierte sich königlich dabei. Eines Tages kam dieser Schwindel aber heraus, als eine aufmerksame Lehrerin in der Pause eine Schülerin traf, die sie in der Stunde vorher in der Klasse vermisst hatte. Daraufhin erschien Direktor Dr. Hertmann mit dem gesamten Lehrerkollegium in der Klasse und hielt eine gewaltige Strafpredigt, und alle Klassenangehörigen bekamen nur eine „zwei" in Betragen.

Als ich nun mit der Urheberin dieses Versteckspieles 1973 in der alten Schule war, wollten wir uns den bewussten Klassenschrank noch einmal ansehen und fanden ihn auch an der alten Stelle. Aber gleichzeitig kamen einige der kleinen Carl-Orff-Schülerinnen nach der Pause wieder in ihre Klasse zurück und äußerten geringschätzig: „Hier ist keine Oma-Schule!" Als sie aber hörten, weshalb uns ihr Klassenschrank interessiert hatte, waren sie begeistert. „Au, prima, so was wollen wir auch machen!" Und wir waren beträchtlich in ihrer Achtung gestiegen.

Siegfried Engel

VON DER SCHULE ZUM OBDACHLOSENHEIM

NOTIZEN ZUR ALTEN DORFSCHULE SCHMARGENDORF [1]

Wer kennt noch die alte Schmargendorfer Schule neben der Dorfkirche Breite Straße 37? Im Schaufenster der Möwen-Apotheke Helgoland- Ecke Zoppoter Straße sind seit einiger Zeit vier Bilder von Schmargendorf aus der Zeit um die letzte Jahrhundertwende zu sehen. Darunter ist auch ein Bild mit Kirche und Schule, einem alten dreigeschossigen Backsteinbau aus dem Jahre 1885.

1 Der Autor war von 1956 bis 1961 im Wohnungsamt Wilmersdorf Leiter der Ordnungsstelle für Obdachlose

Alte Dorfschule Schmargendorf (1896)

Im Zuge der städtebaulichen Gestaltung der Breite Straße Ende der fünfziger Jahre wurde die Schule abgerissen. Abriss nach 150 Jahren – 150 Jahre Schulgebäude? Nein, nein, sie starb als Obdachlosengebäude. Sie diente zuletzt Menschen, die ihre Unterkunft, aus welchen Gründen auch immer, endgültig verlieren sollten oder bereits verloren hatten.

Aufstieg und Untergang eines Gebäudes, von der Lehmhütte zur Notherberge. Das Gebäude könnte sicher viel erzählen über sich und seine bauliche Entwicklung[2], über Schmargendorfer Schulkinder und deren Eltern, über die Lehrer, ihren Unterricht[3] und den ständigen Kampf mit der Obrigkeit wegen des Geldes und der Bürokratie[4]. Es könnte plaudern über seine Zeit als Wohngebäude und berichten über die letzten Monate als Notquartier.

Da ist Frau G. mit ihrem erwachsenen, geistig behinderten Sohn. Sie war dem Kaffee verfallen, den sie sich in ihren Mengen irgendwie besorgen musste. Sie geriet darüber in eine Notlage, verlor ihre Wohnung und musste mit ihrem Sohn von der Obdachlosenbehörde aufgenommen und betreut werden. Die Kriegs- und Nachkriegsjahre hatten ihr böse mitgespielt. Sie war seelisch sehr krank. Ein normales Gespräch mit ihr war nicht immer möglich, eine fürsorgerische Betreuung war äußerst schwierig. Oft stand sie am Fenster ihres Zimmers und hielt temperamentvolle Ansprachen an die Toten auf dem Schmargendorfer Friedhof. Hatte sie ihren Kaffee, ging alles freundlicher ab. Immerhin gelang es schließlich, den Sohn in eine richtige medizinische und soziale Betreuung zu bringen.

Oder Frau Z., bescheiden, zurückhaltend und schon betagt. Aber irgendwie musste sie von der Obdachlosenverwaltung untergebracht werden und kam in das alte Schmargendorfer Schulgebäude. Sie hatte noch ihren Hund, von dem sie sich nicht trennen konnte und wollte. Sie liebte ihn abgöttisch, nähte ihm die schönsten Sachen, zog sie ihm an und putzte ihn heraus. Als ehemalige Schneiderin, die ihren Beruf offenbar sehr gern ausgeübt hatte, bereitete ihr das eine besondere Freude.

Zwei Schicksale, die dem Chronisten auch nach fast 50 Jahren noch besonders lebhaft in Erinnerung sind.

2 o.V.: Die erste Schule in Schmargendorf, in: Festschrift 750 Jahre Schmargendorf, Berlin 1955, S. 28–34

3 o.V.: 750 Jahre Heimatgeschichte. Lehrer Gropp, Schmargendorfs erster Schulmeister, gibt Heimatkunde, in: Festschrift 750 Jahre Schmargendorf, Berlin 1955, S. 36–42 o.V.: 750 Jahre Heimatgeschichte, in: Festschrift 750 Jahre Schmargendorf, Berlin 1955, S. 43f.

4 Festschrift 750 Jahre Schmargendorf, Berlin 1955. Mit eingehenden Quellennachweisen, S. 99ff., siehe auch die historische Entwicklung S. 6–16

Der Fortschritt forderte seine Opfer – die Zeit der ehemaligen Dorfschule Schmargendorf war zu Ende. Und doch soll noch einmal das ganze Leben dieses Gebäudes kurz beleuchtet werden: Die erste Schule in Schmargendorf war ein niedriges, strohgedecktes Häuschen aus Lehm mit Fenstern (1803/05), sozusagen passend zu zehn Bauernkaten. Etwa Mitte des vorigen Jahrhunderts wurde das Gebäude schließlich auf energisches Drängen des damaligen Lehrers Braune umgebaut, aber der für 60 Kinder bestimmte Klassenraum war viel zu klein. Etwa 90 Kinder mussten inzwischen unterrichtet werden, und die Zahl wuchs beständig. Die Schule erfüllte ihr Zwecke nicht mehr und wurde schließlich auf Betreiben der Regierung durch einen Neubau ersetzt, der im November 1885 bezogen werden konnte. 140 Kinder konnten nun in zwei Klassen unterrichtet werden. Am 1. April 1890 war die Schülerzahl auf über 220 gestiegen, für die dann immerhin schon drei Lehrer zur Verfügung standen. Die Schule war auch so ausgebaut worden, dass zwei weitere Klassenräume vorhanden waren. Aber im Laufe der nächsten sechs Jahre erwies sich die Schule wieder als viel zu klein. Eine abermalige Erweiterung war von den Gemeindevertretern kategorisch abgelehnt worden. Sie beschlossen, eine Barakke mit zwei Klassenräumen zu errichten, die im Januar 1897 bezogen wurde. Die Chronik der Schule von Schmargendorf"[5] schließt 1916. Inzwischen war seit April 1901 die neue Schule in der Friedrichshaller Straße, ein Rotziegelbau, fertiggestellt.

5 siehe Fußnote 2, S. 222

Und die alte Dorfschule? Sie diente als Wohnhaus. Die Wohnsituation war sicher nicht sehr komfortabel, die Toiletten befanden sich auf dem Hof. Die Bausubstanz hatte auch im Zweiten Weltkrieg nicht so gelitten, dass eine Nutzung zu Wohnzwecken unzumutbar war, zumal eine große Wohnungsnot bestand, Doch allmählich besserte sich die Situation. Grundlegende städtebauliche Überlegungen brachten einschneidende Veränderungen. Die Breite Straße sollte verbreitert werden, um den ständig wachsenden Verkehr bewältigen zu können. Zudem wurde die Straßenbahnlinie 51, die die Breite Straße entlang fuhr, eingestellt. Ende der fünfziger Jahre sah die Westberliner Nahverkehrskonzeption

Straßenbahnen nicht mehr vor. Gesprochen wurde damals davon, eine autogerechte Stadt zu schaffen.

Die Mieter des alten Schmargendorfer Schulgebäudes wurden anderweitig mit Wohnraum versorgt. Das Haus stand leer und wartete auf den Abriss. Dieser ließ jedoch noch auf sich warten. In der Bezirksverwaltung kam die Überlegung auf, ob diese Räume eventuell vorübergehend genutzt werden könnten, akuten Wohnraumbedarf wegen drohender Obdachlosigkeit zu befriedigen. Also: aus der alten Dorfschule sollten Obdachlosenunterkünfte werden. Und so geschah es denn auch. Mit relativ geringen Finanzmitteln wurden die Räume so hergerichtet, dass eine weitere vorübergehende Nutzung zu Wohnzwecken möglich und zumutbar war. Allerdings befanden sich die Toiletten immer noch auf dem Hof. Die notwendige Unterbringung, treffender ist der unschöne Begriff „Einweisung", von Wilmersdorferinnen und Wilmersdorfern, denen die unmittelbare Obdachlosigkeit bevorstand, war auch Ende der fünfziger Jahre immer noch ein Problem. Es bestand Wohnungsnot, finanziell erschwingliche private Ausweichquartiere waren nicht im erforderlichen Maße vorhanden. Eigeninitiative führte insbesondere bei so genannten Minderbemittelten selten zur Behebung der Situation. Die Ordnungsstelle für Obdachlose in der Bezirksverwaltung hatte derartige Familien oder Personen dann kurzfristig unterzubringen, damit diese nicht tatsächlich obdachlos wurden. Und wohin wurden diese Personen gebracht? Soweit dem Bezirk keine eigenen Obdachlosenunterkünfte zur Verfügung standen, konnten freie Wohnungen in Anspruch genommen werden. Das geschah sowohl in Wilmersdorf als auch in den anderen Stadtteilen Berlins in beträchtlichem Umfang. Dass dies den Unmut der betroffenen Hauseigentümer hervorrief, ist verständlich. In einem Grundsatzurteil entschied in den fünfziger Jahren das Oberverwaltungsgericht Berlin, dass die öffentliche Verwaltung inzwischen, also ca. zehn Jahre nach Kriegsende, die Verpflichtung habe, eigene Vorkehrungen für die Unterbringung obdachlos werdender Menschen zu schaffen, z.B. durch die Bereitstellung besonderer städtischer Einrichtungen.

Wohnraum dürfe für derartige öffentliche Aufgaben nicht mehr der allgemeinen Wohnungswirtschaft entzogen werden, und sei es auch nur befristet. Auf der Suche nach kurzfristig bereit stehenden Räumen fand sich für Wilmersdorf dann auch die alte Schmargendorfer Schule. Die Unterbringung durch die Obdachlosenstelle war immer noch vorübergehend. Wichtigstes Ziel ist gewesen, den Betroffenen möglichst bald wieder eine endgültige Wohnmöglichkeit zu verschaffen. Dazu war sicher intensive behördliche Hilfe nötig, aber das war nicht immer einfach.

Achtung, der Chronist läuft Gefahr, sich über das Problem der Obdachlosigkeit Ende der fünfziger Jahre zu verlieren. Das ist aber hier nicht das Thema. Deshalb: Rückkehr zur alten Schule! Viel gibt es nicht mehr zu sagen. Die Breite Straße wird verbreitert. Der bauliche Charakter auf der „Kirchenseite“ wird modern, wie dies in den fünfziger und sechziger Jahren eben sein sollte. Die entstandenen Flachbauten kennen wir. Die Zeit schreitet voran, Von der alten Dorfschule spricht wohl kaum noch jemand, obwohl auch sie ein Meilenstein im Schmargendorfer bzw. Wilmersdorfer Schulwesen war.

Verabschiedung der letzten Straßenbahn am Roseneck, links Werner Goldberg (Privatbesitz)

BERLINER KINDHEITSBILDER EINES JAHRHUNDERTS

ERINNERUNGEN AUS HOHENSCHÖNHAUSEN

Ines Meinicke und Bärbel Villwock

Format: 13,3 x 22 cm
Seiten: 176
Ausstattung: broschiert
zahlreiche Abbildungen
Preis: 24,80 DM
ISBN: 3–932482-96-4

Berliner Kindheitsbilder eines Jahrhunderts ist das Buch zur Ausstellung **„100 Jahre Kindheit"** des Heimatmuseums Hohenschönhausen.

Es sind Bilder von Kindern aus einem Jahrhundert. Ergänzt werden die zahlreichen Fotografien durch Erinnerungen von 80 Zeitzeugen und Informationen über das historische Umfeld.
Es werden Einblicke in die Welt unserer Urgroßeltern-, Großeltern, Eltern, Kinder und Enkel gegeben, deren Lebenswelt vor allem durch Familie, Staat und Gesellschaft geprägt ist.

Nach der Jahrhundertwende waren Schule und familiäre Erziehung stark beeinflußt durch die patriarchalische Gesellschaft. Das spiegelt sich auch in einer unterschiedlichen Erziehung von Jungen und Mädchen wider. Beeinflußt wurde die Entwicklung der Kinder von denjeweiligen sozialen Verhältnissen und Moralnormen, von Religion und Weltanschauung.

1912 1920 1943

ansichten

Kinder aus gutbürgerlichen Familien, die in guten Kinderstuben aufwuchsen, prägten andere Verhaltensmuster aus, als die Kinder, die aus ärmeren Schichten kamen, ihr Zimmer mit Eltern und Geschwistern teilen mußten und deren Spielfeld vor allem die Straße war. Für Bildung und Spiel blieb hier oft wenig Zeit. In frühen Jahren mussten Sie bereits zur Ernährung der Familie beitragen.

So waren die Ansprüche, Ideale und Träume der Kinder sehr verschieden. Jene, die in der Kaiserzeit, in der Weimarer Demokratie, im Nationalsozialismus oder im Realsozialismus in der DDR aufwuchsen, sammelten in ihrer Kindheit, in de Schule, beim Spiel und in der Freizeit sehr unterschiedliche Erfahrungen, die ihren weiteren Lebensweg prägte.

Kein Mensch kann den Wirkungen entgehen oder sich von den Einflüssen trennen, die von seiner Kindheit und Jugend her in sein Leben dringen – auch und gerade, wenn diese Kindheit unter Einflüssen stand und die Verhaltensweisen in ihm erzeugt hat, die er am liebsten vergessen und leugnen möchte, zuerst vor sich selbst.

Christa Wolf 1972 in Ihrem Roman „Kindheitsmuster“.

1 9 4 5 1 9 8 7 1 9 9 2

edition Berlin
IM METROPOL VERLAG

ansichten

Die Architekten Otto und Werner March, Sohn und Enkel von Ernst March, sind als Planer und Erbauer des „Deutschen Stadions" in Charlottenburg bzw. des „Reichssportfeldes" mit den Stadionanlagen für die Olympischen Spiele 1936 untrennbar mit der Geschichte Berlins und seines Olympiastadions verbunden.

Das Buch enthält umfangreiche, zum Teil bisher noch nicht veröffentlichte Materialien und Fotos aus den privaten Archiven der verschiedenen Zweige der heute über die ganze Welt verstreuten Familie. Auszüge aus dem Tagebuch der Sophie March geben Einblicke in das Leben und die Nöte einer der ersten Unternehmerinnen Deutschlands in den politisch stürmischen Jahren um 1848.

1897

1936

1963

Arbeitskreis Geschichte Wilmersdorf

Wir sind ein Kreis an der Geschichte des Bezirkes Wilmersdorf und seiner Ortsteile Interessierter.

Mitglieder unseres Arbeitskreises bearbeiten zur Zeit folgende Themen:

- **BruchStücke Grunewald**
- **Fremd- und Zwangsarbeiter**
- **Nationalsozialismus**
- **Wilmersdorf seit dem Zweiten Weltkrieg**
- **Wilmersdorfer Kirchengeschichte**
- **Aufbau einer historischen Datenbank**

Wir treffen uns regelmäßig jeweils am letzten Mittwoch im Monat um 16.00 Uhr im Café Blisse 14, pflegen den Austausch über historische Ereignisse in Wilmersdorf und berichten über eigene Erlebnisse und Forschungen.
Neue Teilnehmer sind jederzeit herzlich willkommen.

Kontakt:

Wolfgang Homfeld
Telefon: 23 00 33 58
E-Mail: W.Homfeld@profimail.de

Horst Hoppe
Telefon: 891 19 39

Das aktuelle Programm auch im Internet:

www.berlin.de/wilmersdorf

Die edition Berlin
im Metropol Verlag
bedankt sich bei
nachfolgenden Sponsoren
mit deren
Unterstützung das Buchprojekt
Bruch Stücke Schmargendorf
realisiert werden konnte.

optik studio bilden
Schmargendorfer Apotheke
KWA Stift am Hohenzollerndamm
Neue Apotheke
Buchhandlung Starick
Kunstamt Wilmersdorf
Nautilus Fitnesscenter